绿色金融丛书
Green Finance Series

碳中和愿景下的
绿色金融路线图研究

Roadmap for Financing China's Carbon Neutrality

马　骏◎主编

中国金融出版社

责任编辑：孙　柏　　王　强
责任校对：刘　明
责任印制：陈晓川

图书在版编目(CIP)数据

碳中和愿景下的绿色金融路线图研究 / 马骏主编. — 北京: 中国金融出版社，2022.9

ISBN 978-7-5220-1725-9

Ⅰ.①碳…　Ⅱ.①马…　Ⅲ.①金融业—绿色经济—研究—中国　Ⅳ.①F832

中国版本图书馆CIP数据核字 (2022) 第148265号

碳中和愿景下的绿色金融路线图研究
TANZHONGHE YUANJING XIA DE LÜSE JINRONG LUXIANTU YANJIU

出版
发行　**中国金融出版社**

社址　北京市丰台区益泽路2号
市场开发部　(010) 66024766，63805472，63439533 (传真)
网 上 书 店　www.cfph.cn
　　　　　　(010) 66024766，63372837 (传真)
读者服务部　(010) 66070833，62568380
邮编　100071
经销　新华书店
印刷　河北松源印刷有限公司
尺寸　169毫米×239毫米
印张　18.5
字数　244千
版次　2022年9月第1版
印次　2022年9月第1次印刷
定价　68.00元
ISBN 978-7-5220-1725-9
如出现印装错误本社负责调换　联系电话 (010) 63263947

课题组成员

课题组组长：

马　骏　中国金融学会绿色金融专业委员会主任

　　　　北京绿色金融与可持续发展研究院院长

课题组成员（按姓氏拼音排序）

安国俊　中国社科院金融研究所副研究员

别　智　兴业银行绿色金融部专业支持处产品经理

陈　浩　广州碳排放权交易所碳市场部副总经理

陈立平　广州碳排放权交易所研究规划部高级经理

陈亚芹　兴业银行绿色金融部总经理助理

陈韵涵　北京绿色金融与可持续发展研究院国际合作中心助理研究员

程　琳　北京绿色金融与可持续发展研究院国际合作中心主任

耿艺宸　平安集团 ESG 专家

韩梦彬　国家金融与发展实验室研究员

何晓贝　北京大学国家发展研究院宏观与绿色金融实验室副主任

胡　敏　北京绿色金融与可持续发展研究院副院长

黄超妮　法国巴黎银行亚太区可持续资本市场主管

黄小薏　华宝基金管理有限公司总经理

姜　楠　北京绿色金融协会副秘书长

康瑾龙　清华大学绿色金融发展研究中心科研助理

黎　菁　清华大学绿色金融发展研究中心中级研究专员

李冰婷　平安证券研究所非银金融与金融科技行业分析师

李　健　中国农业发展银行高级客户副经理

刘景允　联合赤道环境评价有限公司副总裁兼绿色金融事业部总
　　　　经理

刘　康　中国工商银行金融市场部副研究员

刘　薇　北京绿色金融与可持续发展研究院国际合作中心研究员

卢　毅　华宝基金管理有限公司资产管理业务部副总经理

马险峰　中诚信集团首席执行官

沈　奕　清华大学绿色金融发展研究中心初级研究专员

宋盈琪　北京绿色金融与可持续发展研究院研究员

孙明春　海通国际首席经济学家

孙天印　清华大学绿色金融发展研究中心副主任

王博璐　清华大学绿色金融发展研究中心高级研究专员

王骏娴　中证金融研究院助理研究员

王维逸　平安证券研究所非银金融与金融科技行业首席分析师

吴功照　北京绿色金融与可持续发展研究院ESG投资研究中心研
　　　　究员

吴　琼　清华大学绿色金融发展研究中心中级研究专员

吴　越　洛桑联邦理工学院金融学博士研究生

向　飞　中国人民财产保险股份有限公司机构业务部营销管理处
　　　　处长

肖斯锐　广东金融学会绿色金融专业委员会副秘书长、广州碳排放权交易所研究规划部总经理

解子昌　中国人民财产保险股份有限公司机构业务部营销管理处主办

闫　旭　华宝基金管理有限公司权益投资二部均衡风格投资总监

杨　鹏　北京绿色金融与可持续发展研究院能源与气候变化研究中心副主任

殷　红　中国工商银行现代金融研究院副院长

张　芳　北京绿色金融与可持续发展研究院ESG投资研究中心副主任

张静文　中国工商银行现代金融研究院分析员

赵珈寅　北京绿色金融与可持续发展研究院绿色科技中心研究员

祝　韵　北京大学国家发展研究院宏观与绿色金融实验室研究专员

2020年9月，国家主席习近平向全世界作出了我国将在2030年之前实现碳达峰、2060年之前实现碳中和的庄严承诺。这个承诺是全球应对气候变化进程中的里程碑事件，也是对构建人类命运共同体的历史性贡献。我们认为，碳中和目标的设立将对我国经济增长模式产生极其深远的影响，将为经济绿色低碳加速转型提供巨大动力，同时将为金融业的发展带来巨大机遇以及诸多挑战。

为了深入研判碳中和给金融业带来的机遇和挑战，并提出完善绿色金融体系以激励大量社会资本参与碳达峰、碳中和的具体措施，中国金融学会绿色金融专业委员会（以下简称绿金委）组织了40多位金融、经济和行业专家，开展了题为《碳中和愿景下的绿色金融路线图研究》的课题研究。该课题研究自2020年底启动，围绕碳中和对宏观经济的影响、实现碳中和的产业技术路径和融资需求、碳中和为金融业带来的发展机遇、碳中和背景下金融业面临的风险，以及如何以碳中和为目标完善绿色金融政策体系等重大议题进行了较为深入的分析，提供了大量国内外参考案例和分析方法，并针对金融机构和监管部门提出了几十项具体建议。以下对本课题研究的一些主要结论进行了综述。

一、碳中和对宏观经济的影响

在"双碳"目标指引下，与低碳发展相关的新能源、新工艺和新技术投资将加快，有助于促进科技进步，提高全要素生产率，提升经济的中长期增长潜力。但在这一过程中，某些产业的资产搁浅、阶段性成本上升、失业等问题也会给宏观经济带来负面影响。各经济体对这些正负面影响的消纳能力主要取决于其经济结构、资源禀赋、进出口结构和创新能力。

由于我国经济结构的一些特点，相对于其他一些国家，我国更有可能在低碳转型中获得长期增长的新动力。比如，由于我国是化石能源净进口国，碳中和意味着新能源对化石能源的大规模替代，我国能源自给率因此将大幅提高、能源净进口将大幅下降，有助于拉动我国的经济增长。再如，我国出台的一系列绿色金融和产业政策，在未来30年将拉动数百万亿元新增投资，而投资于低碳行业创造的就业岗位将显著多于因退出高碳行业而损失的岗位，从而提振总需求、GDP和就业。此外，我国作为制造业大国，有全球最大的绿色产品市场，在绿色低碳科技方面容易形成规模效应和产业链聚集效应，形成较大的国际竞争优势。

二、碳中和路径和绿色低碳融资需求

我们研究了碳中和目标下电力、工业、建筑和交通领域等实体领域的低碳转型路径。实体经济绿色转型将呈现六大趋势：经济结构优化、能源系统智能低碳化、终端能源效率和电气化水平不断提升、工业产品需求优化、低碳基础设施投资增长和生活方式绿色低碳化。我们的分析表明，落实我国现有政策可实现温室气体净排放在2030年前达峰，但要在2060年前实现碳中和，还需进一步强化节能、削减煤炭消费、提升发展可再生能源和低碳技术的力度。

通过对现有政策情景和碳中和情景下减排路径的量化分析，我们认为，要确保碳中和目标的实现，电力系统必须在满足可靠性的基础上深度脱碳，主要路径包括发展可再生能源、加速煤电退出、提升电力系统灵活性。工业绿色转型应主要通过提升工业产品和流程的能效水平、优化制造业产业结构、挖掘系统节能潜力并推动工业零碳试点。建筑行业则需要加快制定并实施强制性超低能耗建筑和零碳建筑标准，推广高效节能家电和用能设施、控制建筑总量和延长建筑寿命等。交通方面需要尽早推动绿色低碳城市规划、降低机动车出行需求、制定重型车低碳标准以及发展氢能重型交通等。

课题组对碳中和背景下我国在未来30年间（2021—2050年）的绿色低碳投资需求进行了预测。具体测算方法和步骤包括：根据EPS模型及文献研究对低碳能源系统的主要部门和领域所需低碳投资进行估算、根据近期历史数据与GDP比例对未来环保和生态投资需求进行估算、将上述"模型口径"的预测数转换为按《绿色产业指导目录（2019年版）》确定的"报告口径"预测数。我们的结论是，在碳中和背景下，按"报告口径"测算，我国未来30年的绿色低碳投资累计需求将达487万亿元（按2018年不变价计）。这个预测数明显高于清华大学气候变化与可持续发展研究院、高盛和中金报告中的估计数。我们与这些机构的预测差距主要是因为数据口径不同。比如，我们的数据口径覆盖了200多个绿色产业领域（除了低碳投资之外还包括环保和生态投资），而清华大学等单位使用的数据口径主要覆盖了较为有限的低碳能源投资领域。

三、金融业如何把握碳中和带来的机遇

我们从银行、资本市场、保险、机构投资者、碳市场和碳金融、金融科技和转型金融共七个方面对金融支持碳减排的国内外经验进行了综述，对绿色金融体系现状与碳中和要求之间的差距进行了分析，并对我国金融机构提出了一系列具体建议。

银行：据人民银行统计，截至2022年3月末，我国本外币绿色贷款余额达到18万亿元，我国绿色信贷的规模名列全球第一。但是，与碳中和的要求和国际最佳实践相比，我国的许多银行，尤其是中小银行，在治理框架、战略目标、实施路径、气候风险分析、环境信息披露和产品

创新能力等方面仍有差距。建议我国银行业机构明确自身运营和投融资碳中和目标，设计分步骤、清晰可执行的碳中和路线图；建立与碳中和目标相适应的治理架构，将绿色与可持续纳入公司治理，构建绿色与可持续组织架构和工作机制；深化绿色与ESG产品创新，提升绿色金融产品服务深度及广度；加快研发转型产品，支持高碳行业绿色低碳转型；建立碳核算和披露机制、环境气候风险分析和管理机制、ESG评价管理机制及信息披露等绿色专业能力。

资本市场：资本市场为绿色产业的融资服务已经成为我国绿色金融的重要组成部分。从2016年1月至2021年12月末，我国金融机构和企业累计发行的绿色债券规模约2万亿元；截至2021年6月末，我国含ESG主题概念类基金和使用ESG投资策略构成投资组合的基金270多只，存续规模约3000亿元。为推动资本市场更好地服务碳中和目标，建议监管部门加强环境气候信息披露的强制性，尽快推出环境信息披露操作性指引或标准，完善绿色债券筹集资金用途的规定，建立规范第三方绿色债券评估认证机构的自律机制。投资机构应推出更多融入ESG要素的投资产品，强化本机构的环境和气候信息披露，积极行使股东权利，推动被投企业绿色低碳转型。证券承销机构和交易中介也应重视发行主体的ESG表现，引导市场实现差别化定价，强化产品创新能力，推出更多支持减碳的产品。此外，建议尽快推出碳期货产品，发挥风险管理功能，建立规范的碳金融市场。

保险：近年来我国绿色保险的发展取得了许多成果，但与应对气候变化和经济社会绿色低碳转型的风险保障需求相比还有差距，需要在数据积累、标准体系、专业人才和科技赋能等方面持续发力。为加快发展绿色保险，更好地服务碳中和目标，建议加强保险产品和服务创新，不断提升绿色保险产品保障范围，构建多场景、全方位的绿色保险产品和服务体系；加强绿色保险相关数据积累，利用区块链、大数据等技术，为绿色保险产品的创新开发、费率厘定、承保理赔、风险管理服务等提供数据支持；制订重点行业风险评估标准和风控服务规范，进一步强化保险业气候和环境风险管理能力建设；创新激励机制，引导相关行业领域更多地运用保险市场机制进行风险管理；建设专业人才队伍，积极研究气候风险相关特点以支持产品创新。

机构投资者：近年来，国内机构投资者在监管部门的指导下，开始积极探索ESG投资，逐步开展了相关能力建设。但是，对比碳中和的要求和可持续投资领域的国际最佳实践，国内许多投资机构的可持续投资能力尚处于早期阶段。建议政府和监管机构从政策制定端强化ESG理念，推动机构投资者建立符合碳中和要求的治理机制；建议机构投资者将ESG理念纳入战略规划、投资决策、风险管理等环节；建议资产所有者和资产管理者积极发挥股东的影响力，提升被投企业的ESG表现，与监管部门、行业协会等机构合作，积极传播ESG理念，加强投资者教育；加强私募股权机构绿色投资能力建设。

碳市场和碳金融：2021年7月16日，全国碳排放权交易市场启动上线交易，发电行业成为首个纳入全国碳市场的行业，配额规模超过40亿吨/年，标志着我国碳市场正式成为全球规模最大的市场。但与成熟碳市场相比，我国的碳市场建设仍然面临一些问题与挑战。我们建议：加快拓展全国碳市场的行业覆盖范围和温室气体覆盖范围，将甲烷等纳入管控范围；强化有偿配额及抵销机制设计，适时推动有偿且差异化配额分配；将增强和发挥碳市场金融属性摆到碳市场建设的重要位置，加强碳金融及衍生产品创新；适时允许金融机构参与全国碳市场，拓宽控排企业节能降碳资金来源；鼓励个人通过自愿减排/碳普惠等方式参与碳市场，将绿色出行、植树造林、节电节能、清洁能源使用等低碳行动转化为收益；推动构建新的碳市场监管机制，发挥政府部门、交易所、第三方机构和行业协会自律监管以及社会监督作用。

金融科技：虽然近年来我国在金融科技支持绿色金融方面取得了快速进展，但与碳中和背景下的潜在需求相比，还有巨大的发展空间。我们建议进一步拓展金融科技在绿色金融领域的运用场景，包括：监管机构可运用金融科技建立绿色金融业务数据的统计、监测、评估和审计系统，落实激励政策（如绿色银行考核、碳减排支持工具等），开展系统性环境风险分析与压力测试，通过建立碳排放数据共享平台、个人或企业碳减排行为画像等方法探索将低碳目标纳入信用体系建设；金融机构可运用大数据和人工智能等技术进行绿色和棕色资产的识别、分类以及环境影响测算，开展ESG风险管理，提升环境信息披露和绿色低碳业务统计申报的效率；绿色金融市场可依托区块链和人工智能等技术在绿色低碳产品贴标、低碳投资者识别与激励、绿色ABS等资产交易和清洁能源交易等应用场景中解决数据、机构、资产的可信度问题，提高信息披露的透明度和标准化水平，降低成本。

转型金融：在碳达峰、碳中和过程中，大量高碳企业需要向低碳或零碳业务转型。如果因为转型中的企业目前属于高碳行业而无法获得融资，那转型就很难实现，而大范围的转型失败将会导致金融风险和社会风险。我们建议从以下方面推动构建转型金融的框架：（1）明确转型技术路径，制定转型金融标准，包括转型技术路径和准入门槛。（2）建立转型认证和信息披露的体系，披露内容应该包括资金使用情况、转型路径的实施情况、转型目标的实现情况、产生的环境效益等。（3）创新转型金融产品，如转型并购基金、转型贷款、转型债券、转型担保、债转股等，以满足不同类型的转型企业和路径的融资需求。（4）设置适当的激励机制，包括政府和监管部门提供的用于开发清洁能源的土地资源、可再生能源消纳额度、补贴、税收减免、担保、碳减排支持工具等。（5）设立国家级转型基金，为需要进行绿色和低碳转型的重点行业和重点区域提供融资支持。（6）加强转型金融领域的国际合作。

四、金融业如何防范气候变化所带来的风险

气候相关风险包括物理风险和转型风险。在碳中和背景下，转型风险可能成为重大的金融风险来源。金融机构应强化对气候相关风险，尤其是转型风险的识别、量化、管理和披露。

从国际经验来看，以贷款业务为主的商业银行侧重于评估气候因素对信用风险的影响，保险公司从承保业务角度一般使用巨灾模型估算损失和保险定价，资管机构及银行和保险机构的投资业务会评估气候风险对资产估值、投资组合收益率等指标的影响。近年来，我国部分金融机构也开展了环境与气候风险分析，但许多机构因为对气候风险的认识不足、数据可得性限制、缺乏专业能力等因素，对气候风险的识别和分析还处于起步阶段。

本书介绍了央行绿色金融网络（NGFS）关于环境风险分析方法的研究成果，展示了若干转型风险分析的国内外案例，包括清华大学绿色金融发展研究中心关于转型因素对中国煤电企业贷款违约率的影响分析，Vivid Economics关于2摄氏度温升情景下关键行业板块估值变化，和2度投资研究所关于关键行业在"延迟且突然"的转型情景下受到的影响分析。

识别和量化气候风险后，金融机构还需要对其进行适当披露。可比性较高的风险披露能够优化市场透明度、提高市场效率、为后续的风险管理提供基础。中国积极参与了关于气候相关信息披露问题的国际研讨。2020年12月，人民银行易纲行长表示，要针对金融机构建立强制性环境信息披露制度。2021年7月，人民银行发布了《金融机构环境信息披露指南》，制定了适用于4类金融机构开展环境信息披露时可遵循的金融行业标准，引导机构识别并量化监测自身面临的气候与环境风险，完善相关风险管理体系。

除了量化分析和披露气候相关风险之外，金融机构还应该采取积极措施管理气候风险。近年来的一些初步实践表明，金融机构的气候风险管理措施可包括：（1）建立气候风险的治理机制和管理框架；（2）设置降低气候风险敞口的具体目标；（3）完善投前贷前风险评估；（4）根据环境气候风险调整资产风险权重；（5）完善投后贷后的气候风险管理。

课题组建议国内金融机构进一步提高对气候风险重要性的认识，在监管部门指导下开展环境气候压力测试和情景分析，建立气候风险的治理机制和管理框架，完善投前贷前气候风险评估和投后贷后的气候风险管理，强化环境信息披露能力，加快对碳风险对冲工具的研发。

五、以碳中和为目标完善绿色金融政策体系

过去几年，我国的绿色金融发展取得了长足的进展，并在多个领域产生了重要的国际影响力。但是，与碳中和目标的要求相比，我国目前的绿色金融体系还面临着若干挑战。我们建议从以下几个方面进一步完善绿色金融政策体系，吸引更多的社会资本充分参与低碳、零碳建设，有效防范气候相关风险。

一是以落实碳中和为目标，完善绿色金融标准。建议参照《绿色债券支持项目目录（2021年版）》的做法，按碳中和目标的要求以及"对任何可持续目标无重大损害"原则，在绿色信贷统计标准、绿色产业目录中剔除不符合碳中和要求的高碳项目。同时，应着手编制转型金融支持目录，为高碳行业企业和项目向低碳转型提供明确的界定标准。

二是指导金融机构对高碳资产敞口和主要资产碳足迹进行计算和披露。建议金融监管部门在明确界定棕色资产的基础上，要求金融机构开展环境和气候信息披露，其中应包括金融机构持有的绿色、棕色资产信息及相关资产的碳足迹。可根据国内机构的能力，分阶段逐步提高对碳足迹相关环境信息的披露要求。

三是鼓励金融机构开展环境和气候风险分析，强化能力建设。建议金融监管部门和金融企业开展前瞻性的环境和气候风险分析，包括压力测试和情景分析。行业协会、研究机构、教育培训机构也应组织专家支持金融机构开展能力建设和相关国际交流。金融监管部门可牵头组织宏观层面相关风险分析以研判其对金融稳定的影响，并考虑逐步要求大中型金融机构披露环境和气候风险分析的结果。

四是围绕碳中和目标，建立更加强有力的绿色金融激励机制。在落实"碳减排支持工具"的过程中，建议关注以下重点工作：第一，明确贷款用途的界定，包括符合投向的项目贷款、流动资金、贸易融资等贷款品种；第二，出台碳减排工具信息披露标准，围绕碳减排贷款，明确如何测算其带来的碳减排量，指导金融机构制订可操作和可追溯的测算方法和披露流程；第三，选择合格的第三方机构，实行名单制管理，供商业银行选择，或给出第三方机构需符合的标准。除碳减排支持工具外，还可以考虑将较低风险的绿色资产纳入商业银行向央行借款的合格抵押品范围，在保持银行总体资产风险权重不变的前提下，降低绿色资产风险权重，提高棕色资产风险权重。

五是鼓励主权基金开展ESG投资，培育绿色投资管理机构。建议外汇管理部门、主权基金和社保基金继续加大可持续投资的力度以引领社会资金参与，方式包括按可持续/ESG投资原则建立对投资标的和基金管理人的筛选机制等。同时积极建立环境和气候风险的分析能力，披露ESG信息以带动整体行业信息透明度提升，并积极发挥股东作用，推动被投资企业提升ESG表现。

六是提高金融机构在对外投资中环境气候风险管理水平。落实《对外投资合作绿色发展工作指引》，指导投资机构遵守《"一带一路"绿色投资原则》。监管部门应进一步明确对外投资中所应遵循的环境气候标准。行业协会和研究机构可协助开展对外投资环境风险管理的能力建设。

七是完善碳市场监管机制，确保碳市场有效发挥引导资源向低碳活动配置的作用。新的碳市场监管机制应该被赋予设计、筹建和统一监管碳现货市场和碳衍生品市场的责任，其监管原则转变为：通过确定合理的碳总量控制机制，使得碳价格与碳中和目标相一致，以引导所有企业（不仅是控排企业）积极减碳、进行低碳投资；构建有金融资源充分参与、有流动性的碳交易市场和衍生品市场；有效管理碳交易可能带来的潜在金融风险和其他风险；建立碳价稳定机制，防范在极端情况下碳价的大幅波动。

2020年9月，国家主席习近平向世界宣布，我国力争于2030年前实现碳达峰，2060年前实现碳中和[①]。2020年12月，习近平主席在纪念《巴黎协定》五周年气候雄心峰会上宣布："到2030年，中国单位国内生产总值二氧化碳排放将比2005年下降65%以上，非化石能源占一次能源消费比重将达到25%左右，森林蓄积量将比2005年增加60亿立方米，风电、太阳能发电总装机容量将达到12亿千瓦以上。"[②]2021年3月，在两会期间发布的"十四五"规划纲要中也明确提出要"支持有条件的地方率先达到碳排放峰值，制定2030年前碳排放达峰行动方案"[③]。2021年10月24日，中共中央、国务院发布了《关于完整准确全面贯彻新发展理念做好碳达峰碳中和工作的意见》，指出"到2060年，绿色低碳循环发展的经济体系和清洁低碳安全高效的能源体系全面建立，能源利用效率达到国际先进水平，非化石能源消费比重达到80%以上"。[④]

从技术路径上来看，各方研究已经就满足碳中和要求的未来能源系统和实体经济减碳路径达成如下初步共识：

[①] 习近平在第七十五届联合国大会一般性辩论上的讲话（全文）［EB/OL］. https://baijiahao. baidu.com/s?id=1678546728556033497&wfr=spider&for=pc.

[②] 习近平在气候雄心峰会上发表重要讲话［EB/OL］. https://baijiahao.baidu.com/s?id=1685886 086689898196&wfr=spider&for=pc.

[③] 中华人民共和国国民经济和社会发展第十四个五年规划和2035年远景目标纲要［EB/OL］. http://www.gov.cn/xinwen/2021-03/13/content_5592681.htm.

[④] 中共中央 国务院关于完整准确全面贯彻新发展理念做好碳达峰碳中和工作的意见［EB/OL］. http://www.gov.cn/gongbao/content/2021/content_5649728.htm.

- 零碳电力将成为现实，绝大多数发电需求将由非化石能源满足，主要通过可再生能源，以及核电和少量配备了碳捕获和封存技术（CCS）的化石能源发电；

- 几乎所有的建筑用能、一半左右的交通和工业用能可使用零碳电力，从而实现极低排放；

- 某些配备分布式光伏等节能技术的建筑，还有可能实现负碳排放；

- 航空、重型车等交通方式有望由生物燃油或绿色氢能驱动，满足约两成以上的交通用能；

- 尽管工业部门在整体上达到零碳排放仍有一定难度，但有可能通过氢还原等技术替代部分工艺过程所需的化石燃料，实现超低碳排放；

- 最终剩余部分则要通过碳捕获和利用技术（CCUS）以及碳汇等方式实现零碳排放。

我国宣布的"30·60目标"具有重要的历史和现实意义：

第一，作为全球最大的发展中国家和最大的碳排放国，我国承诺并落实碳中和目标大大提升了全球实现《巴黎协定》目标的可能性。它不但会加速我国的绿色低碳转型，也正在激励其他主要国家做出碳中和承诺，有望成为确保《巴黎协定》在全球实质性落地的最重要推动力，进而避免出现亿万气候难民的危机。因此，它将成为构建人类命运共同体最重要的内容之一。

第二，碳中和将带来巨大的投资需求，可以支持我国经济持续以较快的速度增长。本课题的研究显示，在碳中和背景下，未来30年内我国在清洁能源、绿色建筑、绿色交通、低碳工业、环保和林业等领域将产生487万亿元的绿色低碳投资需求。与传统的发展轨迹相比，碳中和意味着更强的投资拉动，有望提升我国的长期增长潜力。

第三，宣布并落实碳中和目标，将为我国未来科技创新提供新的动力。要实现碳中和，需要在清洁能源、节能、储能、碳捕捉、低碳材料、工业交通电气化等领域中进行一系列技术创新。确立了碳中和目标之后，各类经济主体将会以更大的力度投资并参与低碳、零碳技术的研发和运用，有望开启一个以绿色低碳技术为主导的新的能源和产业革命。我国作为这些绿色技术最大的市场，享受规模效益和成本优势，有望在全球取得领先地位。

第四，绿色低碳转型将为我国企业带来巨大的全球市场机会。我国已经成为全球最大的可再生能源技术投资、制造、出口和消费国。2021年，我国多晶硅、光伏电池、光伏组件的产量分别约占全球总产量份额的80%、88%、82.3%。[①]我国清洁能源技术的市场渗透率也在加速提高，由于我国制造业产业链的完整性和国内规模效益的巨大潜力，我国在包括清洁能源设备、氢能技术、电动车、智能制造、低碳工艺、低碳材料等领域都有望进一步提升国际竞争力，成为最主要的全球供应商。

第五，明确碳达峰目标和碳中和愿景，将有助于持续改善我国生态环境。碳排放与空气污染、资源过度消耗等问题有高度相关性和同源性。落实碳中和的各项措施，可以降低与碳排放同源的各类污染物排放，尤其是空气污染；降低资源消耗，改善生物多样性，提升人民健康水平和生活环境质量。

第六，碳中和目标的确立，将引导我国金融体系更加有效地服务实体经济。以碳中和为引导，规划主要项目融资需求并构建绿色金融服务体系，有助于保证金融真正服务于实体经济高质量增长，防止金融"自我循环、自我膨胀"所带来的金融泡沫和金融风险，同时规避由于金融体系对高碳产业的过度暴露所导致的金融风险。

当然，实现碳中和将是一个艰巨的过程，对许多行业、地方来说

---

① 数据来源：中国光伏行业协会。

还是巨大的挑战。尤其是我国经济的如下三个特点，更使得我们要比许多其他国家付出更多的努力：第一，我国经济结构中工业比重高、服务业发展相对不足。2017年我国第二产业增加值占GDP比重约为40%，OECD国家平均水平为22.5%（世界银行，2019）。我国第二产业中钢铁、水泥等重工业占比远高于发达国家，高附加值产业占比仍处于较低水平，2018年工业能耗在终端能耗中占比65%左右（王庆一，2020）。要实现碳中和目标，需要在保持经济中高增速的同时有序调整产业结构，促使工业新增产能向高附加值和低碳甚至零碳的方向发展。第二，目前我国能源结构仍以煤炭为主。2020年，煤炭占我国一次能源消费比重为56.7%，远高于多数发达国家。现阶段的CCUS和氢能技术水平还不能进行大规模商业化。第三，我国人均生活耗能仍远低于发达国家水平。2018年我国人均用电量约为美国的1/3，是OECD国家平均水平的60%左右（王庆一，2020）。随着我国人民生活水平提升，电力需求未来将会长期持续增长，2050年我国人均用电量可能达到现有水平的一倍以上（国网能源研究院，2019）。

实现碳中和需要数百万亿元绿色投资，是金融机构绿色业务快速成长的机遇，但金融业也需要防范和管理气候风险。过去几年，我国初步建立了一个绿色金融体系框架，在绿色金融产品创新和国际合作领域取得了长足的进展和丰硕的成果。但是，与碳中和目标的要求相比，我们的绿色金融体系在界定标准、激励机制、信息披露和金融产品等领域还有许多不足，金融机构也面临着许多能力建设的问题。本报告试图比较系统地分析碳中和为我国金融业带来的机遇和挑战，并就如何完善绿色金融政策体系以及各主要金融业态和创新领域（包括银行、资本市场、保险、基金、金融科技等）的创新能力提出了一系列具体建议。

本书分为五章：第一章讨论了碳中和对宏观经济的影响；第二章

讨论了碳中和目标下实体经济的转型轨迹，研究了电力、工业、建筑和交通领域的转型路径，并对碳中和背景下我国绿色低碳的需求进行了预测；第三章讨论了金融业如何把握碳中和带来的机遇，从银行、资本市场、保险、机构投资者、碳市场和碳金融、金融科技和转型金融共七个方面提出了具体建议；第四章讨论了金融业如何防范气候变化所带来的风险，即气候相关风险的识别、量化、管理和披露；第五章就如何以碳中和为目标完善绿色金融政策体系提出了建议。本书的附录提供了许多国内外的具体案例和技术性参考文献。

目录

第一章

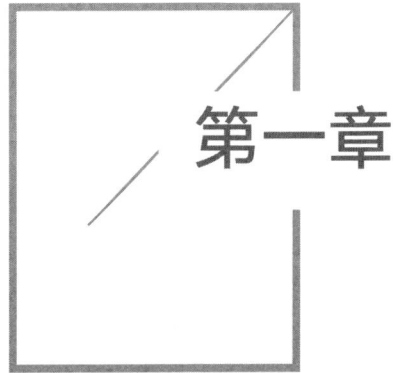

碳中和对宏观经济
的影响

未来40年，要在确保新时代社会经济发展战略目标的同时实现碳中和，我国实体经济的主要部门需要经历极为深刻乃至颠覆性的转型。未来的生产、运输、消费等模式的主要特点将包括低排放（乃至零排放）、低能耗和资源节约。目前常见的绝大多数由化石能源支撑的生产、建筑、交通和消费方式将会被淘汰。

不断加剧的气候变暖将在21世纪对全球造成巨大的经济和财产损失。根据国际货币基金组织（IMF）在2017年发布的《世界经济展望》，全球温升幅度在22摄氏度的全球平均气温基础上每提高1摄氏度，会降低发展中国家人均年度GDP增长率0.9~1.2个百分点[①]。因此，制定应对气候变化的政策、实现脱碳转型（decarbonization）、最终实现碳中和是全球经济维持长期稳定的必要条件。在碳中和目标约束条件下，不同的低碳转型路径会对经济增长产生什么影响，对各国选择合适的转型路径和设计合理的政策有重要指导意义。然而，关于脱碳转型对宏观经济的影响（包括对经济增长、就业和通胀等指标的影响）的学术分析和定量研究仍然非常有限。本章对现有文献中的研究结果进行综述，并提炼出对我国的若干启示。

1.1 碳中和政策影响宏观经济的机制

理论上来说，碳中和对经济增长有多重影响，这些影响有些是正面的，有些是负面的。新能源行业和其他绿色产业的投资增长，以及内

---

① 资料来源于《世界经济展望（2017年10月）——寻求可持续增长：短期经济复苏和中长期挑战》，由于发达国家大多位于温带和寒带，而发展中国家大多位于或靠近热带，因此气候变暖对于发展中国家的GDP增长更为直接。

生的技术进步驱动的新能源成本下降及效率提升，是脱碳转型过程中促进经济增长的主要因素。高碳行业的棕色资产搁浅、成本上升和失业可能是脱碳转型对经济造成的主要负面影响。这些变量对经济增长的净影响是正还是负，取决于各个经济体（国家、地区）的产业结构、资源禀赋、进出口结构等。

1.1.1　脱碳转型对宏观经济的正向影响

碳中和过程中投资的增加和技术进步可能会提升经济增长的潜力。

首先，脱碳转型需要增加对于新能源、新工艺和新技术的投资，这些投资形成的资本积累将提高经济增长潜力。目前学者和机构估计，在未来30年转型过程中，我国所需要绿色低碳投资在100万亿~500万亿元。清华大学气候变化与可持续发展研究院估算，我国实现1.5摄氏度目标导向转型路径在未来30年需要累计新增低碳能源供应投资约138万亿元，加上工业、建筑、交通部门中与低碳能源相关的投资需求，总计174万亿元，超过每年GDP的2.5%[①]。本课题组用与我国《绿色产业指导目录（2019年版）》相匹配的更宽口径估算，认为在碳中和背景下，未来30年我国将产生487万亿元的绿色低碳投资需求（详见本书第二章）。从宏观的角度看，这个规模的投资增长将对总需求和GDP起到明显的拉动作用。

其次，投资带来内生的技术进步，清洁能源的成本会不断降低，生产效率会不断提高。目前低碳技术的平均成本要高于传统能源技术，但随着时间的推移，成本的差距会缩小，最后会出现低碳技术和产品的成本明显低于高碳技术和产品的情况。比如，经过十多年的发展，光伏和风电的发电成本已经下降了90%，未来在全球大部分地区，光伏和风电成本将低于煤电发电成本。另外，储能技术、碳捕捉技术等绿色技术

[①] 资料来源于清华大学气候变化与可持续发展研究院（2020）的《中国长期低碳发展战略与转型路径研究》综合报告。

与产品的成本可能随着时间的推移降低，在中长期将变得具有竞争力。例如，根据Busch，Ma，Harvey和Hu（2021）的研究，蓄电池的成本自2010年以来已下降87%，交通系统电动化逐步成为经济可行的选择。国际行业专家认为，2023—2024年是"电动汽车与燃油汽车价格相同"的转折时点①。

许多实证研究显示，可再生能源和绿色低碳技术的进步可以有效提升全要素生产率（TFP）和经济增长。Tugcu（2013）基于土耳其数据的研究显示，可再生能源消费对TFP有正面影响，可再生能源消费对GDP影响的弹性在0.7至0.8，而化石能源消费对GDP影响的弹性在-1.7至-2.1。Rath等（2019）基于36个国家的面板数据研究发现，可再生能源消费与高TFP增长率呈正相关关系，而化石能源消费与低TFP增长率呈正相关关系。Yan等（2020）基于中国省份数据的实证研究发现，新能源技术创新与中国绿色行业生产率显著正相关，新能源技术创新显著推动了居民收入的上涨。

1.1.2 脱碳转型对宏观经济的负面影响

碳中和过程中出现的资产搁浅、阶段性成本上升、失业等问题可能会对宏观经济产生负面影响。

首先，直接经济成本来自高碳行业（例如化石燃料）固定资本的加速折损和淘汰，这些资产被迫提前退役形成"搁浅"资产。对宏观经济来说，这相当于供给端的一个负面冲击。具体表现可能是在无法有效减碳的一些传统行业，包括化石能源、燃油汽车、钢铁、水泥等行业出现企业倒闭，固定资产被废弃，以及大规模裁员等问题。根据Mercure等（2018）的研究，如果全球采取行动把气温上升幅度控制在2摄氏度内，

---

① Jack Ewing. The Age of Electric Cars Is Dawning Ahead of Schedule [N/OL]. The New York Times, 2020-09-20[2021-05-16]. https://www.nytimes.com/2020/09/20/business/electric-cars-batteries-tesla-elon-musk.html.

与2018年的气候政策情景相比，未来15年内全球搁浅的"棕色资产"规模可能高达9万亿美元（以2016年不变价计算），相当于2016年全球GDP的11%。大规模的资产减值可能会通过负财富效应拖累企业投资和居民消费。

其次，在脱碳过程的前期（尤其是政府较为激进地落实碳中和政策的阶段），高碳企业会面临成本上升的压力。这些增加成本的政策可能包括：将控排企业强制纳入碳交易机制、征收碳税、边境调节税、限制高碳企业生产和销售产品等。许多研究显示（例如Stiglitz和Stern，2017以及Quinet，2019），如果要实现欧盟的减排目标，2030年碳价至少需要达到100美元/吨——这将会是2020年欧洲碳排放交易市场约25美元/吨碳价的4倍。这些增加成本的措施将对部分经济活动产生挤出效应。

最后，在从高碳向低碳经济活动变迁的过程中，某些国家、地区和行业可能会出现较为严重的失业问题。许多高碳行业的就业岗位会消失，一些低碳技术和服务行业会产生新的就业岗位，但是传统行业的许多员工由于缺乏技能，很难迅速转移到低碳行业。相对于"有序转型"（失业可控）的情景，如果缺乏有效的人力资源转型技能培训计划，很可能会出现大规模失业，造成人力资本浪费，从"投入品闲置"的角度导致GDP损失。此外，失业所带来的社会稳定问题和政府财政压力也会从负面影响经济增长。

1.2 影响碳中和效应的经济结构因素

上文分析了碳中和可能给一个典型经济体带来的宏观经济影响。但是，各个经济体（包括国家和地区）由于经济结构、资源禀赋和进出口结构的不同，受碳中和的影响也可能明显不同。

1.2.1　能源进出口结构的影响

由于全球产业链的深度融合，碳中和对某个经济体的宏观经济的影响与该经济体的能源进出口结构高度相关。根据Mercure等（2018）的研究，在全球各国积极落实《巴黎协定》2摄氏度目标的情景下，成本和经济损失在各国之间的分布会是高度不均衡的。沙特阿拉伯、美国和加拿大等化石燃料的净出口国，由于化石能源产品的出口收入下降，将面临较大损失。其中，加拿大面临的损失可能高达GDP的20%。相反，中国、德国等能源进口大国通过清洁能源替代化石能源进口，将从全球能源转型中受益。

表1-1　落实2摄氏度目标的情景下GDP与基准情景相比较的最大差值（%）[①]

国家	GDP最大差值
中国	+3%
德国	+2%
美国	−4.5%
沙特阿拉伯	−7%
加拿大	−22%

资料来源：Mercure等（2018）。

1.2.2　技术进步的影响

绿色低碳领域的技术进步以及相关产业的全球竞争力将影响一国的出口潜力和经济增长。相关的定量研究比较有限，主要是针对低碳技术领域走在国际前沿的经济体，例如欧盟。这些研究的基本结论是，如果

---

① 基准情景的设定基于一定的技术进步假设。2摄氏度目标情景是在基准情景的基础上，假设采用一系列政策使得一国有75%的概率将气温升幅控制在2摄氏度以内。原文模拟了2摄氏度目标情景与基准情景下2020年至2050年的GDP走势，表格列出的数据是两种情景下GDP偏离基准情景的峰值。峰值通常发生在2025年至2030年，沙特阿拉伯发生在2050年。

全球均以落实《巴黎协定》为目标设定气候政策，全球的总需求以及欧洲面临的外部需求均有所下降，但欧洲能源密集型行业的出口份额反而略有增长，主要是因为这些行业（电动车、清洁能源技术等）为了适应欧盟的气候政策，将比其他国家率先提升效率和获得竞争优势。欧盟的技术优势能对GDP产生多大的拉动作用，很大程度上取决于对研发投入和技术进步的预测。Vrontisi等（2020）的模型显示，到2050年，欧洲低碳技术的生产率大幅上升对经济的提升作用，基本可以抵销传统燃料和设备需求的下降对经济的负面影响；同时由于在电动车行业的竞争优势，欧盟届时将在全球占据更大的市场份额。因此，尽管在落实2摄氏度目标的情景下全球总需求有所下降，但到2050年欧盟的GDP水平将比基准情景[①]略高。欧洲议会（2017）的定量模型研究显示，在各国均落实2摄氏度目标的情景下，低碳技术进步将使得欧盟GDP在2020—2050年累计值比基准情景高1.2%~1.4%。

1.2.3　气候政策的影响

首先，碳中和对宏观经济的影响很大程度上取决于政策的选择，包括碳定价、碳税、绿色金融政策、产业政策等。Metcalf和Stock（2020）基于过去30年欧洲实施碳税的国家样本实证研究发现，"回收"碳税收入（Revenue Recycling）的不同方法，如用于降低其他税种的纳税负担或是用于再分配，对宏观经济产生的影响不同，但总体而言碳税本身对宏观经济的影响是正向的，其净影响略微高于零。Vrontisi等（2020）的定量模拟发现，如果碳税收入用于降低其他商品和服务的税收，可以在一定程度上抵销碳税造成的生产成本上升。Fragkos等（2017）发现，如果碳税收入用于降低居民和企业在社会保障的缴费，可以提升总体就业水平。

---

① 基准情景指的是欧盟采用EU 2016基准，而其他国家未落实2015年NDC的情景。

其次，政策的不确定性会对宏观经济造成不利影响。Fried，Novan和Peterman（2019）的研究发现，如果缺乏明确的气候政策路径，企业对不同类型（绿色或棕色）固定资产的回报预期存在不确定性，可能既不投资棕色资产，也不投资绿色资产，反而会导致总体经济活动的萎缩或处于低效率状态。以美国为例，Fried，Novan和Peterman（2019）的定量估算显示，由于政府还未明确是否会推出碳税政策，这种政策不确定性会导致脱碳转型的成本增加。

最后，各经济体气候政策力度的不一致，也会影响各国产业的相对竞争力（Dechezlepretre和Sato，2017）。欧盟的气候政策是目前主要经济体中政策力度最大的。Vrontisi等（2020）的定量模拟显示，一方面，短期内（2030年以前）欧盟国家一些行业的成本高于全球其他国家，在一定程度上会降低欧盟国家的竞争力；另一方面，由于欧盟最早实施气候政策，因此能源密集型行业将更早适应脱碳转型的要求，低碳技术生产率提升将更快，中长期将在全球领先，提振欧盟的出口。

1.3 碳中和对中国宏观经济的影响

综上所述，碳中和的过程对宏观经济可能产生多方面的影响。现有研究的初步结论为，脱碳转型对一国经济增长的净影响可能为正，也可能为负，取决于其对能源进口的依赖度、未来在低碳领域的投资、绿色低碳技术创新以及各类与气候相关的政策。由于技术进步是个非线性的过程，各国采取气候变化应对政策的时间和力度也不同，因而脱碳转型对一国宏观经济的净影响也并非一成不变。

我国的经济结构特点决定了我国更有可能在脱碳转型中获得长期增长收益。

首先，我国是化石能源的净进口国。因此在向新能源转型的过程中我国将大幅减少化石能源进口，从而降低能源的净进口。Mercure等（2018）的测算显示，在落实2摄氏度的气候政策、棕色资产大幅下降的情景下，中国作为化石能源的净进口国将是少数在低碳转型中受益的主要国家，2050年前中国年度的GDP水平可能高于基准情景（政策不变情景）3%。

其次，在一系列强有力政策推动下，未来三十年我国的绿色低碳投资将达到数百万亿元，这个量级的投资需求将有助于提振总需求，从而拉动经济。同时，合理的气候政策可以有效地配置资源，将投资引导到高生产率的部门，从而提高增长潜力。例如，Huang等（2019）基于动态的可计算一般均衡模型（CGE）的研究结果显示，如果中国实施碳定价机制来引导资源配置，与缺乏碳价机制的情景相比，2050年中国的GDP水平可以提高3%。Springer等（2019）对中国全国碳交易市场政策效果的研究也得到了类似的结论。

再次，大量研究发现，投资于低碳行业所创造的就业数量可能显著高于因退出高碳行业而损失的就业。Garrett-Peltier（2017）的研究发现，每投资100万美元，在可再生能源和能效领域可创造7.49个工作岗位，而化石燃料领域仅能创造2.65个工作岗位。因此，由化石能源转向可再生能源和能效提高，每100万美元投资可净增加5个工作岗位（Harvey等，2021）。另外，政府从碳定价或碳税中得到的收入可以用于再分配。Huang等（2019）的研究发现，如果将出售碳配额的收入用于帮助高碳行业人员的培训和再就业，不但可以缓解高碳行业的失业压力，还可以改善全国范围内的收入不平等现象。该研究发现，在这种情景下，中国2050年的基尼系数将较基准情景有明显改善。

最后，我国在大规模研发和推广绿色低碳科技方面具有独特优势。一方面，我国是制造业大国，可以形成规模效应和产业链聚集效应。在光伏风电、电动车、电池等方面，我国已经具有全球竞争力，未来在氢能、储能、电网技术、工业智能化和工业零碳技术等领域也有望取得重大突破。另一方面，我国有全球最大的绿色产品市场，研发成本更容易被分担，因此更有可能在绿色和低碳科技方面获得技术进步和创新。Krugman（1980）的理论研究和Costinot等（2019）的实证研究均发现，当一国国内对某种产品的需求很大，且这种生产具备规模效应，这个国家很可能变成该种产品的净出口国，这是所谓"本土市场效应"。因此巨大的国内市场将有助于我国成为低碳技术和产品的重要出口国。

当然，我国在实现碳中和的过程中也必须关注若干宏观经济与金融风险。第一，如果大量使用行政措施来落实碳达峰、碳中和目标，采用"运动式"减碳的措施，简单粗暴地关停高碳企业或限制生产，可能会导致某些高碳产业供给大幅下降，推高能源和原材料价格，从而带来经济滞胀和失业的风险。第二，在低碳转型过程中，如果不能有效为高碳企业赋能，帮助这些企业尽快转型为低碳企业，一批高碳资产就可能面临"搁浅"，成为不良资产，或出现估值大幅下降，从而导致金融风险。上述两类风险，即使不会成为全国性、系统性的问题，也可能在某些地区（特别是严重依赖煤炭的省区）成为系统性风险的来源。

综上所述，我国应该尽早制定碳达峰、碳中和路线图，更多地采取市场化手段推动低碳转型，充分体现我国能源转型、绿色投资和技术进步可能带来的宏观经济效益，强化在一系列绿色低碳领域中的国际市场竞争力，同时高度关注并管理好转型相关的宏观经济和金融风险。

第二章

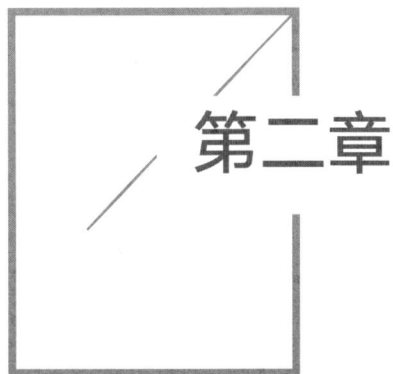

碳中和目标下
实体经济的转型轨迹

　　为实现碳中和目标，实体经济的主要部门需要做出革命性转型。根据已有战略研究和政策导向，未来我国经济的低碳转型面临六大趋势，包括：优化经济结构、构建低碳智慧能源系统、提升终端资源效率及电气化水平、压缩工业产品需求、投资低碳基础设施、倡导绿色低碳生活方式。基于这些趋势，本章对未来我国能源消费和碳排放路径进行了情景分析和建模，并梳理了电力、工业、建筑、交通、农林等主要部门的转型路径建议（见表2-1）。本章的研究主要回答如下问题：我国现有行动是否能实现既定气候目标，要实现碳中和目标主要需要采取哪些行业政策、措施和技术，以及碳中和过程中将产生多大的绿色低碳融资需求。

表2-1　主要低碳技术和措施一览

项目	优化经济结构	构建低碳智慧能源系统	提升终端资源效率和电气化水平	压缩工业产品需求	投资低碳基础设施	倡导低碳生活方式
电力	火电机组灵活性改造 提前淘汰煤电厂	海上风电、陆上风电； 太阳能光伏发电和光热发电； 生物质能发电融合CCS技术； 电能转X系统； 数字化风光电厂控制	电力需求侧管理； 用电设施节能		特高压输电； 储能（抽水蓄能及其他）； 可再生能源； 制氢； 智能电网	购买绿电
工业	新材料、生物医药等战略新兴产业 高端设备制造业	余热余压余冷利用技术； 低温余热利用； 工业燃料替代（包括电气化）； 氢能炼钢； 水泥熟料替代	工业节能改造； 短流程炼钢	工业互联网； 工业产品绿色设计； 工业园区资源综合利用	工业园区能源梯级利用系统； 工业CCUS技术	无废城市； 减塑行动

续表

项目	优化经济结构	构建低碳智慧能源系统	提升终端资源效率和电气化水平	压缩工业产品需求	投资低碳基础设施	倡导低碳生活方式
建筑		建筑光伏一体化技术；地源、空气源高效热泵技术	高效空调、家电；智能家居物联网；暖通空调智能控制技术	延长建筑平均寿命；控制超大型公共建筑增长；装配式建筑	近零能耗建筑；绿色建筑；区域供冷供暖系统	智能电表
交通	电动汽车、船舶电动非道路机械燃料电池汽车氢能汽车	光储充放多功能综合一体站冷链物流系统制冷改造；航空燃料创新技术；自动驾驶	公路交通电动化；充电网络系统；高效重型车、非道路机械		公共交通；城市自行车、步行慢行体系；绿色物流；超快充、大功率充电设施；城市智慧交通系统	绿色出行
其他	绿色咨询服务业	储能、储热、储冷新材料；综合能源站；区域制冷供热	能耗、碳排放综合监测平台		海绵城市；生态保护	素食、代肉食；本地食品

资料来源：以上内容参考如下文件整理：《〈中国制造2025〉重点领域技术路线图》《"十三五"国家战略性新兴产业发展规划》《国家工业节能技术应用指南与案例（2020）》《近零能耗建筑技术标准》（GB/T 51350—2019）等。

本章的基本结论是，我国现有行动可确保温室气体净排放在2030年前达到峰值，但要在2060年前实现碳中和，还需尽早采取进一步强化措施。这些强化措施应包括：实施更严格的节能政策及更为积极的可再生能源和削减煤炭政策，激励已具备商业可行性的低碳技术发展，提高其市场占有率。我们的模型估计，参照绿色金融通常使用的口径（本书称"报告口径"），在碳中和背景下，未来30年内我国在《绿色产业指导目录（2019年版）》确定的211个领域内将产生487万亿元的绿色低碳投资需求。

2.1 实体经济绿色转型六大趋势

本节将分别阐述我国实体经济绿色转型六大趋势的具体内容。

2.1.1 优化经济结构

我国过去二十年温室气体排放的快速增长与工业化、城市化发展阶段高度相关。目前，以制造业为主的第二产业占比仍然超过50%，导致大量能源消耗和碳排放。碳中和背景下，到2035年，我国第二产业增加值占GDP的比重可能降至25%~28%，第三产业比重升至60%以上，接近当前制造业强国水平；2050年第二产业比重进一步降至20%左右，第三产业比重进一步升至70%左右，与大部分发达经济体持平（国家信息中心，2020；国家发改委能源所，2020）。

第二产业内部结构也将发生质的变化，高端制造业和绿色制造业将成为工业发展的重要支柱。根据《中国制造2025》的规划，到2050年中国将形成绿色企业标准体系和绿色制造体系，新一代信息技术、新能源、新材料、高端装备等智能制造和绿色制造产业将成为中国经济的重要推动力。预计到2050年，医药、高端设备制造等高附加值产业占工业增加值比重将超过60%（国家发改委能源所，2020）。

2.1.2 低碳智慧能源系统

能源结构清洁化是实现碳中和的根本途径，我国将构建清洁低碳安全高效的能源系统，以可再生能源为主体的电力系统。专家预测，为实现碳中和目标，我国非化石能源占一次能源的比例需在2035年至少达到30%以上，2050年达到70%以上（清华大学，2020；能源基金会，2021；本课题组）。我国新能源发展目标在过去许多年被不断突破，2020年风光新增装机之和约为1.2亿千瓦（风电0.72亿千瓦，光电0.48亿千瓦）。要满足既定2030年风光装机总量超过12亿千瓦的要求，未来10年年均增量至少需要超过0.7亿千瓦；而为实现"碳中和"目标，年均风光电装机新增量需要在上述水平基础上增加一倍。终端能源需求品中，除可再生能源外，氢能占比将在2030年后快速增加，成为难以电气化的工业部门的工艺过程和重型交通工具低碳化的主要途径；交通部门绿色氢能消费占总能源消费比例在2050年达到20%~30%，工业部门氢能消费占比达到15%左右。

能源系统的数字化、综合化是低碳转型的技术基础。比如，利用数字化风光电厂，可实现对发电量的精准预测，提高资源利用率和电网灵活性及消纳能力；或者利用物联网技术暨智慧家居、建筑用能设备负荷管理等，实现更好的需求侧管理。能源系统跨部门集成融合，形成多能互补的综合系统是低碳转型的创新领域。我国《新能源汽车产业发展规划（2021—2035年）》中提出，鼓励"光储充放"（分布式光伏发电—储能系统—充放电）多功能综合一体站建设，将电动车作为储能和电网灵活性资源。可再生能源制氢，以及利用新型材料将电能或余热余冷进行转换储存，也可满足多种形式的储能需求。

2.1.3　提高终端能源效率和电气化水平

全面提升工业、建筑、交通等终端用能领域的能源效率和电气化率是较低成本的减排措施，存在巨大挖潜空间。2017年，我国主要工业产品能耗水平[①]与国际先进国家的平均水平存在10%~40%的差距（王庆

---

① 指生产单位工业产品所需消耗的能源。

一，2020）。交通工具中，重型车、非道路交通机械效率低下、污染严重，需要政策引导和技术改造（龚慧明，2020）；建筑制冷和取暖设备已经超过照明成为用能大户，其技术节能提升空间可达50%（中国标准化研究院，2021）。国务院《关于加快建立健全绿色低碳循环发展经济体系的指导意见》提出，"到2035年，绿色发展内生动力显著增强，绿色产业规模迈上新台阶，重点行业、重点产品能源资源利用效率达到国际先进水平"。我们认为，到2050年，我国重点行业和产品的能源使用效率应该远高于主要发达国家目前的水平。

终端用能电气化率将持续提升。根据课题组研究，为实现碳中和目标，电力消费占终端能源消费的比例在2035年和2050年可能分别提升至35%和58%。其中，为实现碳中和[①]，从现在到2050年，工业电气化水平将从26%左右提高到61%；建筑部门的电气化水平将从35%提高到87%；交通部门的电气化水平将从3%提高到70%以上。人均电力需求因此仍有较大增长空间，预计2050年人均用电量为8000kW·h~10000kW·h，为目前的1倍以上，但仍将低于目前部分发达国家人均用电水平。

2.1.4　压缩工业产品需求

通过提高系统效率、减少浪费，压缩工业产品需求，是实现碳中和目标不可缺少的一环。这包括，通过延长建筑平均使用寿命，减少钢铁、水泥等高耗能工业产品需求；利用工业互联网技术提高制造机械利用率，减少机械制造需求；通过优化绿色设计，减少制造材料需求等。比如，将建筑物平均寿命从30年提高到50年，由此减少的粗钢需求就可以减少约7000万吨二氧化碳排放量（国家发展改革委能源所，2020）。此外，全球每年4%~8%的石油消耗用于生产塑料制品，相当于航空燃油消耗总量（国际能源署，2017），减少包装和产品设计的塑料需求可

---

① 指本课题组量化分析的碳中和情景，见后文。

以有效降碳。

提高资源回收率，减少原材料需求，可直接降低制造业能源消耗。主要工业产品[①]利用可再生资源进行制造，相比使用原生资源，节能率可以达到15%~90%（中国物资再生协会，2019），从而降低大量碳排放。减少原材料需求，必须提高资源回收率，建立并完善精细化的废弃物回收体系，需要全社会各领域共同参与无废城市建设等行动。

2.1.5 投资低碳基础设施

实体经济的低碳转型以绿色低碳基础设施体系为根本支持，主要包括交通基础设施、能源基础设施及促进能源跨领域综合利用的基础设施。为实现这一目标，需大力扩展公共交通体系和骑行、步行等绿色慢行交通体系，提高大型城市绿色交通分担率，减少机动车出行需求；完善"大交通"体系，提高客、货运系统效率；大力发展电动车充电网络，提高到现有加油站的便利程度，提高新能源交通普及率。

在区域和城市群规划过程中，要充分考虑产业区域规划和零碳能源资源的配合，例如将数据中心和清洁电力资源富集地结合，工业余热资源的管道基础设施体系和建筑取暖需求结合。研究表明，北方地区用于供暖的80摄氏度以上低温余热资源量能满足超过20亿平方米的建筑取暖需求（冯超，2020），这需要管网系统等基础设施支持才可实现。此外，新型基础设施还包括能耗监测系统、制造业机械信息化控制平台、智慧城市等，都将为实体经济绿色低碳转型赋能。

值得一提的是，未来需要投资建设气候适应基础设施，包括城市应对极端洪涝天气的管廊系统，电力、交通等部门应对高温、严寒等灾害的防御设施，农业水利系统、生态涵养体系的设施等，将确保气候变化大背景下基础设施综合韧性。

---

① 包括纸、塑料、镁、锌、铅、铝、铜、铁等。

2.1.6　绿色低碳生活方式

我国目前人均生活能耗相对于发达国家还处于较低水平。人均用电量、千人机动车保有量只是发达国家平均水平的二分之一、三分之一左右（龚慧明，2020；王庆一，2020）。伴随城镇化率提高、人均收入增加，与建筑、交通、食品相关的能源消耗将大幅增加。通过政策和技术手段引导绿色低碳生活方式，以更低的碳排放支撑现代舒适生活方式的能源需求，减少食品生产、储存和运输过程相关的碳排放，对中长期碳减排至关重要。

政策方面，不断加严建筑和用能设备能效标准，控制新建住房总量，促进公共交通、绿色出行，禁止食物浪费等。技术方面，通过智慧、共享等技术和商业模式的推广，减少满足舒适生活需要的物质消耗。此外，营造良好社会氛围，弘扬健康节约生活方式，宣传东亚、北欧等发达国家和地区低碳生活趋势，强调素食、选择当季和本地食品等，弘扬我国健康节约的传统生活方式。

2.2　实体经济绿色转型路径量化分析

基于以上趋势研判，通过梳理自碳中和[①]目标提出以来最新出台的气候能源目标、行业发展战略，本课题组对2020—2050年我国能源消

[①] 借鉴欧盟《绿色新政》中的概念，本书中所用的"碳中和"概念指的是温室气体的净零排放，也就是"碳排放"和"碳汇"体量相等，增减平衡；本书"温室气体净排放"指碳排放减去碳汇后的净排放。本书中"碳排放"若无特殊说明均指所有温室气体，涵盖二氧化碳、甲烷、氧化亚氮、氢氟碳化物、全氟化碳和六氟化硫，以CO_2e表示；本研究中部分测算只针对"能源相关二氧化碳排放"，以CO_2表示。

费和温室气体排放进行了情景研究和建模量化（模型方法介绍见专栏一），并对2050—2060年温室气体排放总体情况进行趋势外推。研究主要回答如下问题：我国现有行动是否能实现既定气候目标，要实现碳中和目标主要应采取哪些行业政策、措施和技术，以及碳中和在未来40年内将产生多大的绿色低碳投资需求。这些研究将为本课题此后章节对绿色金融的研究提供依据。

分析表明，我国现有行动可确保温室气体净排放[①]在2030年前达到峰值，但要在2060年前实现碳中和，还需尽早采取进一步强化措施。这些强化措施包括：电力系统必须在满足可靠性的基础上深度脱碳，主要路径包括发展可再生能源、加速煤电退出、提升电力系统灵活性。工业绿色转型应主要通过提升工业产品和流程的能效水平、优化制造业产业结构、挖掘系统节能潜力并推动工业零碳试点。建筑行业则需要加快制定并实施强制性超低能耗建筑和零碳建筑标准，推广高效节能家电和用能设施、控制建筑总量和延长建筑寿命等。交通方面需要尽早推动绿色低碳城市规划、降低机动车出行需求、制定重型车低碳标准以及发展氢能重型交通等。从而争取使温室气体净排放在"十四五"期末达到峰值，在2030—2035年排放水平回到2010年水平，然后稳步下降，努力在2050—2060年实现净零排放。

专栏一　温室气体排放趋势研究方法介绍

本研究关于温室气体排放趋势的研究采用情景分析和基于"能源政策模拟模型"（EPS）工具相结合的方法，构建未来可能的能源消费和碳排放，及不同领域、不同时段的减排路径。

EPS模型（Energy Policy Simulator）最初由美国能源创新（Energy

---

① 本书中，温室气体总排放指不包括土地利用变化和森林碳汇（LULUCF）的各部门温室气体排放量加总。温室气体净排放，指包括LULUCF，即温室气体总排放减去LULUCF后的净排放量。能源相关二氧化碳排放，指与能源的转化和消费相关的二氧化碳排放量。

Innovation，EI）研究开发，其多个版本已经通过与我国研究机构合作在国内得到应用。EPS模型是以系统动力学为理论基础，将能源消费过程和经济活动看作是一个开放、处于不断变化和非均衡的系统，其逻辑框架见图2-1。EPS模型包括五个经济部门，即电力、工业、交通、建筑和供热（其中，工业除了包括传统的工业行业外，还包括农业和废弃物利用行业），并考虑了碳捕集和封存，以及土地利用变化。EPS模型覆盖《京都议定书》规定的六种温室气体排放（CO_2e），分别是二氧化碳（CO_2）、甲烷（CH_4）、含氟气体（HFCs、PFCs、SF_6）及一氧化二氮（N_2O）。EPS模型将建筑、工业和交通行业中的电力和热力消费的碳排放统一计入电力和热力行业中，建筑、工业和交通部门排放为直接排放。

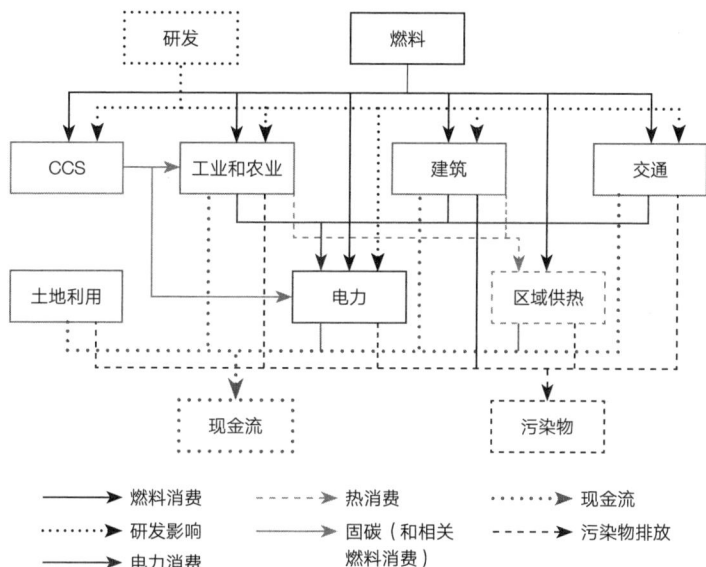

图2-1 能源政策模拟模型（EPS）框架

2.2.1 情景假设

本研究设定两个情景：现有政策情景和碳中和情景。现有政策情景考虑了我国已经发布的政策，包括自碳中和目标提出以来颁布的行业规划、战略、政策目标，并参考了地方已经出台的规划纲要①。碳中和情景是在参照全球最佳政策实践基础上的假设情景，这个情景包括已有政策和我们认为有关部门应该考虑的新的政策目标和内容（见表2-2）。我们预计，本书碳中和情景下的许多假设都可能出现在政府正在制定的碳达峰、碳中和（1+N）路线图中。

表2-2 两种情景假设

项目	现有政策情景	碳中和情景
人口	2030年前后达到峰值约14.5亿人，其后缓慢下降，2050年约为13.6亿人，2060年为13.3亿人	
实际GDP年均增速	2020—2030年：5.25%；2030—2040年：4.2%；2040—2050年：3.2%；2050—2060年：2.5%	
综合	2030年碳强度在2005年基础上下降60%~65%。努力实现碳排放于2030年前达峰。碳强度控制为主，总量控制为辅的制度体系。全面实施《关于加快建立健全绿色低碳循环发展经济体系的指导意见》，"十四五"期间GDP能源强度下降13.5%	"十四五"规划制定严格碳总量目标在100亿吨左右，煤炭消费量"十四五"期间达峰并下降，2025年能源总量不超过55亿吨标准煤。碳价机制（包括碳排放和碳税）覆盖全经济部门。2035年碳排放相比峰值明显下降
工业	加快推进高耗能行业绿色改造，主要工业产品资源、能源效率在2035年前后达到国际先进水平	在现有政策情景基础上，强化非二氧化碳温室气体减排政策，对标国际标准提高制造业能效水平，加速燃料的电能、氢能，工业CCUS，推广无废制造等
电力	电力发展符合《能源生产和消费革命战略（2016—2030）》中有关规定。煤电装机"十四五"期间继续小幅增长。非化石能源占一次能源比例在2030年达到25%。风电总装机12亿千瓦，符合我国最新国际承诺。氢能发展符合现有规划目标	在现有政策情景基础上，加速电网低碳化。制定煤电退出时间表（2040—2045年淘汰常规煤电厂），加速建设以可再生能源为主体的电力系统（2050年占发电70%以上）等。2030年后推动绿氢产业发展

---

① 比如：《上海市国民经济和社会发展第十四个五年规划和二〇三五年远景目标纲要》，已经承诺将在2025年前实现二氧化碳排放达峰，《北京市国民经济和社会发展第十四个五年规划和二〇三五年远景目标纲要》表示"'十四五'时期实现二氧化碳排放总量率先达峰后稳中有降，为实现碳中和打好基础"。

项目	现有政策情景	碳中和情景
交通	2035年上市新车50%新能源车，另外50%环境友好车型，符合《新能源汽车产业发展规划（2021—2035年）》。主要交通工具节能增效延续"十三五"时期趋势。公共交通发展符合国家新型城镇化战略要求。货运绿色发展符合《交通强国建设纲要》要求	在现有政策情景基础上，强化新能源交通发展速度。2035年上市新车全电动，"十四五"期间上市新车全混动，优化交通综合规划、降低货运需求等
建筑	根据现有规划，目前新建建筑的50%满足绿色建筑标准，2025年所有新建建筑满足绿色建筑标准。实施近零能耗建筑标准。满足国家有关绿色制冷、绿色供暖等政策的要求	在现有政策情景基础上，进一步推动"十四五"期间新建建筑全绿色建筑，实施强制性近零能耗建筑标准；"十五五"期间新建建筑实施零碳排放建筑标准，建筑生活用能以电能替代，延长建筑寿命等
农林	2030年森林蓄积量比2005年新增45亿立方米，达到184立方米。全面推进无废城市建设，减少食品浪费	在现有政策情景基础上，提高森林质量，增加土地利用相关碳汇总量。制定农业非二氧化碳减排目标和政策，改善饮食结构等

资料来源：课题组根据2021年5月前各部门和行业公布的政策和技术路线图整理，参考资料包括：国务院《关于加快建立健全绿色低碳循环发展经济体系的指导意见》《中华人民共和国国民经济和社会发展第十四个五年规划和2035年远景目标纲要》《能源生产和消费革命战略（2016—2030）》《能源局征求2021年可再生能源电力消纳责任权重和2022—2030年预期目标建议》《新能源汽车产业发展规划（2021—2035年）》《节能与新能源汽车技术路线图2.0》《"十四五"智能制造发展规划（征求意见稿）》《绿色建筑创建行动方案》等。

2.2.2 能源消费和温室气体排放趋势

我们的估算显示，现有政策情景下，温室气体净排放、总排放和能源相关二氧化碳排放均可以实现在2025年前后达到峰值[①]，峰值水平分别控制在136亿吨、145亿吨和104亿吨，随后稳步下降；到2035年，分

① 碳排放总排放量，指所有温室气体排放总量；净排放量指碳排放总量减去碳汇总量后的净值，以CO_2e表示；能源相关二氧化碳排放量指与能源系统相关的二氧化碳排放量，以CO_2表示。

别下降到2019年水平的约74%、77%和81%。但到2050年温室气体净排
放、总排放和能源相关二氧化碳排放分别为55.8亿吨、68.7亿吨和58.2
亿吨，仍未能实现净零排放。碳中和情景下，我国温室气体净排放、总
排放和能源相关二氧化碳排放均可以实现在"十四五"期间达峰并开
始下降；在2035年分别下降到2019年水平的约44%、49%和48%；2050
年温室气体净排放、总排放和能源相关二氧化碳排放分别为18.4亿吨、
31.5亿吨和25.2亿吨，分别为2019年排放水平的14%、22%和20%。照此
趋势，温室气体净排放在2060年前基本达到碳中和水平（图2-2）。

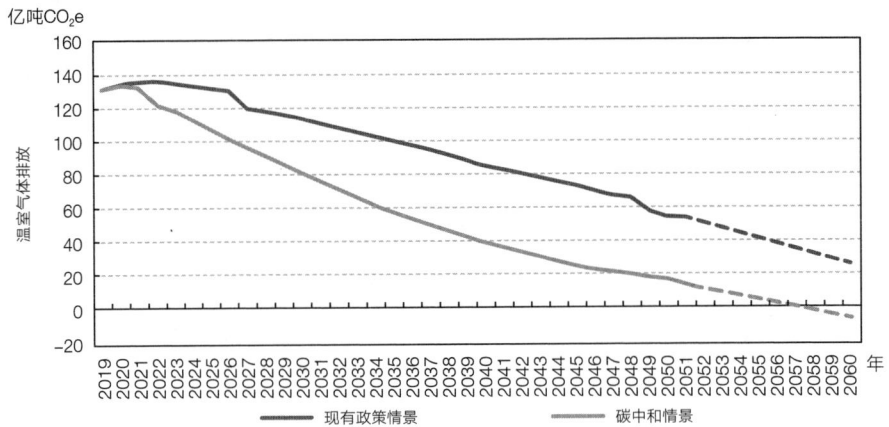

注：2020—2050年排放趋势为本课题组模型预测结果，2051—2060年排放基于
2041—2050年排放趋势外推。

图2-2　现有政策情景和碳中和情景下温室气体净排放趋势（2019—2060年）

两种情景下各部门温室气体排放趋势：在现有政策情景下，主要耗能
部门温室气体排放均会缓慢上升，电力、建筑、交通部门将在2030年前陆
续达峰但并不能在2050年前后实现近零排放。达峰后，电力部门排放将持
续下降，到2050年相对2019年排放下降72%。建筑部门排放将缓慢下降，
到2050年相对2019年排放下降55%。交通排放则长期维持在高位，到2050
年的排放总量仍为2019年的95%左右。工业和农业温室气体排放有望在
"十四五"期间开始下降，到2050年相对2019年排放分别下降59%和28%。

在碳中和情景下，电力部门温室气体排放将在2025年前后达到峰值，随后快速降低，到2045年基本实现净零碳排放。建筑部门排放在2030年前达峰后缓慢下降，到2050年相对2019年排放下降78%，有望在2050—2060年实现零排放。交通部门排放在2030年前达峰后缓慢下降，到2050年相对2019年排放下降53%。工业部门到2050年温室气体排放相对2019年下降84%，有望在2050—2060年实现零排放。农业温室气体排放将在2050年下降到峰值水平的36%左右。土地利用和森林碳汇总量未来三十年缓慢上升，到2050年可抵销当年碳排放总量的42%左右。2050—2060年，随着碳排放总量进一步下降，有望实现总体碳中和（图2-3）。

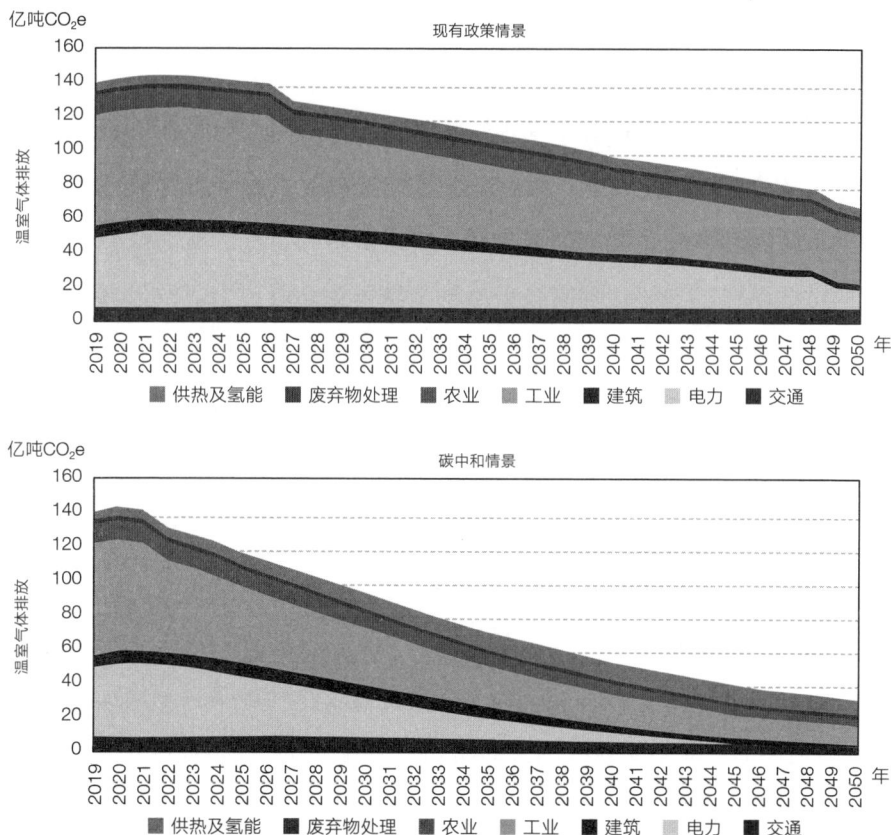

图2-3 两种情景下各部门温室气体总排放趋势（2019—2050年）

（资料来源：课题组预测）

两种情景下能源消耗总体趋势：两种情景下能源消费总量均会继续上升，能源结构均持续改善。现有政策情景下，2050年能源消费总量为2019年的1.7倍以上，且仍未到峰值，碳中和情景下，能源消费总量在2040年前后达峰，峰值为2019年的1.5倍左右，之后缓慢下降，到2050年仍保持在2019年的1.3倍左右。能源结构方面，在现有政策情景下，2050年非化石能源占一次能源消费比例超过82%，碳中和情景下这一比例约为90%；两种情景下，风、光、生物质等可再生能源贡献分别约为60%和70%；煤炭占比在两种情景下均持续下降，到2050年，在现有政策情景和碳中和情景下，占比分别下降13%和5%左右。

2.2.3 电力部门

随着经济社会发展和生活水平提升，我国电力需求仍将大幅增加。电力系统需要在满足可靠性的基础上深度脱碳，并提前其他领域实现零排放，才能够在满足需求的同时确保实现碳中和目标。电力绿色低碳转型的主要路径，需要在现有政策基础上继续提高可再生能源发展雄心，尤其是挖掘可再生能源潜力，严格控制煤电装机总量，逐步淘汰煤电，强化电力系统灵活性的一系列综合性措施。

2.2.3.1 两种情景下的排放趋势和电力结构

两种情景下，我国从现在到2035年的电力需求均会持续上升，与2019年相比，均增加将近1倍。但两种情景下在2050年的电力需求有所不同，现有政策情景下的需求将比2035年增加50%左右，碳中和情景下则保持在2035年水平。2035年的人均电力需求在两种情景下均比2019年增加1倍左右，达到9500千瓦·时每年，接近目前欧盟国家平均水平，但仍明显低于目前美国水平。

现有政策情景下，电力温室气体总排放在2021—2035年达峰后稳步下降，到2035年排放减少到32.8亿吨，2035—2050年以年均4.3%的速度下降，到2050年排放减少到11.6亿吨左右。碳中和情景下，电力温室气体总排放在2021—2035年，达峰后稳步下降，到2035年排放减少到低于13亿吨，2035—2050年以年均6.7%速度下降，到2050年排放减少到400万吨左右（见图2-4）。

亿吨CO$_2$e

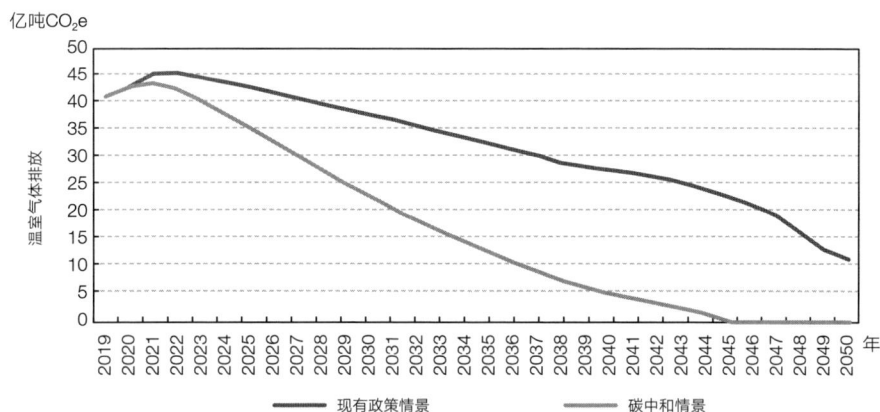

图2-4 两种情景下电力行业总排放趋势（2019—2050年）

两种情景下，发电结构的差别主要体现在煤电装机下降速度上。现有政策情景下煤电装机和发电占比到2035年分别下降到16%和28%左右，2050年分别下降到4%和8%左右；碳中和情景下，煤电将在2045年前后完全退出。非化石能源发电[①]在两种情景下的装机和发电比例均大幅增加。现有政策情景下，2035年非化石能源发电装机和发电量占比分别为71%和46%，2050年非化石能源发电装机和发电量占比分别为87%和66%；碳中和情景下，2035年非化石能源发电装机和发电量占比分别为79%和57%，2050年非化石能源发电装机和发电量占比分别为91%和77%（见图2-5和图2-6）。

---

① 包括核电、水电、陆上风电、海上风电、太阳能光伏、太阳能光热、生物质发电、地热发电等形式。

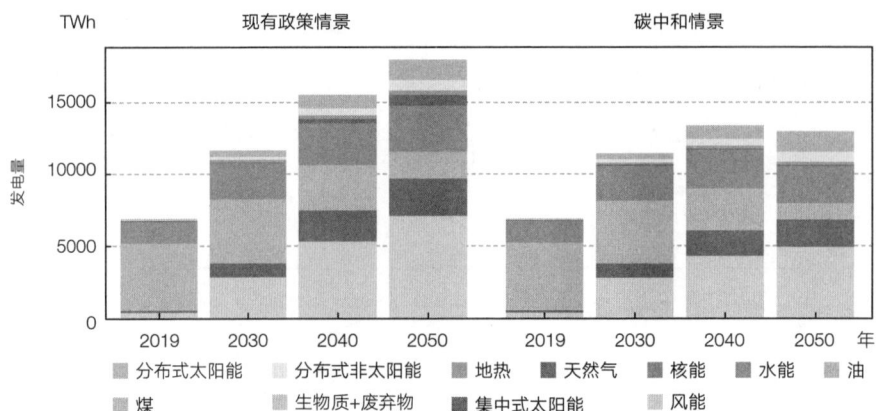

图2-5 两种情景下发电结构（2019—2050年）

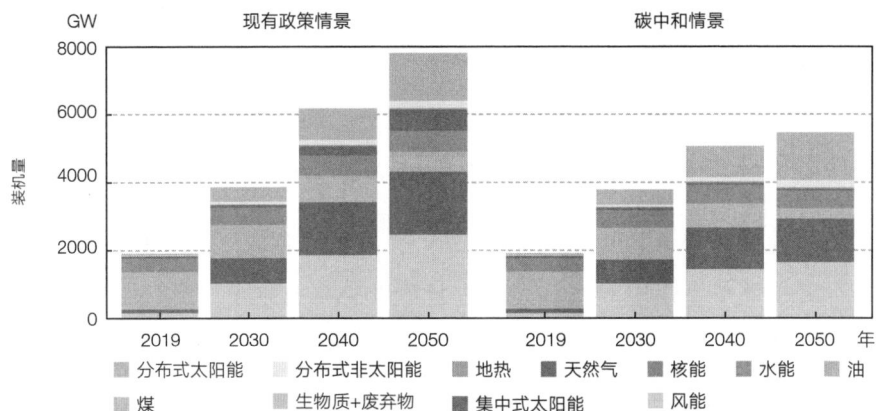

图2-6 两种情景下电力装机结构（2019—2050年）

（资料来源：课题组预测）

2.2.3.2 实现碳中和的主要路径与措施

（1）发展可再生能源

我国可再生能源发展迅猛，无论是装机量、投资量、装备制造都居全球领先位置，但我国电力系统仍然是以化石能源为主。2020年，可再生能源在电力系统中的比重为29.5%，同时期德国可再生能源发电比重已经超过50%。

要实现碳中和目标，构建以可再生能源为主体的电力系统，还应继续提升可再生能源装机发展目标和发电消纳比例。根据现有政策目标，即2030年风光装机总量超过12亿千瓦的要求，未来10年年均风光装机增量至少需要超过0.7亿千瓦；而为实现碳中和目标，年均新增量需要在此基础上增加1倍。

（2）加速煤电退出

为应对气候变化，全世界已有约15个国家提出了要在2030年前关停常规煤电厂（Chris L.等，2021），我国也应制定煤电退出时间表。研究表明，满足"十四五"期间乃至更长期的电力需求，基本不需要新增煤电总装机量（袁家海，2018）。因此，为实现碳中和目标，首先应尽快停止对新增煤电项目的投资；其次应提前淘汰部分现役煤电机组，减少煤电发电量（见表2-3），使煤电在能源系统中的功能定位逐步向为电网系统提供灵活性资源过渡（国网能源研究院，2019）。

表2-3　中国煤电未来发展趋势

项目	装机量和发电量	单位	2025年	2030年	2050年
现有政策情景	煤电装机量	GW	1108	979	170
	煤电发电量	TWh	4850	4014	0
碳中和情景	煤电装机量	GW	987	757	0
	煤电发电量	TWh	4751	3588	0

资料来源：课题组预测。

（3）提高电力系统灵活性

高比例可再生能源的电力系统需要大量灵活性资源作为支撑，这是电力绿色低碳转型过程中最重要也最具挑战的领域。除了对智能电网、特高压输电等技术的投资，要实现碳中和目标，还需要大力挖掘灵活性资源、提高综合优化运行能力。

灵活性资源存在于电源侧、电网侧、负荷侧、储能侧各个领域（见图2-7），例如电源侧通过灵活性改造的煤电机组，电网侧的跨区域协调，负荷侧的需求侧响应。此外，大力发展抽水蓄能、电化学储能，以及强化开发蓄冷、蓄热等技术和材料。除技术以外，政策机制的作用更需深入挖掘，包括建立电力现货市场、实时电价，能效电厂的融资机制等，可将建筑、电动车、工业过程等转变成为灵活性调整资源，从而对电力系统优化运行形成深远影响。

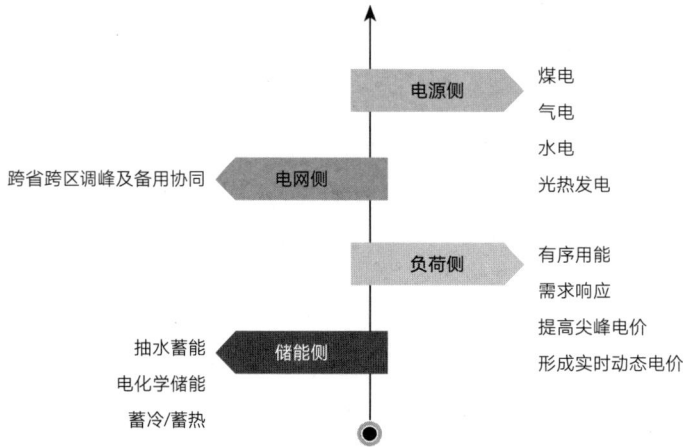

图2-7　电力系统灵活性资源开发路线

（资料来源：国家电网研究院，2020）

2.2.4　工业

工业温室气体排放目前已经进入平台期，但工业部门实现近零排放挑战巨大。主要工业产品的需求量将在2020—2030年达峰[1]，之后虽稳中有降但仍保持高位，而乙烯、电解铝还会有巨大增长空间（戴彦德，2017；刘俊玲，2019）。工业绿色转型需要强化现有政策，进一步提升工业产品和流程能效水平、优化制造业产业结构、挖掘系统节能潜力等。为实现碳中和目标，工业部门还应在现有政策情景基础上，强化非二氧化碳温室气体减排政策，对标国际标准提高制造业能效水平，加速

---

[1]　包括粗钢、水泥、合成氨等。

燃料的电能、氢能替代，探索工业CCUS，推广绿色设计、无废制造等（见图2-8）。

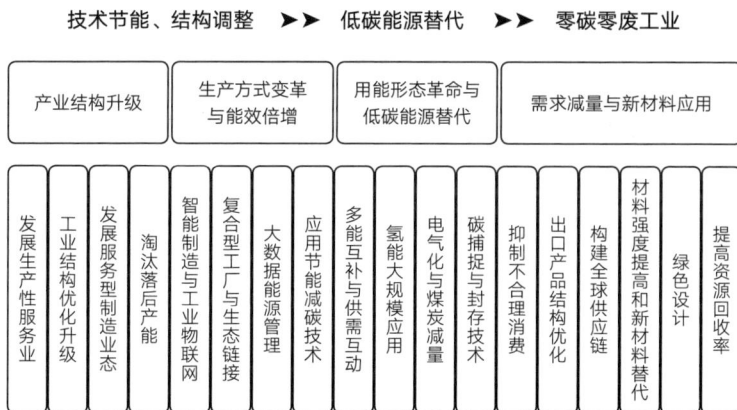

技术节能、结构调整　▶▶　低碳能源替代　▶▶　零碳零废工业

产业结构升级	生产方式变革与能效倍增	用能形态革命与低碳能源替代	需求减量与新材料应用

发展生产性服务业　工业结构优化升级　发展服务型制造业态　淘汰落后产能　智能制造与工业物联网　复合型工厂与生态链接　大数据能源管理　应用节能减碳技术　多能互补与供需互动　氢能大规模应用　电气化与煤炭减量　碳捕捉与封存技术　抑制不合理消费　出口产品结构优化　构建全球供应链　材料强度提高和新材料替代　绿色设计　提高资源回收率

图2-8　工业部门转型升级和绿色低碳转型路径

（资料来源：根据发改委能源所（2020）资料整理）

2.2.4.1　两种情景下的排放趋势

两种情景下，工业部门温室气体总排放均在2019—2030年处于平台期并稳步下降。在现有政策情景下，工业部门温室气体总排放在2021—2030年以年均2%的速度下降，到2035年排放减少到近46亿吨；2035—2050年以年均2.4%的速度下降，到2050年排放减少到29亿吨左右。碳中和情景下，工业部门温室气体总排放在2021—2035年以年均4.5%的速度下降，到2035年排放减少到24亿吨；2035—2050年以年均3.7%的速度下降，到2050年排放减少到近11亿吨左右（见图2-9）。

工业非二氧化碳温室气体在两种情景下均持续下降，在现有政策情景和碳中和情景下于2035年分别下降到2019年的72%和50%，2050年分别下降到2019年的40%和31%。

工业能源消费结构上，两种情景都呈现"减煤、增气、增电、平油"的能源清洁化趋势。现有政策情景下，工业煤炭消费占比从2019年的52%下降到2050年的15%，电力消费从2019年的26%上升到60%。碳中和情景下，作为燃料使用的煤炭消费基本被电和天然气替代，其占比下降到2050年的8%，电力消费占比同样上升到60%左右，氢能占比有可能达到15%左右。

亿吨CO₂e

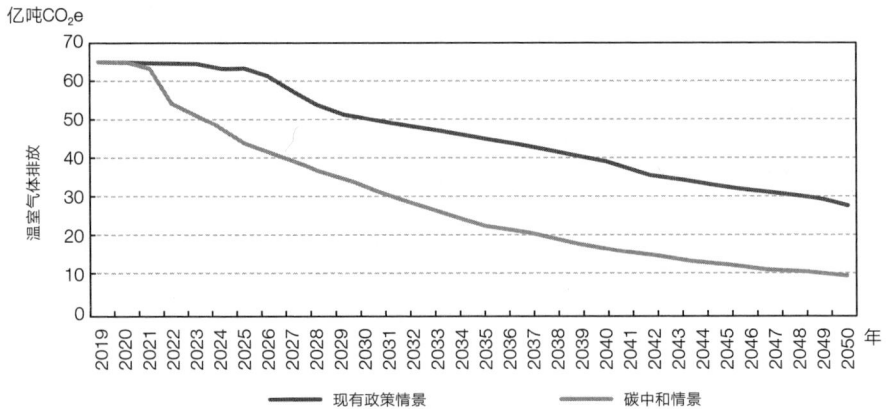

图2-9 两种情景下工业总排放趋势（2019—2050年）

（资料来源：课题组预测）

2.2.4.2 实现碳中和的主要路径与措施

（1）深化工业技术节能和结构减碳

我国主要工业产品能耗水平还与国际先进国家的平均水平有一定差距（见图2-10）。到2035年，我国主要工业产品能效水平不仅应达到国际先进水平，甚至应达到领先国际水平。工业新增部分需要严格按照国家发展高端、绿色制造业的战略要求，对标国际先进水平，严格制定和执行强制性能效和碳排放准入机制，确保工业增量部分的低碳化，发展高效、高质量制造业。

工业结构调整主要是淘汰低效落后产能，加速行业和产品结构升级，控制新增工业产能的能源和碳排放要求，限制高耗能产品出口，从而加快工业结构向高附加值、高效和高端转变。

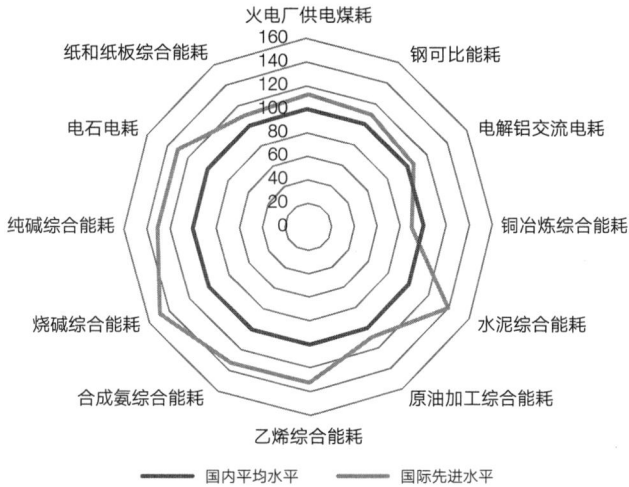

注：本图展示为相对水平，标杆水平等于100。

图2-10　2017年中国主要工业产品能耗水平和国际先进水平比较

（资料来源：王庆一，《2018能源数据》《2019能源数据》）

（2）燃料替代和系统低碳

工业系统清洁能源替代和电气化碳减排潜力巨大。我国工业终端能源消费结构中，煤炭和焦炭消费比重是德国等发达国家比重的3倍以上。德国作为煤炭资源相对丰富的国家之一，2017年工业部门终端能源消费结构中煤炭比重也已降到16%。美国工业部门终端能源消费结构，煤炭比重已经从1950年的30%下降到不足5%。

工业系统低碳化有两个方面。一方面包括传统的工业余热、余冷利用，工业园区能源梯级利用，以促进工业用能更加高效、清洁、低碳。另一方面可以通过数字化赋能，更好配置资源，减少设备空置率，减少资源、能源浪费，提高系统效率，减少碳排放。

（3）零碳零废工业

工业的零碳和零废转型是实现工业低碳转型的难点，但可以产生重要的产业机遇。某些难以低碳化的工业过程，需要通过突破性技术实现零碳的"最后一公里"。欧盟《绿色新政》就提出要支持通过绿色氢能实现钢铁制造低碳化。

提高工业废弃物的利用率也可以大幅度减少温室气体排放（见图2-11）。理论上讲，当所有工业部门能源消耗均为零碳能源（电力和氢能等）时，工业相关碳排放的主要来源是原料开采和工业过程排放，只有将工业废弃物充分回收利用时，才有望基本实现工业近零排放。

再生资源回收利用能耗指数（原生资源开采能耗=100）

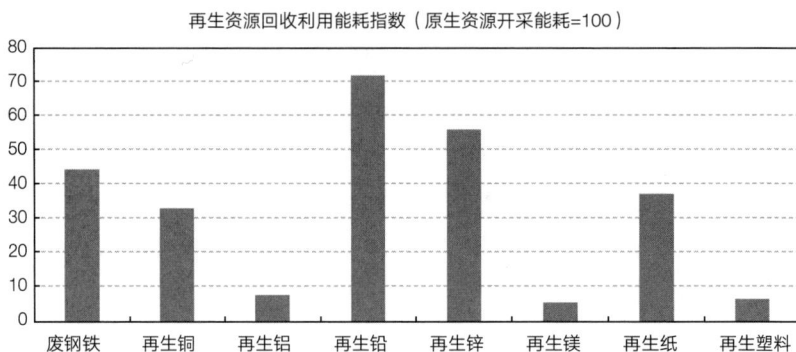

图2-11　利用再生资源制造工业制品和原生资源相比可以降低大量碳排放

（资料来源：根据中国物资再生协会《中国再生资源回收行业发展报告（2019）》资料整理）

2.2.5　建筑

随着城市化进程和生活水平提升，建筑总量和单位面积能耗都将继续增加，建筑部门能源消耗还将继续增加。与电力、交通行业相比，低碳甚至零碳建筑所需要的技术条件已经基本具备，要实现建筑部门整体零碳化亟须加大政策力度和投资支持。建筑部门低碳绿色转型首先需要延续现有政策，逐步提高新建建筑中绿色建筑比重，加强绿色制冷、供暖等政策实施力度，提升建筑电气化水平。为了实现碳中和，还应在现有政策基础上，尽快实施强制性超低能耗建筑标准，争取"十五五"期间新建建筑开始实施零碳排放建筑标准；以及控制建筑总量、延长建筑寿命等（见图2-12）。

超低能耗建筑　▶▶　近零能耗建筑　▶▶　零碳排放建筑

| 建筑本体 | 节能降碳提升 | 融入综合能源体系 |

| 被动式建筑 | 性能提升 | 主动式技术 | 可再生能源 | 建筑蓄能 | 建筑产能 |

体形系数 ｜ 外墙保温技术 ｜ 被动式门窗 ｜ 高气密性技术 ｜ 遮阳技术 ｜ 自然采光 ｜ 自然通风 ｜ 高效照明 ｜ 高效用能设备 ｜ 高效制冷 ｜ 新风热回收 ｜ 光伏发电 ｜ 光热系统 ｜ 热泵技术 ｜ 智能控制充储调峰 ｜ 冰蓄冷 ｜ 智能光伏建筑一体化 ｜ 光伏+电动车充电集成技术

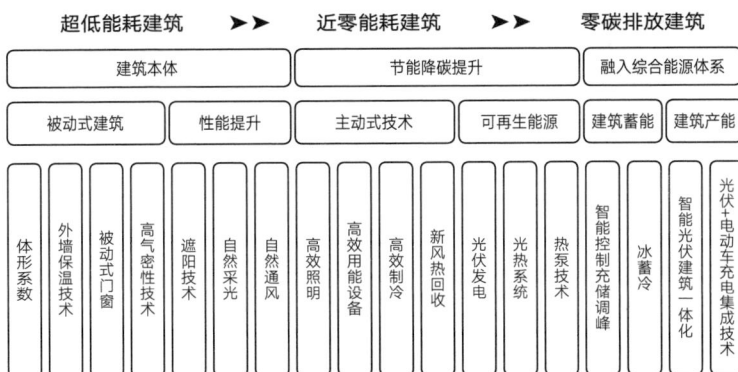

图2-12　建筑绿色低碳技术路径

（资料来源：根据中国建筑科学研究院（2020）资料整理）

2.2.5.1　两种情景下的排放趋势

现有政策情景下，建筑部门温室气体总排放在2021—2035年达峰后稳步下降，到2035年排放减少到6亿吨；2035—2050年以年均3.2%的速度下降，到2050年排放减少到3亿吨左右。碳中和情景下，建筑部门温室气体总排放在2021—2035年达峰后稳步下降，到2035年排放减少到6亿吨以内；2035—2050年以年均5.0%的速度下降，到2050年排放减少到1.5亿吨左右（见图2-13）。

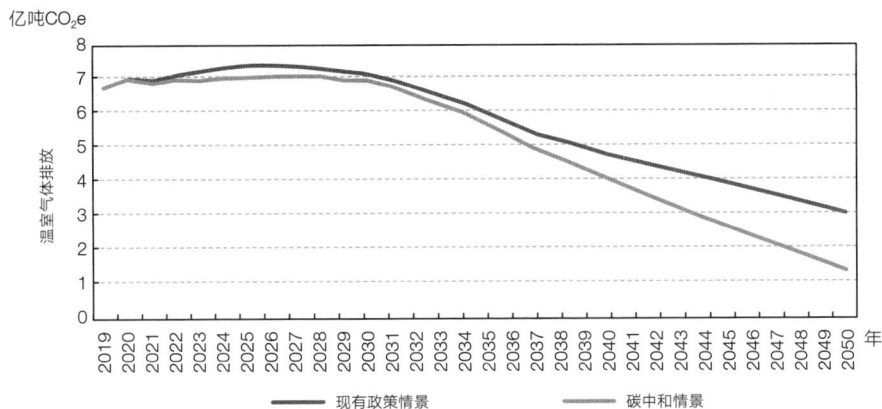

亿吨CO_2e

温室气体排放

—— 现有政策情景　　—— 碳中和情景

图2-13　两种情景下建筑总排放趋势（2019—2050年）

（资料来源：课题组预测）

两种情景下，建筑电气化率和能源清洁化均持续提升，电力和热力占总建筑能耗的比例从63%分别增加到85%、90%。现有政策情景下，电力消费从2019年的35%上升到61%，天然气消费占比从2019年的15%稳步上升到峰值21%左右后回落到10%，煤炭占比从20%下降至3%左右。碳中和情景下，作为燃料使用的煤炭消费基本被电和天然气替代，电力消费占比同样上升到71%左右。

2.2.5.2 实现碳中和的主要路径与措施

（1）推广超低能耗和零碳建筑

未来10年我国还会有2亿~3亿人进入城市定居，建筑总量仍将继续增长。若2020—2050年建筑面积按照年均1.1%的速度增加（谷立静等，2017），到2050年建筑面积将达到900亿平方米，我国人均住宅建筑面积约50平方米。我国目前单位建筑面积能耗是发达国家的一半左右，美国的三分之一（王庆一，2019），随着制冷、供暖等舒适程度的提升，建筑单位面积运行能耗会继续增长。

为实现碳中和目标，需要提高新建建筑物节能标准，制定强制性《超低能耗建筑技术标准》和《近零能耗建筑技术标准》，并在此基础上尽早制定和实施强制性近零碳建筑标准。目前，全球范围内包括日本、韩国、欧盟、美国等在内的发达国家和地区已经承诺将在2025年或2030年实施建筑零碳排放标准。

零碳建筑是一个系统工程，需要从策划、设计、施工、交付、运营全过程统筹规划，一体化实施；需要综合利用光伏、热泵等可再生能源与建筑结合的一体化构件及新技术，利用建筑能效综合管理系统，以信息化管理技术实现建筑全过程的绿色化和零碳排放。

表2-4 中国未来10年零碳建筑发展预测

项目	单位	2021—2025年	2026—2030年
新建/改造建筑面积累计	亿平方米	100	110
零碳建筑面积累计	亿平方米	11	26
零碳建筑占比	%	11	24

资料来源：课题组预测。

（2）提高建筑用能电气化率和用能设备能效

电气化是实现零碳建筑的基础。目前，我国制冷、照明和家用电器已经实现了100%电气化。建筑电气化的难点在于供暖和烹饪。预计到2050年，热泵技术占建筑采暖和热水供热的比例可达到60%，住宅和商用建筑的烹饪也可能实现接近全部电气化。

实施国际领先的强制性用能设备能耗标准对实现碳中和至关重要。我国家电普及率在城市和乡村间仍存在一定差距，也意味着能耗具有增长空间，即使在城市，洗碗机、干衣机等家电的普及率还未饱和。若不执行严格的家用电器能耗标准，倡导绿色简约的生活方式，人均生活能耗水平的提高将成为实现碳中和的障碍之一。照明和制冷设备能效都还有2~5倍的提升空间，应及早制定更强有力的政策，激励技术革新潜力。

（3）延长建筑使用寿命、控制建筑总量

合理控制新建住宅总量和单个商业建筑规模是控制建筑面积总量关键。调查显示，2017年我国住房空置率超过20%（甘犁，2018），人均拥有住房面积已经接近发达国家水平，新建建筑面积总体需求增长将十分有限。大型公共建筑单位面积电耗比中小型公建高出42%（北京交通大学，2017），在新的经济业态下，发展小型公建会避免空间、资源和能源的浪费。使用高质量的建筑材料（例如高质量的水泥）和合理城市规划均可以避免建筑过早拆除，延长建筑使用寿命。

2.2.6 交通

和发达国家相比,我国在机动车拥有率、人均出行距离以及货物周转量等方面还有较大差距。随着生活水平的提升,交通能源消耗和碳排放将持续增长,交通部门亟须绿色低碳转型,以在满足出行需求的同时降低交通相关碳排放。

交通绿色低碳转型主要通过不断提升交通工具能源效率,发展电动交通系统,推广以公交和慢行为主的绿色出行方式,建设高效综合交通体系减少总交通需求来实现。为实现碳中和目标,交通部门应在现有政策情景基础上,推动新能源交通加快速度;或优化交通综合规划、制定重型车低碳标准、发展氢能重型交通等(见图2-14和图2-15)。

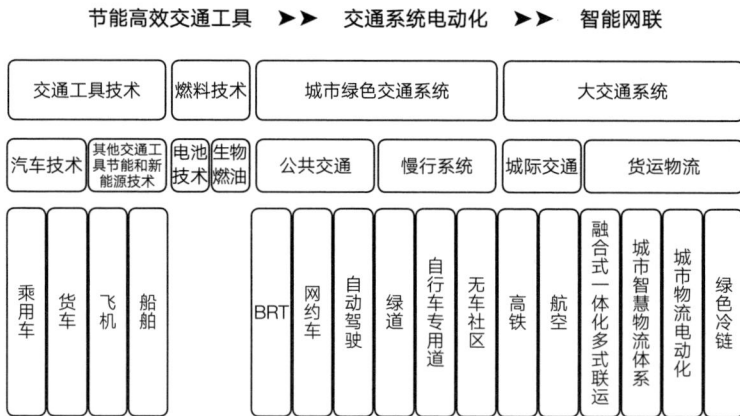

图2-14 交通绿色低碳转型技术路线

(资料来源:根据交通运输部科学研究院发展中心(2020)资料整理)

2.2.6.1 两种情景下的排放趋势

现有政策情景下,交通部门温室气体总排放在2021—2035年达峰后稳步下降,到2035年排放减少到8.6亿吨;2035—2050年基本持平。碳中和情景下,交通部门温室气体总排放在2021—2035年达峰后稳步下降,到2035年排放减少到7.4亿吨;2035—2050年持续下降,到2050年

排放减少到4.2亿吨左右（见图2-16）

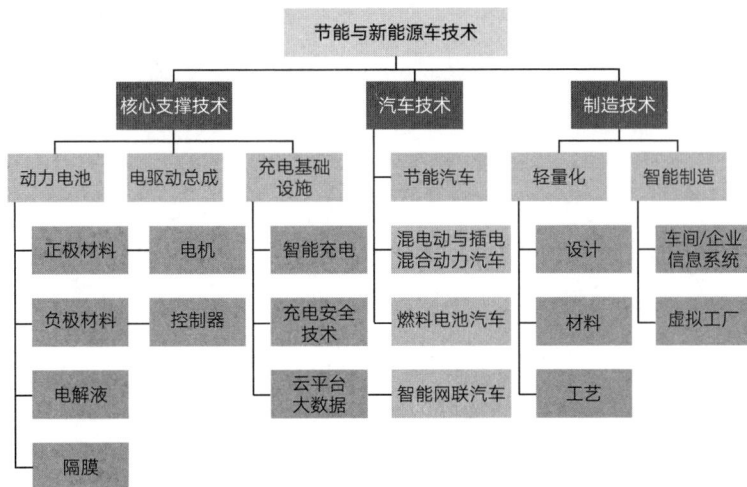

图2-15 节能与新能源车技术

（资料来源：根据中国汽车工程学会（2020）资料整理）

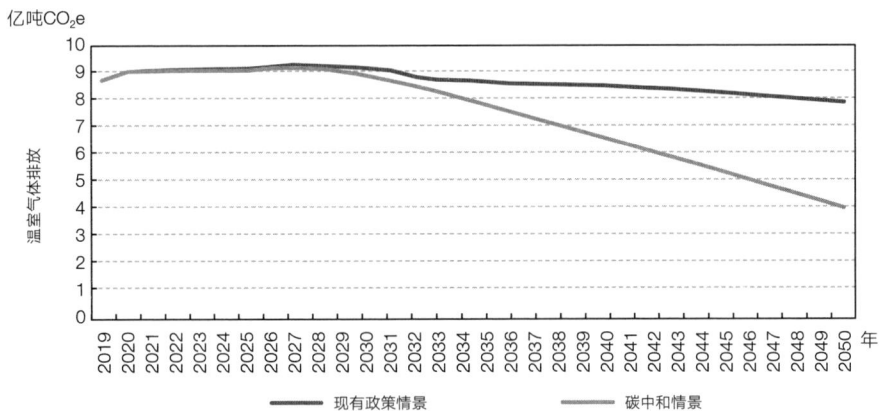

图2-16 两种情景下交通总排放趋势（2019—2050年）

（资料来源：课题组预测）

　　两种情景下，交通电气化率均大幅提升，且趋势类似，电力占总交通能耗的比例从2019年的2.8%左右增加到2050年的70%左右。相较之下，两种情景下氢能在交通部门的应用差别较大，但也是实现碳中和目标需要的强化措施。现有政策情景下，氢能占比到2050年仍然在1%以下，石油占比从2019年的接近90%下降到2050年的22%；碳中和情景下，氢能占比到2050年约为20%，石油占比则下降到2050年的9%左右。

2.2.6.2　实现碳中和的主要路径与措施

（1）加速交通电动化

我国拥有全球最大的新能源汽车市场，在政策环境和技术不断成熟背景下，未来市场需求将迅速释放（见表2-5）。《新能源汽车产业发展规划（2021—2035年）》提出到2035年，新能源车销量占上市新车总量的50%；《交通强国建设纲要》提出2030年"推动城市公共交通工具和城市物流配送车辆全部实现电动化、新能源化和清洁化"；工信部也曾在有关文件中提出"我国将支持有条件的地方建立燃油汽车禁行区试点，在取得成功的基础上，并统筹研究制定燃油汽车退出时间表"。2019年3月，海南省出台了《海南省清洁能源汽车发展规划》，规定2030年起全省全面禁止销售燃油汽车，成为全国首个提出涵盖所有细分领域车辆清洁能源化目标和路线图的地区。

为实现碳中和，建议在所有大中型城市推广海南、深圳等地区的实践，加速公路交通系统电动化，制定2035年私人乘用车上市新车全电动，城市公交和城市物流车全电动等目标，提高包括政务车、重型客车、私家车、城市轻型货运等电动车保有比例；大力支持社会和公共资金对充电桩网络的投入，发展光储充一体化、智慧停车系统等清洁能源供能、提高电动车使用便利性等辅助性措施。

表2-5　中国未来10年纯电动汽车市场空间预测

项目	单位	2025年	2030年
纯电动汽车拥有量	万辆	2250	6940
纯电动汽车销售量	万辆	530	1370
纯电动汽车市场渗透率	%	17	36

资料来源：课题组预测。

（2）交通工具增效

交通工具能源效率还有很大节能潜力。为实现碳中和，需要继续大幅提高汽车燃料消耗量标准。在轻型车领域，应尽快加速非混和动力汽车退出市场，制定燃油车淘汰时间表。在重型车和水、陆货运领域，应推进极低硫燃料油、LNG以及氢燃料等为主的清洁燃料动力，加速电动货运和船舶等的技术突破和应用。

非道路交通机械节能增效潜力巨大。我国每年36%的柴油消耗用于建筑工程、农业耕作等机械，且因法规落后、燃油质量差导致污染严重。对此，生态环境部已于2018年8月印发《非道路移动机械污染防治技术政策》，鼓励混合动力、纯电动、燃料电池等新能源技术在非道路移动机械上的应用，优先发展中小非道路移动机械动力装置的新能源化，逐步达到超低排放、零排放。

（3）绿色交通基础设施

减少机动车出行需求是交通低碳化的关键，为此需要优化公共交通规划、提高公交出行分担率，构建满足多样化需求的城市出行系统。此外，应大力发展智能交通，促进5G通信技术与车路协同系统的融合发展。提高交通运输基础设施规划、设计、修建、养护、运营和管理全周期的数字化水平，搭建大规模和系统性大数据集，以及覆盖运载车辆和基础设施的综合交通大数据中心体系。重点建设城郊公交体系和公交化铁路网；完善城区内慢行体系、绿道体系，支持电动自行车、电动滑板车等绿色出行方式，改善绿色出行体系。

（4）氢能交通

绿色氢能交通对于实现碳中和目标至关重要，绿色氢能在重型车（尤其是重型货车）的使用是交通部门实现近零排放的关键。为实现碳中和目标，预计到2050年，交通部门能源消耗的20%将来自绿色氢能，公路交通所消耗能源的30%左右将来自绿色氢能（碳中和情景）。

2.3 碳中和背景下的绿色低碳投资需求分析

2.3.1 对未来30年绿色低碳投资需求估算

诸多研究已经对未来30~40年实现碳中和所需新增投资需求进行了不同口径的研究测算。清华大学气候变化与可持续发展研究院提出（以下简称清华报告），为达成全球温控1.5摄氏度目标，我国能源供应、工业、建筑、交通各部门低碳化所需累计投资需求约为174.38万亿元（2020—2050年）。高盛报告估算低碳能源基础设施领域投资需求约为16万亿美元（约合104万亿元人民币[①]）（2020—2060年）。中金公司发布报告认为，实现碳中和目标相关的投资规模约为139万亿元（2020—2060年）[②]。值得注意的是，各机构的预测数据不同，主要原因是所使用的统计口径不同，所用的估算模型也可能有所差异。比如，清华报告包括能源系统低碳化的所有相关固定投资需求，含能源供应端和消费端（工业、交通、建筑）；高盛报告是低碳能源相关领域，估算行业和重点领域比清华报告更窄；中金公司报告提供了占全国总排放85%以上的7个行业低碳能源相关投资需求，包括电力、钢铁、交通、水泥、化工、农业和建筑，测算了实现碳中和所需的固定资产投资量（见表2-6）。

---

① 按1美元=6.5元人民币换算。

② 清华气候变化与可持续发展研究院，等.中国长期低碳发展战略与转型路径研究：综合报告[M].北京：中国环境出版集团，2021.5；Goldman Saches Group. Carbonomics: China Net Zero: The Clean Tech Revolution[R]. 2021；中金公司研究部，中金研究院.碳中和经济学 [M].北京：中信出版社，2021.

表2-6　对几种绿色低碳投资需求估算结果和口径比较

项目	清华	高盛	中金	本课题组（绿金委课题组）
预测值	174万亿元	104万亿元	139万亿元	487万亿元
预测期限	2020—2050年	2021—2060年	2021—2060年	2021—2050年
覆盖的行业范围有多大？	低碳能源相关领域，不包括生态环保	低碳能源相关领域，不包括生态环保	低碳能源相关领域，不包括生态环保	根据《绿色产业指导目录（2019年版）》中确定的211个领域，既包括低碳能源体系相关领域，也包括生态环保
除固定资产投资，还包括流动资金吗？	仅包括固定资产投资	仅包括固定资产投资	仅包括固定资产投资	包括固定资产及流动资金需求
是包括低碳绿色项目的全部投资，还是只包括绿色部分的额外成本？	强调项目中产生绿色效益的额外成本	—	—	在建筑、交通等领域，包括全部投资

注："—"原报告未明确说明。

本课题组对碳中和过程中产生的绿色低碳投资需求也进行了定量估算。我们采用比清华、高盛和中金更宽的口径，即以绿色金融领域常用的界定标准估算了我们称为"报告口径"的绿色低碳投资需求。我们的结果是，在碳中和背景下，按报告口径计算，未来30年内我国在《绿色产业指导目录（2019年版）》确定的211个领域内将产生487万亿元的绿色低碳投资需求。

与清华等机构估算的一个重要区别是，本课题组所测算的绿色低碳投资需求既包括低碳能源体系所涉及的投资，也包括林业生态和环保领域的投资和《绿色产业指导目录（2019年版）》中节能减排的更多细分领域，而前者只包括EPS模型所关注的低碳能源所涉及的投资，如电力供应和工业、交通、建筑等终端用能行业低碳化的所需投资。林业生态投资主要指有关造林抚育与森林质量提升、生态建设和保护等相关资金投入。环保投资是与污染源治理和城市环境基础设施建设相关的资金投入。部分生态与环保投资未必能够直接提供减碳的效益，因此没有被有些研究者纳入"低碳"投资范围。但是，根据中国人民银行等七部委对绿色金融的定义，绿色金融所提供的融资服务于环境改善（包括如治理污水、固废等项目）、应对气候变化（主要为减碳类的项目）和资源高效利用（包括节能和各种固体废物的循环利用）。由于本报告的主要读者对象是关心绿色金融的人士，因此我们将绿色低碳投资的口径扩大到所有绿色金融应该覆盖的领域。由于我国目前绿色金融的主要界定标准（包括绿色信贷和绿色债券的界定标准）都以国家发改委《绿色产业指导目录（2019年版）》为基础，因此本课题组所用"报告口径"也覆盖《绿色产业指导目录（2019年版）》包括的211个领域。此外，本课题组采用的"报告口径"与清华报告估算口径的差异也反映了对流动资金需求和对"绿色额外性"方面的处理方法的不同。

我们对投资需求的具体测算过程包括两个步骤。

第一步，按"模型口径"，测算在碳中和情景下的绿色低碳投资需求。模型口径的估计包括根据EPS模型测算的低碳能源体系所需要的投资（涉及电力、工业、交通、建筑），以及根据近年历史与GDP比例数据计算的未来环保和林业投资的需求。对模型口径下投资需求估算方法的详细描述见专栏二。我们的测算结果是，按模型口径，2021—2050年我国绿色低碳投资累计需求为299万亿元（按2018年不变价计算），其中低碳能源体系、林业生态和环保累计投资需求占比分别为60%、7%、33%（见图2-17）。

单位：万亿元，按2018年不变价计算

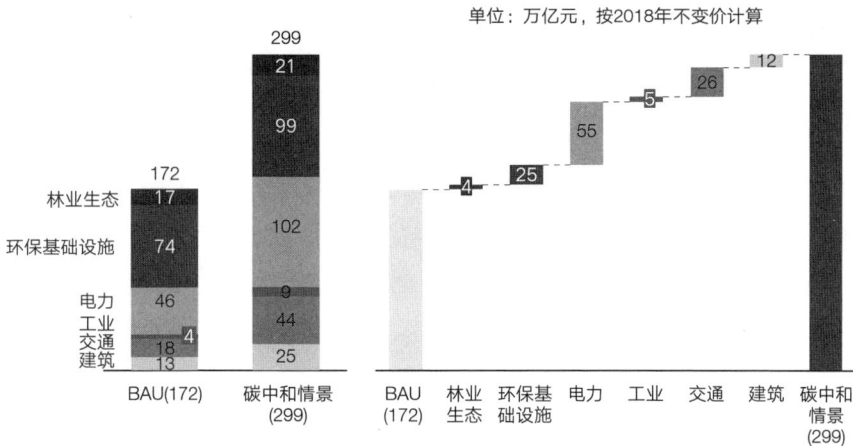

图2-17　碳中和情景下2021—2050年模型口径绿色低碳投资累计需求总量及
相对于BAU情景的增量投资和各领域分布

（资料来源：课题组预测）

　　第二步，将模型口径的预测数据调整为绿色金融业务口径的绿色投资（报告口径）。模型口径与报告口径有几个区别：（1）模型口径是根据EPS等模型测算和统计数据估算出来的低碳、环保和生态投资需求，而报告口径是从绿色金融业务分类角度，对绿色贷款累计发放额、绿色债券发行量、绿色企业上市融资和增发规模以及资管机构（包括保险资管和绿色股权投资基金）对绿色项目的投资规模的总计。前者是从资金需求端的估计，后者是从资金供给端的估计。（2）模型口径中的低碳能源体系相关投资只覆盖与绿色相关建造、安装和设备购买支出，不包括运行维护支出以及燃料成本。而报告口径则覆盖了模型口径下的项目以及企业运营管理和燃料成本等投资支出。用经济金融统计的术语来说，模型口径只覆盖项目的固定资产投资，而报告口径则同时覆盖固定资产和流动资金投资的需求。（3）模型口径下的部分项目统计强调可以产生"绿色额外性"的投资需求（如绿色建筑的节能减排部分的成本、新能源交通工具与传统能源交通工具的成本差别），而报告口径的统计则在某些行业涵盖了绿色项目的全部成本。比如，报告口径的绿色建筑投资需求包括全部绿色建筑的成本，而模型口径只包括使建筑物产生减排效益的设备（如节能、清洁能源、隔热材料及设备等）成本。

　　根据两种口径的2020年历史数据或估计值，我们研究得出两种口径的转换方法，即模型口径与报告口径的统计值之比约为61：100。用此比例对模型口径的投资需求预测进行转换，可以得到报告口径的绿色投资需求预测。测算结果是，按报告口径测算，在碳中和背景下，未来30年内我国的绿色低碳投资需求将达到487万亿元。

表2-7　碳中和背景下（报告口径和模型口径）绿色低碳投资需求的预测

单位：亿元人民币

项目	报告口径投资需求	模型口径投资需求			
		低碳	环保	生态	总计
2020年估计数	50854	12618	15411	3172	31201
2021—2030年总计	814467	250811	206405	42490	499706
2031—2040年总计	1613929	598794	324595	66818	990207
2041—2050年总计	2439928	938487	463159	95343	1496989
2021—2050年总计	4868324	1788092	994159	204651	2986902

资料来源：课题组模型测算。

专栏二　模型口径绿色低碳投资需求的估算方法

　　在模型口径下，我们采用"自上而下"和"自下而上"两种方法，以互补及校验的方式对绿色低碳投资需求进行估算。"自上而下"方法主要是基于历史经验和文献数据，来估算总体绿色投资需求规模。"自下而上"方法基于能源政策模拟（EPS）模型工具、行业投资实践和专家判断，对总体需求规模和重要行业措施实施所需投资规模进行估算。对生态环保投资和低碳能源投资需求的估算采用两种不同方式：生态环保投资基于统计数据和文献研究进行趋势外推，低碳能源投资采用文献研究和模型工具相结合方法估算而得。

（1）生态环保投资需求估算

林业投资和环保投资是我国财政支持的重点，随着这些领域市场机制的不断完善（如林权、排污权以及碳市场），越来越多社会资本开始进入这些领域。林业生态保护和建设投资主要集中于退耕还林、天然林保护、低效林改造、山地林修复和重点生态功能区建设等领域。根据林业部门统计数据，2012—2017年，我国林业生态建设保护相关的投资年均在2000亿元左右，占当年GDP比例均值约为0.29%。我国统计部门提供的环保投资数据覆盖三个重点领域，分别是城镇环境基础设施建设投资（燃气、集中供热、排水、园林绿化、市容环境卫生）、工业污染源治理投资（治理废水、治理废气、治理固体废物、治理噪声、治理其他）、当年完成环保验收项目环保投资。根据国家统计局提供的数据，2012—2017年，我国环保投资年均为9000亿元，约占当年GDP比例均值为1.41%。

我们对生态环保未来投资需求估算采用"自上而下"方法，即对过去5年间的环境污染治理和林业投资进行收集和整理，获得生态环保投资占当年GDP的比重，采用简单移动平均法或近些年的最高比例，来设定参考情景（即政策不变情景）、现有政策情景和碳中和情景下对绿色投资占当年GDP的比重（表2-8），在此基础上进行生态环保投资需求规模的估算。

表 2-8　不同情景下生态环保占当年GDP的比重确定

单位：%

类别	2012—2017年范围	参考情景（BAU）	现有政策情景（NP）	碳中和情景（NZ）
环境污染治理	1.24~1.53	1.24	1.37	1.53
林业投资	0.26~0.32	0.26	0.39	0.32

资料来源：中国环境统计年鉴、全国林业和草原发展统计公报。

（2）低碳能源投资需求估算

低碳能源投资涉及清洁能源投资和工业、建筑、交通等领域的节能降碳的各类投资。根据中电传媒能源情报研究中心提供的数据，低碳电力供应领域（含水电、储能蓄水电站、核电、风电光伏等可再生电力和电网建设）投资规模占能源供应行业的比重从2014年的34.8%增长到2020年的48.4%，占GDP的比重基本保持在1%左右，尤其是以风电光伏为代表的低碳能源电力出现爆炸性增长，占整个发电行业投资规模的比重从2014年的32%上升到2020年的62%。

在工业、建筑、交通等领域的节能、低碳项目也需要大量的投资，包括为产能更新投资、对原有工艺线路和设备进行重置更新、产能空间布局转移、能效提升和燃料替代设备更新等领域的投入。我国主管部门会定期发布行业节能技术目录、标准和指南，推广技术应用和引导市场投资的方向。如发改部门会定期公布相关重点节能低碳技术推广目录，工信部门会定期发布工业节能技术应用指南与案例应用，以及国家和地方住建部门会制定建筑节能、绿色建筑和近零能耗建筑等。整理国际能源署（IEA）相关研究报告提供的数据，可以推算出我国2000—2020年年均能效投资约在3000亿元左右，约占2018年GDP的0.3%。

本书对低碳能源投资需求预测采用自上而下方法和自下而上两种方法：

自上而下方法。自上而下方法是在国内外能源模型研究团队发布的相关研究成果基础上，从宏观层面估算重点领域的投资需求。国际能源署（IEA）《世界能源展望2017》报告对我国2017—2040年政策情景（NPS）和可持续发展情景（SDG）两个情景的低碳投资需求进行了较为系统和全面的估算。国际应用系统分析研究所（IIASA）模型研究团队基于全球综合评估模型（MESSAGEix-GLOBIOM）估算了中国2020—2050年在当前政策情景、NDC情景、2摄氏度目标情景和1.5摄氏度目标情景下的低碳投资需求（Wenji Zhou等，2020）。清华大学气候变化与可持续发展研究院2021年发布的《中国长期低碳发展战略与转型路径研究》估算了2021—2050年政策情景、强化政策情景、2摄氏度目标情景和1.5摄氏度目标情景下总投资需求。这些研究显示，在不同情景下中国未来30年低碳能源总投资需求会在30万亿~175万亿元。这些国内外知名机构的研究结果可用来校验本书投资需求的定量估算的合理性。

自下而上方法。本书采用EPS建模方式，并结合国家行业投资实践以及专家判断，对低碳能源需求规模和重要行业措施实施所需投资规模进行估算。EPS模型是以系统动力学作为分析框架，可以量化不同情景下减排政策实施后所产生的温室气体减排量、现金流变化等。通过中国EPS模型建模和分析工作，可以获得不同政策情景相对于基准情景各行业低碳能源相关的增量投资需求。

2.3.2　未来十年低碳能源领域的投资需求

鉴于许多读者对可预见的未来10年内重点技术领域低碳投资预测有更具体的需求，我们在本节按模型口径（而非报告口径）提供一些更加细分领域的预测。在碳中和背景下，值得重点关注的低碳能源投资领域包括可再生发电、电力CCS、储能和电网输配，新建节能建筑、既有建筑改造和建筑运行节能、交通电动化和基础设施，以及工业能效提升、清洁能源替代和工业CCS等。

2.3.2.1　新能源汽车

按模型口径测算，预计2021—2030年纯电动车和氢燃料汽车、充电站和加氢站的累计投资需求[①]将达到2.2万亿元，其中充电基础设施投资需求达到1.5万亿元的规模，纯电动车新增购置投资需求达到0.7万亿元（图2-18）。

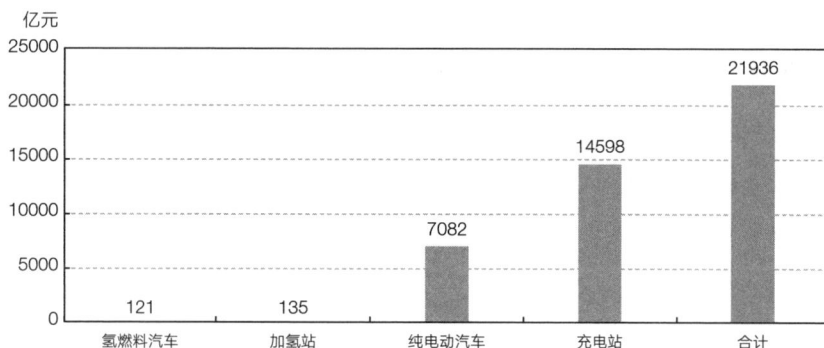

图2-18　2021—2030年新能源汽车相关累计投资需求（按2018年不变价计）

（资料来源：课题组预测）

---

① 纯电动汽车和氢燃料汽车的投资需求是在不考虑政府补贴情况下，消费者相对于常规燃油车所需额外支付的购置成本进行估算。充电站和加氢站的投资需求按照新增充电站和加氢站的建设规模来估算。

2.3.2.2 可再生能源和储能

按模型口径测算，预计2021—2030年光电光伏储能累计投资需求将达到6.2万亿元，其中风电3.5万亿元，光伏发电2.2万亿元，抽水蓄能电站0.4万亿元，光化学储能0.08万亿元（图2-19）。储能相关的投资很大，主要将为容纳高比例可再生能源的电网提供灵活性资源，确保电力系统的稳定性。

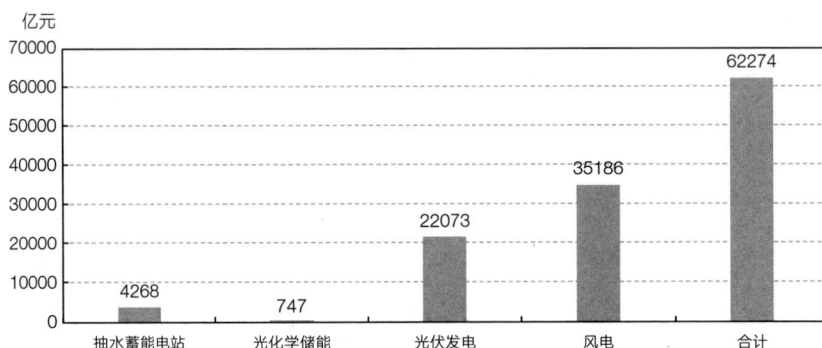

图2-19　2021—2030年可再生能源和储能相关累计投资需求（按2018年不变价计）

（资料来源：课题组预测）

2.3.2.3 低碳建筑

按模型口径测算，预计2021—2030年低碳建筑相关累计投资增量需求约为3.9万亿元，超低能耗建筑的增量投资需求约为0.7万亿元，二星级及以上新建绿色建筑的增量投资需求约为1.2万亿元，既有建筑节能改造的增量投资需求约为2.9万亿元（图2-20）。

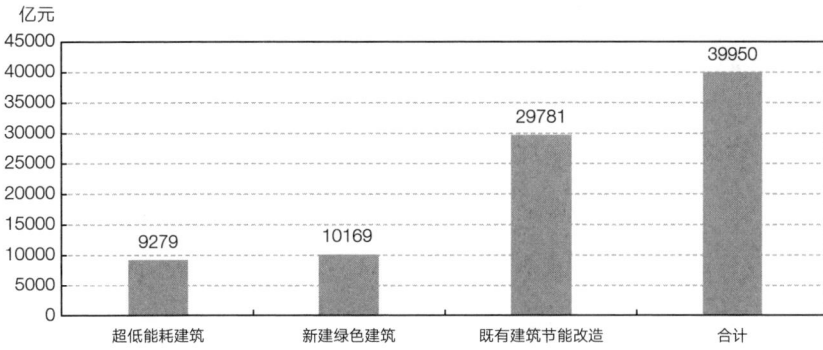

图2-20 2021—2030年低碳建筑相关的累计增量投资需求（按2018年不变价计）

（资料来源：课题组预测）

第三章

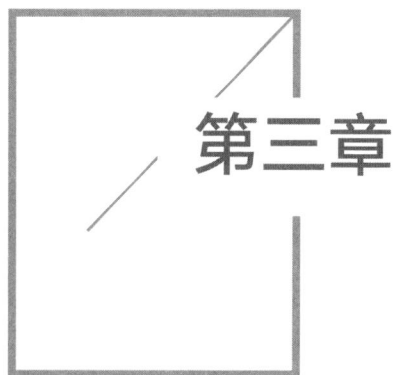

金融业如何把握
碳中和带来的机遇

未来30年，碳中和将带来近500万亿元的绿色投资需求。金融机构将在碳中和相关的金融服务中发现极为重要的业务成长机遇，如绿色贷款、绿色债券、绿色私募股权投资、绿色企业上市融资、绿色保险、绿色金融科技、碳核算、碳交易和碳衍生工具等。我们认为，实现碳中和会从需求和供给两方面大大提升绿色金融的发展潜力。

从需求侧看，实现碳中和意味着政府将出台一系列力度更大、覆盖范围更广的低碳项目扶持政策，完善相关激励机制。这些政策和机制包括全国碳交易市场的启动和扩容、财政对绿色低碳活动的补贴和减税政策、各类降低绿色项目融资成本的金融激励政策，以及在能源、交通、建筑、工业等各个行业支持绿色生产和消费的支持政策（详见第二章）。这些措施将显著提高绿色低碳项目回报率和收益的可预期性，提升绿色投资积极性，带来大量绿色金融服务需求。从供给侧看，预期中的绿色金融政策，包括央行的低碳项目支持工具、绿色银行考核机制、环境信息披露要求、风险权重调整、绿色项目担保和贴息等政策，都将提升银行和其他金融机构的业务回报，从而激励这些机构提供更多的绿色金融产品与服务。在供需共同发力的背景下，绿色金融市场将持续快速扩容。

过去几年中，我国在绿色金融体系建设方面取得了长足进展，成为全球最大的绿色金融市场之一，但绿色金融业务仍有很大增长空间。以绿色信贷为例，中国银行业目前所提供的绿色信贷占全部对公贷款余额的比重约为10%，但根据估算，未来绿色投资占全社会固定资产投资的比重应该超过25%[1]。因此，绿色信贷作为绿色融资的主要来源，其增

---

[1] 2013—2020年绿色投资占全社会固定资产投资比重呈逐步上升趋势，2019年该比重为19.9%，2020年为26.0%。详见《中国责任投资年度报告2020》，http://www.syntaogf.com/Uploads/files/%E4%B8%AD%E5%9B%BD%E8%B4%A3%E4%BB%BB%E6%8A%95%E8%B5%84%E5%B9%B4%E5%BA%A6%E6%8A%A5%E5%91%8A2020(1).pdf；《中国责任投资年度报告2019》，https://www.amac.org.cn/businessservices_2025/ywfw_esg/esgyj/yjscjg/202008/P020200805691031743966.pdf。

长率将远高于全部信贷的整体增速。再如，我国近年来绿色债券的发行额占全部债券发行量的2%左右，而这个比例在欧洲领先国家已经超过18%。[①]在资管领域，2020年末我国资管机构发行的ESG产品余额占全部资管产品的比重只有0.1%左右[②]，远低于美国同期可持续投资资产在资管总规模中33%和欧洲41.6%的水平。[③]我国绿色金融市场增长空间巨大。以ESG产品为例，如果把ESG产品占资管市场的30%作为我国2030年的目标，就意味着在未来10年中，我国ESG产品余额将以年化78%左右的速度增长。[④]

　　本章重点分析碳中和给金融机构所带来的机遇。我们从银行、资本市场、保险、机构投资者、碳市场、金融科技和转型金融七大业务领域，分别讨论了我国绿色金融业务发展的现状和不足，综述了相关的国际经验，并就如何通过运营机制和绿色金融产品创新来支持碳中和提出了一系列实操性建议。

---

① 详见《2019年金融市场运行情况》，http://www.pbc.gov.cn/jinrongshichangsi/147160/147171/147173/3960639/2020011712364610456.pdf；《中国绿色债券市场2019研究报告》，https://www.chinabond.com.cn/resource/1472/1488/1505/18472/153934265/154731622/15935690041541200461302 9.pdf?n=%E4%B8%AD%E5%9B%BD%E7%BB%BF%E8%89%B2%E5%80%BA%E5%88%B8%E5%B8%82%E5%9C%BA2019%E7%A0%94%E7%A9%B6%E6%8A%A5%E5%91%8A.pdf。

② 详见《2020中国ESG发展白皮书》，https://www.caixinglobal.com/upload/2020_china_esg_development_white_paper.pdf；范一飞：2020年6月末中国资管产品募集资金余额约80万亿元，http://www.chinanews.com/cj/2020/08-22/9271653.shtml。

③ 详见《2020全球ESG投资发展报告》，http://www.csindex.com.cn/uploads/researches/files/zh_CN/research_c_2189.pdf；*Global sustainable investment review* 2020, 2021-7, http://www.gsi-alliance.org/wp-content/uploads/2021/07/GSIR-2020.pdf。

④ 假设2021—2030年资管总规模年均增速5%，ESG公募基金资管年均增长78%，则2030年末ESG公募基金资管规模占比可达到30%。

3.1 银行

在碳中和背景下，银行不仅要实现自身运营碳中和，还将在促进实体经济实现碳中和过程中发挥举足轻重的作用。本节主要介绍银行业实现自身和投融资组合碳中和的国际经验，综述国内银行在碳中和相关战略规划、产品创新和压力测试等方面的成果，分析银行业在"双碳"目标下面临的机遇与挑战，并提出相关建议。

3.1.1 全球经验

从全球看，一些国际大银行已宣布了实现或正在努力实现自身运营碳中和，在英国、欧洲、美国，一些银行还宣布了要在2050年前实现投融资碳中和。越来越多的银行宣布碳中和目标正在逐步成为全球趋势。2021年4月成立的格拉斯哥净零金融联盟（The Glasgow Financial Alliance for Net Zero，GFANZ）汇集了现有和新兴净零金融行业联盟，为领先金融机构提供了交流机会，以加速全球向净零经济转型。[①]金融机构可以通过加入以下金融子行业净零倡议之一来加入GFANZ：净零银行联盟、净零资产管理者倡议、净零资产所有者联盟、遵守《巴黎协定》的投资倡议、净零保险联盟、净零金融服务商联盟和净零投资顾问倡议（见表3-1）。

---

① 详见The Glasgow Financial Alliance for Net Zero (GFANZ)，https://www.gfanzero.com/about/。

表3-1　GFANZ组织成员

主体	组织名称	启动时间	概况
银行	净零银行联盟（NZBA）	2021.4	由联合国环境规划署金融倡议召集，包含来自27个国家的53家银行，总资产超过37万亿美元，约占全球银行资产的四分之一
资产管理者	净零资产管理者倡议（NZAM）	2020.12	由128个签署者构成，管理着43万亿美元资产。得到Investor Agenda支持并由6个投资者网络管理
资产所有者	净零资产所有者联盟（The Alliance）	2019年初	由Allianz、CDPQ、Swiss RE等发起，由56家机构投资者组成，管理着9.3万亿美元资产
	遵守《巴黎协定》的投资倡议（PAII）	2019.5	由118名投资者代表，34万亿美元资产构成，截至2021年3月已发展成四个区域投资者网络
保险公司	净零保险联盟（NZIA）	2021	创始成员包括AXA、Allianz和Aviva等8家全球领先的保险公司和再保险公司，目前由13位成员构成
金融服务商	净零金融服务商联盟（NZFSPA）	2021	由BDO、Bloomberg、Deloitte等17家创始组织发起，汇集评级机构、指数提供商、证券交易所等
投资顾问	净零投资顾问倡议（NZICI）	2021	由PRI主办，Barnett Waddingham、Bfinance、Cambridge Associates等12家创始组织发起

资料来源：GFANZ官网[1]。

金融机构的碳中和可分为两部分，一是金融机构自身运营的碳中和，二是金融机构投融资组合的碳中和。以净零银行联盟（Net-Zero Banking Alliance，NZBA）为例，其创始银行成员有43家，目前成员已增至36个国家的82家银行，总资产超过60万亿美元，占全球银行资产的39%；所有成员行都需签署承诺声明，宣布[2]：

（1）最迟于2050年前实现自身运营与投融资组合的碳中和。

---

[1] 详见GFANZ官网，https://www.gfanzero.com/membership/。

[2] 详见NET-ZERO BANKING ALLIANCE，https://www.unepfi.org/net-zero-banking/。

（2）加入NZBA后18个月内，设定2030（或更早）和2050目标，从2030年起每5年设定一次阶段性目标。

（3）第一个2030目标将聚焦于银行能产生最大影响的碳密集领域，并在36个月内进一步确立部门目标。

（4）每年公布绝对排放量和排放强度，在设定目标的一年内披露经董事会层面审查的转型战略（包括拟议行动与气候相关部门政策）进展情况。

（5）对转型计划中碳汇发挥的作用采取稳健的做法。

投融资组合的碳排放较难界定、测算和抵销，但NZBA银行成员在推动资产结构绿色转型、支持经济绿色发展方面做了大量积极的工作。总的来说，主要可以归纳为以下七点：

一是建立与可持续发展相适应的组织架构。比如，2019年，巴克莱银行决定将包括气候变化在内的社会和环境事务交由董事会负责（此前由董事会声誉委员会监督），进一步强化了决策层对可持续问题的重视程度。巴克莱集团执行委员会下设环境和社会影响（ESI）委员会，由集团首席执行官担任主席，各业务和职能部门领导参与，任务包括制定战略、对关键议题进行决策，监督执行情况等。[①]花旗银行设立了环境和社会政策审查委员会，指导全集团将可持续因素纳入经营全流程，并将可持续发展绩效与高管业绩考核挂钩，对所有员工为银行环境和社会业绩作出贡献的行为进行激励；还设立了环境与社会风险专家团队，负责就环境与社会风险问题向信贷部门提供建议和指导。

二是制定内部气候与可持续标准和政策。比如，巴克莱银行制定了可持续融资框架，并设定了具体的额度，支持符合绿色或社会标准的项目。绿色、社会和可持续债券如果满足以下任一标准也将自动纳入该

---

① 详见Barclays position on climate change, 2020-4, https://home.barclays/content/dam/home-barclays/documents/citizenship/ESG/Barclays-PLC-Climate-Change-2020.pdf。

额度的支持范围：第一，该债券支持项目符合ICMA绿色/社会债券原则或可持续债券指南，并已由声誉良好的外部审查机构进行审查和评估；第二，该债券支持项目已根据气候债券倡议（CBI）的气候债券标准进行认证。[1]德意志银行将可持续金融广泛定义为符合积极的环境与社会（ES）目标、促进实现《巴黎协定》目标与可持续发展目标（SDGs）的任何形式的金融产品与服务，同时确定了将经济活动分类为符合可持续性的六项指导原则、向循环经济过渡三项指导原则以及符合社会可持续性的三项指导原则。德意志银行从收益的使用、公司情况、与可持续相关的产品三方面进行考察，使用相应的标准来进行可持续资产分类。[2]

表3-2　部分发达国际银行设定的应对气候变化目标

机构名称		巴克莱银行 Barclays	法国巴黎银行 BNP PARIBAS	德意志银行 Deutsche Bank	瑞士信贷集团 Credit Suisse
近期动态		2020年3月机构投资者要求，根据以下目标提高减碳目标	2020年5月煤炭相关业务规定了严格的贷款标准	2020年7月公布关于化石燃料商业政策公告	2020年7月宣布减少对化石燃料的贷款
低碳目标	公司内部	到2030年内部设施和用电量电力二氧化碳排放量几乎为零	通过使用再生能源等减少二氧化碳排放	到2025年将可再生能源使用百分比提高到100%	N/A
	投资对象	到2050年投资对象的二氧化碳排放量几乎为零	N/A		N/A
可持续金融		到2030年达到1000亿英镑	到2020年，150亿欧元用于可再生能源	到2025年超过2000亿欧元	未来十年计划投入3000亿欧元

---

① 详见Barclays-Sustainable-Finance-Framework-2020, https://home.barclays/content/dam/home-barclays/documents/citizenship/ESG/Barclays-Sustainable-Finance-Framework-2020.pdf。

② 详见2020July_Deutsche-Bank-Sustainable-Finance-Framework., https://www.db.com/files/documents/csr/sustainability/2020July_Deutsche-Bank-Sustainable-Finance-Framework.pdf。

机构名称		巴克莱银行 Barclays	法国巴黎银行 BNP PARIBAS	德意志银行 Deutsche Bank	瑞士信贷集团 Credit Suisse
采煤·火电		暂停向采矿和燃煤收入超过10%的公司提供贷款；到2025年，将电力组合中的每单位二氧化碳排放量减少30%	到2030年，OECD国家的电力公司客户将停止使用煤炭；暂停与煤炭相关的收入比率在25%以上的公司的新交易	2025年撤出对煤矿的投资和贷款审查与燃煤发电有关的现有信贷（欧洲/美国：截至2020年底，亚洲/新兴国家；2022年之后）	禁止对从煤炭开采和燃煤发电收入超过25%的公司进行投融资
油气	停止新投资	北极、油砂、水力破碎方法	北极、油砂、页岩气	北极、油砂、水资源用量较大的项目	北极
	其他	到2025年，将油气组合中的每单位二氧化碳排放量减少15%	N/A	到2020年底审查现有信用额，并考虑是否有必要减少信用额	减少传统石油和天然气业务的风险敞口

资料来源：三井住友银行，2020年9月。

三是开展形式多样的绿色金融产品创新。近年来，发达国家银行业金融机构在绿色金融产品方面进行了许多创新。除了传统的绿色、可持续贷款，能效贷款之外，在公司业务领域还推出了与可持续表现挂钩贷款、与可持续表现挂钩债券、转型债券、蓝色债券、社会债券、绿色供应链金融产品、绿色ABS、绿色基础设施REITs、碳金融等产品。在个人绿色金融产品领域，推出了绿色购车贷款、绿色住房抵押贷款、绿色信用卡和借记卡等。

四是削减高排放行业贷款。以煤电为例，能源经济与金融分析研究所（IEEFA）2019年2月研究报告显示，全球已有超过100家重要金融机构宣布退出火电项目[①]。也有许多银行宣布了退出火电项目的时间表，比如煤电意大利联合信贷银行表示将在2023年之前停止为热煤项目融资

---

① 详见Over 100 Global Financial Institutions Are Exiting Coal, With More to Come, https://ieefa.org/wp-content/uploads/2019/02/IEEFA-Report_100-and-counting_Coal-Exit-Feb-2019.pdf。

提供贷款；法国巴黎银行表示将在2030年前停止为欧盟的煤电行业融资，并在2040年前将这一举措推广到全球。

表3-3　部分银行宣布削减高排行业贷款统计

银行	宣布时间	主要内容
渣打银行	2018年9月	全球停止为新的燃煤发电厂提供资金，并将协助客户在未来10年做好燃煤转型过渡
三菱日联	2019年5月	原则上停止对新增燃煤发电项目发放贷款。但在项目所在国及国际准则允许情况下，仍可为煤炭能源项目提供融资
花旗集团	2020年	不再为新建燃煤或现有燃煤重大扩建项目提供融资，同时逐步停止对业务收入25%以上来自燃煤开采的矿企提供融资
富国银行	2020年	不再直接或间接向煤炭行业提供新增融资，并将随着存量业务到期逐渐减少对劈山采煤企业和新建或扩建煤矿、新建煤电厂项目的信贷敞口
汇丰银行	2020年4月	不再为新的煤电项目发放贷款，不再为主营业务是煤矿业的客户发放贷款
	2021年3月	在2030年内停止对欧洲和OECD国家的煤电企业和煤矿提供贷款，到2040年在全球实现该目标
三井住友	2020年4月	自同年5月1日起原则上停止对新建燃煤电厂提供资金支持。但使用环保技术的燃煤电站项目或已发放贷款项目不受影响

资料来源：根据公开资料整理。

　　五是遵循国际主流ESG信息披露标准。许多国际大银行在环境信息披露方面遵循气候变化相关财务信息披露工作组（Task Force on Climate-related Financial Disclosure，TCFD）所提出气候相关的财务信息披露标准，它们所披露的信息被明晟（MSCI）、标普、穆迪、惠誉等主流评级和数据服务机构广泛使用，用来编制对金融机构的ESG评级。有研究显示，标普、穆迪、惠誉三大评级机构ESG评级指标中90%相同，即银行可通过一份披露文件，满足大部分主流评级机构的需求。披露内容包括污染和碳排放的数据、社会责任以及公司治理等相关内容，披露形式既可以是独立的ESG报告，也可以嵌入年报或企业社会责任报告（CSR）。

银行对TCFD框架的整体落实情况显著好于其他行业。2016—2018年，对TCFD框架建议披露的信息数量和质量都呈上升趋势，其中，信息披露数量增幅最大的是描述董事会对气候相关风险和机遇的监控情况，描述识别、评估和管理气候相关风险的流程如何与组织机构的整体风险管理相融合，这表明银行越来越注重董事会对气候相关问题的监督管理职能以及风险识别与战略的适应性。这些是其他行业较少对外披露的信息，当前银行业环境信息披露工作较其他行业仍处于领先水平。

六是开展环境与气候风险分析。环境与气候风险的识别、分析和管理是绿色金融前沿领域，尤其是环境风险量化分析，相关实践和探索较少。2015年9月，英格兰央行审慎监管局（PRA）就环境与气候因素对英国保险业带来的影响发布了压力测试报告，利用灾难风险模型（Catstrophe Risk Model）评估了环境与气候风险对保险业的影响。2016年，中国工商银行发布环境风险对商业银行信用风险的压力测试研究，打通了环境风险向商业银行信用风险的传导路径，并对火电、水泥两个行业进行实证分析，得出了环境风险会对客户信用风险产生影响的结论。2016年，德国国际合作机构（GIZ）与联合国环境规划署金融行动组（UNEP FI）合作，将水资源压力融入企业债券信用分析，应用总经济价值（TEV）框架，对全球24家公司（涉及采矿、电力和饮料三个行业）进行了实证研究。

七是设定对绿色低碳资产的投资目标。比如，渣打银行计划到2024年底前提供总计750亿美元资金，其中400亿美元项目融资用于促进可持续发展的基础设施建设，350亿美元用于清洁技术融资。法国巴黎银行计划到2021年与SDGs相关的投资达到2000亿欧元。德意志银行计划到2023年与可持续金融相关的投资达到2000亿欧元[①]。

---

① 详见Deutsche Bank brings forward its target date for 200 billion euros of sustainable finance by two years to 2023, https://www.db.com/news/detail/20210520–sustainability–day?language_id=1。

3.1.2 中国银行业开展绿色金融的现状、问题和建议

我国银行业的绿色金融实践在监管部门的指导下发展迅速，从战略规划、产品创新和风险分析等多个方面稳扎稳打，取得了一系列的成绩。碳中和对银行发展绿色金融提出了更高的要求，全球银行业需要更加努力。

3.1.2.1 中国银行业开展绿色金融的成就

中国银行业开展绿色金融的实践较早，2012年，银监会发布了《绿色信贷指引》；2013年发布《绿色信贷统计制度》；2016年，中国人民银行、财政部、国家发展改革委等七部门联合发布《关于构建绿色金融体系的指导意见》，政策推动下绿色信贷加速增长。[①]据中国人民银行统计，截至2020年末，全国绿色贷款余额达11.95万亿元，在人民币各项贷款余额中占6.9%。2021年绿色贷款比上年增长33%，2021年末绿色贷款余额达16万亿元。与此同时，绿色贷款资产质量总体较高。截至2021年末，绿色贷款不良率为0.7%，比同期整体贷款平均不良率低1.06个百分点，比年初上升0.45个百分点。

2021年8月，中国人民银行发布国内首批绿色金融标准，包括《金融机构环境信息披露指南》（JR/T 0227—2021）及《环境权益融资工具》（JR/T 0228—2021）两项行业标准。《金融机构环境信息披露指南》旨在规范金融机构环境信息披露工作，引导金融资源更加精准向绿色、低碳领域配置，助力金融机构和利益相关方识别、量化、管理环境相关金融风险。《环境权益融资工具》则明确了环境权益融资工具的分类、实施主体、融资标的、价值评估、风险控制等总体要求，以及环境权益回购、借贷、抵（质）押贷款等典型实施流程，为企业和金融机构规范开

---

① 详见七部委发布《关于构建绿色金融体系的指导意见》，http://www.gov.cn/xinwen/2016-09/01/content_5104132.htm。

展环境权益融资活动提供了指引。[①]

在与碳中和相关的战略规划、产品创新和风险分析方面，国内的一些领先机构做了许多有益的尝试。比如，工商银行《2021—2023年发展战略规划》提出未来三年绿色金融体系建设的目标、路径和工具。通过行业绿色信贷政策、配套经济资本占用、授权、定价、规模等措施，支持低碳产业发展、推动投融资组合低碳转型、加强气候风险管理、夯实投融资碳计量基础"四大支柱"，系统推进碳达峰、碳中和相关工作。中国银行制定了《中国银行服务"碳达峰、碳中和"目标行动计划》，计划在"十四五"期间，对绿色产业提供不少于一万亿元的资金支持，在境内对公"高能耗、高排放"行业信贷余额占比逐年下降，加大对减排技术升级改造、化石能源清洁高效利用、煤电灵活性改造等绿色项目的授信支持；从2021年第四季度开始，除已签约项目外，中国银行将不再向境外的新建煤炭开采和新建煤电项目提供融资。[②]

一些国内银行积极创新产品支持碳中和。比如，华夏银行承接的世界银行"京津冀大气污染防治融资创新项目"，通过引入结果导向型贷款管理工具，创新性地将资金支付与项目实施的环境效益相关联，在平衡子项目的经济效益和可量化的环境效益后确定贷款条件；该项目由世界银行提供4.6亿欧元转贷款，华夏银行配套不低于等额的人民币贷款，可为京津冀晋鲁蒙豫陕八个地区的能效、可再生能源、大气污染防控领域子项目提供融资支持。截至2020年11月，"京津冀大气污染防治融资创新项目"累计投放子项目27个，累计投放资金折合人民币46亿

---

① 详见《中国首批绿色金融标准正式发布》，http://finance.people.com.cn/n1/2021/0816/c1004-32195066.html。

② 详见中国银行制定《中国银行服务"碳达峰、碳中和"目标行动计划》，https://www.bankofchina.com/aboutboc/bi1/202109/t20210924_20085963.html?keywords=%E7%A2%B3%E8%BE%BE%E5%B3%B0%E3%80%81%E7%A2%B3%E4%B8%AD%E5%92%8C。

元。①兴业南平分行与福建省南平市顺昌县国有林场签订林业碳汇质押贷款和远期约定回购协议，通过"碳汇贷"综合融资项目，为该林场发放贷款；这是福建省首例以林业碳汇为质押物、全国首例以远期碳汇产品为标的物的约定回购融资项目。②中国银行湖州市分行以"碳效码"评价结果为依据，联合湖州市经信局联合推出了"工业碳惠贷"服务方案：方案将企业"碳效码"评价结果作为重要参考因素纳入授信全流程，旨在通过采取差异化的利率定价、授信额度、贷款规模等措施，引导信贷关键资源向绿色低碳方向倾斜。③

一些国内银行陆续开展环境与气候压力测试。2016年，工商银行运用"自下而上"的方法，采用"财务传导模型"，选取火电和水泥两个行业开展了环境因素压力测试，主要结论为：环保标准提高将对火电行业产生结构性影响，对中小型企业形成较为明显的财务压力。④2017年，工商银行与Trucost公司共同发布了中国铝行业环境压力测试分析报告，主要考虑环境税实施给企业财务成本带来的影响。⑤2019年，工商银行就碳交易对商业银行信用风险的影响，开展了火电行业压力测试，结论显示：碳交易对火电企业财务表现有明显影响，在轻度、中度、重度压力情景下，火电行业客户单位成本增加分别为0.23分/度电、1.89分/度电和6.7分/度电。⑥此外，工商银行还开展了"环境政策变化对商

---

① 详见《华夏银行获"2020全球绿色金融创新奖" 绿色金融业务再上新台阶》，http://www.cs.com.cn/yh/04/202011/t20201123_6113732.html。

② 详见《全国首单！兴业银行落地2000万元"碳汇贷"》，https://www.cib.com.cn/cn/aboutCIB/about/news/2021/20210324.html。

③ 详见《中国银行湖州市分行创新推出"工业碳惠贷"服务方案》，https://www.163.com/dy/article/GGFLK2GJ0512ABHP.html。

④ 详见《环境因素对商业银行信用风险的影响——工商银行基于压力测试的研究与应用》，http://www.greenfinance.org.cn/upfile/file/20190418174616_68425_89681.pdf。

⑤ 详见《环境成本内部化和环境风险分析——以中国铝业为例》，http://upload.xh08.cn/2017/0331/1490951514807.pdf。

⑥ 详见《碳交易对商业银行信用风险的影响——基于火电行业的压力测试研究》，http://www.greenfinance.org.cn/upfile/file/20190621154120_325031_92556.pdf。

业银行钢铁行业信用风险影响的压力测试分析"。[1]

2020年，兴业银行湖州分行对湖州地区的绿色建筑行业信贷资产开展环境压力测试。同年，江苏银行完成了医药、化工行业环境压力测试，苏农银行根据纺织行业信贷客户群的特点构建环境风险压力传导路径，量化分析、识别了不同压力情景下的潜在环境风险。[2]2021年，招商银行针对火电、钢铁、电解铝等高污染行业在内的14个高污染典型行业企业，按照企业和银行风险传导两条路径，在轻度、中度与重度情景下，测试碳排放成本等气候相关风险因子对于该行不良贷款率及资本充足率等核心经营指标的影响。[3]2021年8月至11月，人民银行要求23家大型银行开展了气候风险压力测试，并已取得了第一批成果。

此外，一些国内银行也开始尝试推动自身运营碳中和。2021年，华夏银行提出"力争在2025年之前实现自身碳中和"，兴业银行也宣布"争取2030年前实现自身运营的碳中和"。[4]以华夏银行为例，全行倡导绿色办公，着力减少资源消耗，提升能源利用效率，降低环境有害物排放，全方位践行低碳运营，推动绿色发展。

---

① 详见《环境政策变化对商业银行钢铁行业信用风险影响的压力测试分析》，http://www.greenfinance.org.cn/upfile/file/20190621153222_153156_60155.pdf。

② 详见《江苏银行2020年社会责任报告》，http://www.jsbchina.cn/data/tosend/resource/upload/%E6%B1%9F%E8%8B%8F%E9%93%B6%E8%A1%8C2020%E7%A4%BE%E4%BC%9A%E8%B4%A3%E4%BB%BB%E6%8A%A5%E5%91%8A.pdf；《商业银行环境风险压力测试实践——以苏州农商银行为例》，https://kns.cnki.net/kcms/detail/detail.aspx?dbcode=CJFD&dbname=CJFDLAST2020&filename=JRZH202010013&uniplatform=NZKPT&v=qkEa91t9kRBxL6GHQO%25mmd2FpRAZv07yI8c6bknFw%25mmd2FLFfQXRD2YPiktiezmN0n3ulbX26。

③ 详见《深圳发布首家全国性商业银行环境报告，探索气候风险压力测试》，https://www.163.com/dy/article/GMBK14MB05129QAF.html。

④ 详见《华夏银行率先宣布碳中和路线图：力争在2025年前实现自身碳中和》，http://bank.hexun.com/2021-05-13/203594751.html；《专访兴业银行行长陶以平：战略转型进入攻坚期　一张蓝图绘到底》，http://www.21jingji.com/article/20210703/1cbc8007946e895b2f0533ecd769a890.html。

表3-4　华夏银行绿色办公典型做法

降低能耗	严格执行空调温度控制标准，采用智能照明系统，降低能源消耗
无纸办公	办公区域采取集中打印方式。全面实现柜台无纸化，减少资源消耗
节约用水	号召全行员工用水完毕及时关闭阀门，发现水管滴漏主动报修
绿色采购	推广集中采购电子化平台，将绿色环保、履行社会责任作为供应商准入条件
垃圾分类	积极响应垃圾分类的号召，集中投放垃圾，安排专人于重点楼层、重要时段桶前值守
光盘行动	号召全行员工参与"光盘行动"，推出餐食打包服务。加大宣传力度，杜绝浪费

资料来源：华夏银行2020社会责任报告[①]。

3.1.2.2　机遇与挑战

我国提出"双碳"目标后，绿色低碳产业将进入高速增长期，光伏、风电等行业竞争力不断提升，绿色建筑、新能源汽车产业链有望加速发展，氢能、储能、碳捕捉、碳封存等新兴领域发展空间广阔。按照前文，未来绿色投资占全社会固定资产投资的比重将超过25%，实现这一预期将在很大程度上依靠绿色信贷的快速增长。碳中和带来的巨大的绿色低碳投资需求将成为银行业发展的重要的驱动力。

此外，监管政策也将对绿色金融提供更大的激励。在2021年7月1日起施行的《银行业金融机构绿色金融评价方案》[②]中，绿色信贷、绿色债券等绿色金融业务被正式纳入银行业的业绩考核范围，其评价结果将影响央行对银行业金融机构的评级和货币政策工具与审慎管理工具的使用。此外，各级财政支持也会通过贷款贴息和担保等机制降低银行绿色金融业务的资金成本，进而降低绿色企业或项目的融资成本。

---

① 详见《华夏银行2020社会责任报告》，https://www.hxb.com.cn/images/jrhx/tzzgx/xxpl/dqbg/2021/04/30/D51ED7CD7A5C9DD795D5FFB06AAE95E8.pdf。

② 详见中国人民银行关于印发《银行业金融机构绿色金融评价方案》的通知，http://www.pbc.gov.cn/zhengwugongkai/4081330/4081344/4081395/4081686/4265380/index.html。

碳中和在为银行业创造巨大机遇的同时，也对银行业的低碳绿色转型提出了更高的要求。比如，对标"双碳"目标，许多银行在如下方面还有较大提升空间：

· 尚未将绿色与可持续发展作为核心理念全面纳入公司治理框架；

· 还未提出可量化的绿色金融发展目标；

· 还未规划清晰可执行的绿色可持续转型路径；

· 尚未对自身运营碳排放和资产碳足迹进行测算；

· 缺乏识别和量化气候风险（包括棕色资产敞口的统计和开展环境与气候压力测试和情景风险）的方法和工具；

· 还未开展环境气候信息披露；

· 与碳减排相关的金融产品创新的能力还较弱；

· 专业人才储备不足。

这些问题在我国的中小银行中尤为明显。根据中国人民银行对部分银行开展的绿色信贷业绩评价结果看，大型银行和有绿色金融业务特色的股份制银行的优势较为明显，但部分城市商业银行得分持续较低。[①]大量未被纳入央行绿色银行评估的小银行（包括城商行、农商行、信用社等）则面临更大的能力建设短板。

3.1.2.3　建议

为了推动我国银行业加快提升绿色金融服务能力，我们认为，一方面，需要从监管角度完善绿色金融政策体系和激励机制（详见第五章）；另一方面，金融机构应该加大资源投入，完善ESG治理框架，明确战略目标，强化绿色/ESG产品创新，持续提升碳核算、气候风险管理及信息披露等方面的专业能力。围绕如何强化以碳中和为目标的绿色金融实践，本书对我国银行业提出如下具体建议：

---

① 详见《人民银行研究局：我国绿色贷款业务分析》，https://mp.weixin.qq.com/s/ld_uv5hhnCmyk_byL1doIA。

（1）明确碳中和目标

银行应该明确自身业务碳中和与投融资组合碳中和的具体目标。

测算自身碳排放。测算自身碳排放是银行制定碳中和目标的基础。银行应完善自身碳足迹管理工作，以科学、合理、国际通用的方法测算建筑物、出行、办公、用能、IT系统的碳排放数据；在此基础上，开展对供应链上下游、资产组合的碳足迹测算；可考虑委托专业第三方建立方法学、开发工具。

明确自身运营碳中和目标。在充分分析自身发展现状、把握绿色低碳发展机遇的基础上，制定银行实现自身运营碳中和的目标。采用如下措施加以落实：有序推进机构整体节能、节水、节电、节约用纸、电子办公、绿色出行；保证新建建筑物均为绿色建筑；使用可再生能源电力；购买碳抵免额、植树造林；聘请第三方机构进行审核验证。

明确投融资碳中和目标。投融资业务碳中和指银行的投融资资产组合的碳中和。银行应通过政策、产品、流程和风险管理，一方面支持绿色低碳可持续行业、企业和项目，另一方面帮助高碳行业、企业实现低碳转型，降低高碳投融资敞口。并采用如下措施：估算投融资客户碳排放中银行自身所占比重，推算应分担的碳排放量（见专栏四）；编制银行主要业务实现碳中和的时间表，争取宣布一个不晚于2060年实现银行整体投融资组合碳中和目标的路线图；落实投融资碳中和目标的主要措施，如强化对绿色低碳领域的资源配置、限制向无法转型的高碳企业提供新增融资、加大对转型金融的支持力度，以及为高碳企业向低碳转型提供赋能等。

（2）设计分步骤、清晰可执行的碳中和路线图

碳中和是一项长期过程，这个过程中实体经济也在动态演变。碳中和要求银行碳减排举措与自身业务发展之间实现深度融合。银行主动开展绿色低碳转型的发展阶段（变革程度逐步加深）可分为初步变革阶

段、深化变革阶段、全面变革阶段及融合发展阶段。建议银行依据自身发展阶段形成分步骤、有序而高效的体系化转型路线图。

初步变革阶段的重点任务。建立战略目标落地实施的保障机制；建立绿色金融统计及台账制度；提升自身绿色低碳资产的识别认定能力；创新支持绿色低碳产业项目的绿色金融产品。通过存量梳理、搭建绿色低碳管理体系，为绿色低碳业务的"增量"发展积蓄力量。

深化变革阶段的重点任务。将战略目标分解到银行相关部门（主要是业务部门）；建立绿色低碳金融业务制度及环境气候风险管理原则；拓展绿色金融产品创新领域及范围；全面开展绿色低碳运营以调动全员进行绿色低碳转型的积极性；通过金融科技手段支持环境效益计算；逐步将自身绿色低碳转型的进展对外进行披露，披露机构对环境的量化影响。通过形成完善的绿色低碳投融资及绿色低碳运营体系，向市场寻求绿色低碳业务"增量"。

全面变革阶段的重点任务。在全行范围内系统化地规划绿色低碳金融发展战略（包括前中后台部门）；将"绿色""减碳"要求全面纳入制度流程管理，定期开展绿色金融绩效考评；完善多条线、全面的绿色金融产品体系，深化绿色消费、绿色农业、绿色小微、绿色理财等产品创新；披露整体投融资对环境的影响，包括绿色贷款、绿色债券、代客户管理的绿色投资资产等在节约能源总量、减少碳排放、减少污染物排放等方面的效果；动员员工参与绿色公益及实施绿色生活方式，尽可能减少银行运营过程中对环境产生的影响。实现银行绿色低碳发展的全面体系化布局，在发展中遵循市场导向，追求经济效益与环境效益、社会效益的协同。

融合发展阶段的重点任务。"绿色""可持续"成为机构战略的发展底色；培育一支业务能力和研究能力突出的专业化队伍；加强环境和气候风险管理，建立绿色低碳转型监督保障制度；提供综合的可持续金融或ESG投资解决方案，主动引导、帮助客户低碳转型和绿色发展；将环境气候风险或ESG评价结果应用到授信审批、定价等贷款流程中；主动向利益相关者及公众传播自身绿色低碳理念。实现以专业能力提升绿色低碳规模效益，打造绿色低碳品牌，引领行业绿色低碳转型，助力经济社会绿色低碳转型。

（3）建立与碳中和目标相适应的治理架构

银行可按照"董事会—管理层—专职部门（团队）"构建绿色金融组织架构，保障碳中和目标的落实。

将"绿色""可持续"纳入公司治理层面。董事会牵头ESG事务，并设立绿色、可持续金融或ESG的专门委员会。董事会负责批准战略目标和战略规划，审定相关管理制度以及监督和指导专职部门的执行。

构建"绿色""可持续"组织架构及相关工作机制。银行可设立负责绿色、可持续金融的专责部门或团队，负责起草或牵头绿色金融战略规划，制定实施方案和评估实施结果，并负责分析和监测ESG相关的风险，协调推进绿色金融方面的创新事务。银行应借鉴吸收赤道原则、国际认可的环境与社会风险分类标准，建立和优化绿色金融制度体系，积极稳健地拓展境内外绿色信贷市场和有效防范环境与社会风险。

（4）深化绿色低碳/ESG产品创新

银行逐步丰富自身的绿色低碳/ESG产品服务，加大对绿色项目和客户的支持力度，引导推动高碳项目和客户积极进行绿色低碳转型。

加快创新，提升绿色金融产品服务深度及广度。挖掘绿色低碳转型的重大机遇，结合银行自身特点制定绿色低碳产品体系；在制定机构重大信贷政策、债券发行计划、资产购买计划中突出对绿色/ESG领域的重点支持；深化绿色消费、绿色农业、绿色投行服务、碳金融等产品服务创新；实现对公业务、零售业务及金融市场业务等不同条线在绿色低碳产品服务领域的协同。

加快转型产品研发，支持高碳行业绿色低碳转型。创新与碳足迹挂钩的绿色贷款和绿色理财产品，激励高碳企业努力减碳，为投资者提供更多的绿色投资产品。在碳交易板块，积极探索碳资产质押授信、碳交付保函、国际碳保理融资等产品。针对绿色项目的直接融资需求，探索碳收益支持票据、绿色产业债务融资工具、碳项目收益债、碳交易财务顾问等新型投行类创新产品。发挥银行在耗能行业和项目融资中的传统优势，拓展环境信息与风险管理咨询业务，尤其是支持高碳企业向低碳转型的咨询服务。

（5）持续提升碳核算、气候风险管理、ESG及信息披露等绿色专业能力

银行需持续关注绿色ESG专业能力提升，包括碳核算、气候风险管理、ESG及信息披露等，以提升业务能力及行业影响力。

完善内部碳核算和披露机制。人民银行已发布了《金融机构碳核算技术指南（试行）》，有能力的金融机构可参照此指南先行先试，尝试制定内部使用的覆盖自身运营和投融资碳排放信息的披露标准及框架。银行可参照TCFD建议框架发布环境和气候相关信息披露报告，内容可包括相关公司治理、战略、政策、管理流程信息，以及绿色资产和棕色资产信息和环境气候风险。银行不但要披露绿色信贷余额和环境效益，也应披露全部贷款和投资支持项目的碳足迹以及棕色资产的敞口（见专栏三）。

建立环境气候风险分析和管理机制。银行应该采用压力测试和情景分析等工具来度量环境气候风险分析，并采取措施管理和化解这些风险。银行要在战略和治理环节统筹考虑气候相关风险和机遇，明确环境风险治理结构、细化风险管理流程，通过开展环境信息披露工作，提升银行识别与管理环境相关风险的能力。关于这方面更为具体的建议，请见本书第四章。

建立ESG评价及管理机制。建立银行ESG数据应用体系，对行内非

财务信息数据进行治理及整合，积极引入监管数据、新闻媒体、企业公开信息等多元化数据源，支持ESG数据的集成以及在投融资部门有效流通。将ESG评价纳入核心业务流程，强化授信审批、贷后管理及风险缓释措施，根据客户的ESG风险进行分类管理。

专栏三　棕色资产的界定

一、棕色资产的定义

碳中和目标下，以煤电、石化、钢铁、水泥等为代表的高碳产业低碳转型成为关注重点。根据中国首部绿色金融领域的法律法规《深圳经济特区绿色金融条例》（2021年3月1日），棕色资产是指特定会计主体在高污染、高碳（高能耗）和高水耗等非资源节约型、非环境友好型经济活动中形成的，能以货币计量，预期能带来确定效益的资产。

二、棕色资产的界定范围

为协助金融机构识别和管理高碳资产，降低由于气候因素和低碳转型导致未来出现的资产风险，根据《固定污染源排污许可分类管理名录（2019年版）》中重点管理行业，参考《国家发展改革委办公厅关于切实做好全国碳排放权交易市场启动重点工作的通知》（发改办气候〔2016〕57号）及附件1《全国碳排放权交易覆盖行业及代码》，以一次能源和二次能源消耗的碳排放总量为主要指标，本课题组建议将《国民经济行业分类》（GB/T 4754—2017）中以下行业列入棕色资产管理。

表3-5　本课题组建议的棕色资产行业分类目录

行业	行业代码	行业子类	产品统计代码
22造纸和纸制品业	2211	木竹浆制造	纸浆2201
	2212	非木竹浆制造	纸浆2201
	2221	机制纸及纸板制造	机制纸及纸板2202
25石油、煤炭及其他燃料加工业	2511	原油加工及石油制品制造	原油加工量2501
	2521	炼焦	焦炭250401

行业	行业代码	行业子类	产品统计代码
26化学原料和化学制品制造业	2612	无机碱制造	烧碱（折100%）260105 碳化钙（电石）2601220101
	2614	有机化学原料制造	乙烯2602010201 精甲醇2602090101
	2619	其他基础化学原料制造	黄磷2603010301 合成氨（无水氨）2604010100
30非金属矿物制品业	3011	水泥制造	硅酸盐水泥熟料310101
	3031	黏土砖瓦及建筑砌块制造	烧结黏土砖31060101 烧结瓦31060201
	3041	平板玻璃制造	平板玻璃311101
31黑色金属冶炼和压延加工业	3120	炼钢	粗钢3206
	3140	铁合金冶炼	铁合金3209
32有色金属冶炼和压延加工业	3211	铜冶炼	粗铜331101
	3212	铅锌冶炼	矿产精锌3312040102
	3216	铝冶炼	其他原铝（电解铝）3316039900
44电力、热力、燃气及水生产和供应业	4411	火力发电	火力发电量44010101
	4412	热电联产	热电联产
	4420	电力供应	电网
56航空运输业	5611	航空旅客运输	航空旅客运输
	5612	航空货物运输	航空货物运输
	5631	机场	机场

专栏四　银行信贷碳排放测算案例

掌握贷款支持的企业或项目产生的碳排放，是银行调整信贷结构，有的放矢地支持高碳行业向低碳甚至零碳方向转型的前提。针对银行信贷业务中的项目贷款和非项目贷款，可参考使用如下碳核算流程和方法。

一、核算流程

·确定信贷业务的类型，项目贷款或非项目贷款；

·确定各类信贷业务下的全部核算对象；

· 收集和验证各个核算对象的碳排放数据；

· 汇总计算各类信贷业务的碳排放总量。

二、核算方法

项目贷款碳排放核算

项目融资主体应参照GB/T 32150—2015及相关企业温室气体排放核算和报告标准、相关行业企业温室气体排放核算方法与报告指南等要求，核算与项目有关的和受项目影响的设备、设施（系统）或组织等的排放。[①]

银行根据项目的信贷余额与项目总投资的比例分摊折算相对应的碳排放量，计算公式如下：

$$E_{项目贷款} = E_{项目} \times \left(\frac{V_{投资}}{V_{总投资}} \right)$$

式中：

$E_{项目贷款}$——报告期内，项目贷款业务对应的碳排放量，单位为吨二氧化碳当量（tCO_2e）；

$E_{项目}$——报告期内，项目的碳排放量，单位为吨二氧化碳当量（tCO_2e）；

$V_{投资}$——报告期内，银行对项目的月均信贷余额，单位为万元；

$V_{总投资}$——报告期内，项目的总投资额，单位为万元。

非项目贷款碳排放核算

融资主体应参照GB/T 32150—2015及相关企业温室气体排放核算和报告标准、相关行业企业温室气体排放核算方法与报告指南等要求，核算其报告期内的碳排放。

银行根据对融资主体的信贷余额与融资主体资产总额的比例分摊折算相对应的碳排放量，计算公式如下：

$$E_{非项目贷款} = F_{主体} \times \left(\frac{V_{融资}}{V_{资产}} \right)$$

式中：

$E_{非项目贷款}$——报告期内，非项目贷款对应的碳排放量，单位为吨二氧化

---

① 详见《工业企业温室气体排放核算和报告通则》（GB/T 32150—2015）。

碳当量（tCO_2e）；

$E_{主体}$——报告期内，非项目贷款相关融资主体的碳排放量，单位为吨二氧化碳当量（tCO_2e）；

$V_{融资}$——报告期内，银行对融资主体的月均非项目信贷余额，单位为万元；

$V_{资产}$——报告期内，融资主体的资产总额，单位为万元。

三、非项目贷款碳排放核算案例

2020年，银行A向水泥企业B提供了贷款，月均信贷余额2000万元。水泥企业B在2020年生产经营消耗无烟煤13.45万吨（t）、电力65吉瓦时（Gwh），碳酸盐100万吨（t），资产总额20亿元。

核算方法和过程如下：

水泥企业B参照《温室气体排放核算与报告要求第8部分：水泥生产企业》（GB/T 32151.8—2015），核算2020年碳排放量=134500t×2.323tCO_2/t+65000MWh×0.7035tCO_2/MWh+1000000t×0.538tCO_2/t=896171tCO_2，并请第三方机构进行核证。

2020年，银行A贷款给水泥企业B所形成的碳排放量=896171

$$tCO_2 \times \frac{0.2亿元}{20亿元} = 8961.7 \ tCO_2。$$

3.2 资本市场

本节首先讨论在碳中和背景下资本市场绿色化的相关国际经验，然后对我国资本市场绿色化的现状和问题进行综述和分析。最后从强化信息披露、支持产品创新、提供政策激励等几个方面提出进一步发展中国绿色资本市场的若干建议。与资本市场密切相关的机构投资者的绿色化问题将在第四小节讨论。

3.2.1 国际经验

国际资本市场上绿色资金较为活跃，随着全球气候风险意识的逐步加强，可持续投资规模大、增速快。根据国际可持续投资联盟（GSIA）的定义，可持续投资是一种在投资组合选择和管理中考虑环境、社会和治理（ESG）因素的投资，但每个区域的监管文件都有各自对可持续投资范畴实质性规定，例如《欧盟可持续金融分类法》。2020年初，全球五个发达经济体市场的可持续投资规模达到35.3万亿美元（见表3-6），占管理资产总规模35.9%（见表3-7）。[①]

表3-6　发达经济体可持续投资资产

单位：万亿美元

地区	2016年	2018年	2020年
欧洲	12.0	14.1	12.0
美国	8.7	12.0	17.1
加拿大	1.1	1.7	2.4
澳大利亚	0.5	0.7	0.9
日本	0.5	2.2	2.9
总计	22.8	30.7	35.3

资料来源：Global sustainable investment review 2020 。

注：2016年数据时点，除日本为2016年3月31日，其余均为2015年12月31日；

2018年数据时点，除日本为2018年3月31日，其余均为2017年12月31日；

2020年数据时点，除日本为2020年3月31日，其余均为2019年12月31日。

表3-7　发达经济体管理资产规模

单位：万亿美元

地区	2016年	2018年	2020年
主要地区管理资产总规模	81.9	91.8	98.4

---

① 详见 Global sustainable investment review 2020，2021-7，http://www.gsi-alliance.org/wp-content/uploads/2021/07/GSIR-2020.pdf。

续表

地区	2016年	2018年	2020年
管理资产中可持续投资规模	22.9	30.7	35.3
可持续投资占管理资产总规模比重（%）	27.9	33.4	35.9

资料来源：Global sustainable investment review 2020。

注：主要地区包含欧洲、美国、加拿大、澳大利亚、新西兰和日本。

推动发达国家资本市场可持续发展的努力主要体现在三个方面。一是通过强化可持续发展相关信息披露来提高市场的公平、高效和透明程度，主要有ESG信息和气候相关财务信息。其中，ESG信息"包括与可持续性和气候变化相关的环境因素、包括劳工保护和多样性在内的社会因素以及对发行人业务有重大影响的治理相关因素"。金融稳定理事会（FSB）气候相关财务风险披露工作组（TCFD）制定了气候相关财务信息披露框架。二是推动创新性的绿色金融产品，如绿色债券、可持续发展挂钩债券、绿色资产支持证券等，以满足经济的绿色低碳转型要求。三是强化机构投资者的绿色与可持续偏好。比如央行与监管机构绿色金融合作网络（NGFS）在2019年就建议成员单位在组合管理（比如养老金、外汇储备等）中融入可持续投资和ESG因素作为投资分析因素，并推荐了挪威、法国等发达国家央行开展ESG投资的案例。本小节主要讨论信息披露和产品创新两个方面的国际经验。

3.2.1.1　强化可持续信息披露

近年来，发达国家和地区在可持续信息披露方面逐步从自愿性安排转变为强制性要求。其中，欧盟在推动ESG信息披露制度方面处于全球的领先地位。欧盟法规要求大公司定期发布报告，描述经营活动对社会和环境的影响[1]。《非财务信息报告指令2014》（*Non-financial Reporting Directive*，NFRD），强制要求员工人数超过500人的大型公共利益公司

---

[1] 详见Corporate sustainability reporting, https://ec.europa.eu/info/business-economy-euro/company-reporting-and-auditing/company-reporting/non-financial-reporting_en。

自2018年起在年报中披露非财务信息，大约覆盖了欧盟6000家大型公司和集团，主要类型有上市公司、银行、保险公司和其他被当局认定为公共利益公司的实体；披露的内容主要有环境保护、社会责任和员工待遇、尊重人权、反对贪腐和贿赂、董事会的多元化。2019年6月，欧洲委员会发布了气候相关信息披露指南，是对2014年NFRD的补充。欧盟为了发展可持续金融并防止"洗绿"风险，于2019年11月修订并发布了《欧盟气候变化基准、巴黎目标一致的基准和可持续信息披露基准》（ *Climate Transition Benchmarks*，*EU Paris-aligned Benchmarks and sustainability-related disclosures for benchmarks* ），但该法规并没有强制披露要求。欧盟在2021年3月10日正式发布《欧盟可持续金融信息披露》（ *Sustainable Finance Disclosure Regulation*，SFDR），该条例将于2022年1月1日起全面执行，强制要求欧盟所有金融市场参与者和财务顾问披露ESG相关信息。2021年4月欧盟发布了《公司可持续发展报告指令（征求意见稿）》（ *Corporate Sustainability Reporting Directive*，CSDR），将成为企业非财务信息披露的新法规。未来CSDR的实施将进一步奠定欧盟在全球ESG信息披露领域的话语权。

基于发达国家的实践，金融稳定理事会（Financial Stability Board，FSB）于2015年12月设立了气候相关财务风险披露工作组（Task Force on Climate-related Financial Disclosures，TCFD），以信息披露为切入点，提出气候相关披露建议，旨在促进更加明智的投资、放贷和承保决策，同时也让利益相关方更加了解金融部门碳相关资产的集中度和金融系统气候风险敞口。TCFD于2017年6月发布了披露框架建议（见表3-8），主要分为治理、战略、风险管理和指标目标四个模块，共计11个披露建议和七项披露原则（包括相关性、准确性、可读性、一致性、可比性、客观性和可靠性）。

表3-8　TCFD披露框架建议

治理	披露气候相关风险与机遇的治理机制	（1）描述本机构董事会对气候相关风险与机遇的监督
		（2）描述本机构管理层在评估和管理气候相关风险与机遇方面的作用
战略	披露重大气候相关风险与机遇对业务、战略和财务规划的实际以及潜在影响	（3）描述本机构已经识别的短中长期气候相关风险与机遇
		（4）描述气候相关风险与机遇对本机构业务、战略和财务规划的影响
		（5）描述在不同的气候情景（包括2℃或更低温升情景）下本机构的战略韧性
风险管理	披露识别、评估和管理气候相关风险的方法	（6）描述本机构识别、评估气候相关风险的流程
		（7）描述本机构管理气候相关风险的流程
		（8）描述本机构如何在全面风险管理中纳入气候相关风险的识别、评估和管理流程
指标目标	披露评估重大气候相关风险与机遇的指标目标	（9）披露本机构根据战略与风险管理流程来评估气候相关风险与机遇所使用的指标
		（10）披露范围1、范围2和范围3（如适用）温室气体排放和相关风险
		（11）描述本机构管理气候相关风险与机遇的目标及其完成情况

资料来源：根据公开信息整理。

近几年TCFD支持机构的数量迅速上升。截至2021年3月[①]，全球声明支持TCFD披露框架的公司超过2000家，总市值超过19.8万亿美元，其中金融机构超过859家，管理资产总额超175万亿美元；从全球分布看，日本（340家）、英国（265家）、美国（251家）、法国（91家）和澳大利亚（83家）五国的支持机构总数排名前列。除了企业外，全球超过100多个监管和政府主体也支持TCFD披露框架，甚至全球有影响力的行业联盟组织也提倡企业参考TCFD框架建议来进行信息披露，比如央行绿色金融网络（Network for Greening the Financial System, NGFS）。[②]

---

① 详见Task Force on Climate-related Financial Disclosures Overview, March 2021。

② 详见Task Force on Climate-related Financial Disclosures 2020 Status Report, October 2020。

2019年1月18日，国际证监会组织（International Organization of Securities Commissions, IOSCO）发布《关于发行人披露ESG事项的声明》（*STATEMENT ON DISCLOSURE OF ESG MATTERS BY ISSUERS*），声明指出"尽管ESG事项有时列为非财务事项，但其可能对发行人的业务运营、投资者的风险回报及其投资和投票表决产生重大的短期和长期影响"。[①]

为应对气候相关的金融风险，金融稳定委员会于2021年7月制定了《应对气候相关金融风险路线图》（*FSB Roadmap for Addressing Climate-Related Financial Risks*），路线图涵盖了信息披露、数据、脆弱性分析和监管工具四个重点领域；在信息披露方面，其目标是建立全球气候相关金融风险披露的最低标准。[②]国际财务报告准则基金会（IFRS Foundation）于2021年11月在联合国气候大会COP26期间，宣布成立国际可持续发展准则理事会（ISSB）。ISSB将制定国际可持续发展披露准则（ISDS），该准则将对全球可持续信息披露标准的趋同化产生重要影响。此外，ISSB将于2022年合并气候披露准则理事会（CDSB）与价值报告基金会（VRF）。

3.2.1.2 产品创新

本节讨论国际资本市场上绿色金融产品的创新趋势。由于过去几年内国际资本市场最活跃的绿色产品创新集中在固定收益类，我们也将讨论聚焦于可持续挂钩的绿色债券、绿色资产证券化产品、结构性绿债产品以及转型债券，并对每一类产品如何促进低碳发展的机理进行简要分析。到目前为止资本市场在股权类绿色产品的创新并不多，因此我们在本节最后只是简要介绍了瑞士和NASDAQ在支持股权融资绿色化方面

---

① 详见《IOSCO关于发行人披露ESG事项的声明》，http://www.csrc.gov.cn/pub/newsite/gjb/gjzjhzz/ioscogkwj/201903/W020190308395034128228.pdf。

② 详见FSB Roadmap for Addressing Climate-Related Financial Risks, 2021-7-7, https://www.fsb.org/wp-content/uploads/P070721-2.pdf。

的若干做法。

（1）可持续发展挂钩债券

可持续发展挂钩债券（SLB）是可持续金融市场的新宠，旨在进一步促进、鼓励在债券市场融资的企业可持续发展作出更加积极的贡献。全球首只可持续发展挂钩债券由意大利电力公司ENEL在2019年9月发行。Enel对债券投资者做出了绿色承诺，可再生能源装机容量到2021年占比至少达到55%；如果无法达到关键绩效指标目标，发行人将接受息票增加25个基点的"惩罚"。随之，为了更好地引导市场的蓬勃发展，国际资本市场协会ICMA在2020年6月出台了《可持续发展挂钩债券原则（SLBP）》，在债券的结构特征、信息披露和报告等方面提供了规范性的指示。可持续发展挂钩债券与绿色债券的主要不同在于前者只将发行人的ESG表现与发行利率挂钩起来。

ICMA出台SLBP后，市场反应非常积极。截至2021年11月10日，已经有334家企业共发行了超过1368.55亿美元等值的可持续发展挂钩债券。SLB发行人大部分集中在欧美国家，截至2021年底我国已发行可持续发展挂钩债券共25只，累计规模达到353亿元，发行人包括中国华能集团有限公司等[1]。细观这类债券，众多发行人设定的可持续发展指标以及对应的目标都直接应对气候变化，从可再生能源的扩张、GHG范围1、范围2和范围3的碳强度降幅或者总量减排、严谨的科学碳减排目标。除了指标设定外，SLB的核心特色是将指标的完成与否与发行成本直接挂钩。在目前的案例来看，绝大部分的发行人承诺，如果在预定的期限内达不到设定的目标，票息将提高（如25个基点），从而体现发行人在可持续发展方面兑现承诺及采取行动的决心。

（2）绿色资产支持证券

当资产支持证券（ABS）支持的项目可产生环境或气候效益时，

---

[1] 详见Wind可持续挂钩债券。

这类ABS可以被称为绿色ABS。绿色ABS一般也遵循绿色债券原则，包括其四个核心要素。绿色ABS分离了企业的主体评级和资产的信用评级，不以公司作为承担还款责任的债务主体，因此绿色ABS具有降低绿色企业融资门槛和融资成本的优势。2016年总部位于荷兰抵押贷款提供商Obvioun发布了全球第一只绿色住房抵押贷款支持证券（Green RMBS），其中5亿欧元通过气候债券标准认证。美国房利美开发了绿色奖励抵押贷款证券化产品（Green Rewards MBS）和绿色建筑认证抵押贷款证券化产品（Green Building Certification MBS），以支持绿色建筑的发展（见附录四）。根据气候债券倡议的预测，到2035年绿色ABS的存量将达到2800亿~3800亿美元的规模。

在可持续农业和生物多样性保护领域也开始出现绿色证券化产品。联合国环境规划署（UNEP）、世界农林业中心（ICRAF）、ADM Capital和BNP Paribas共同创立了可持续的融资平台Tropical Finance Landscape Facility（TLFF），为印度尼西亚的绿色农业项目提供资金，旨在改善农村生计、保护生物多样性以及应对气候变化。在TLFF平台下，规模为9500万美元的首笔证券化交易已于2018年2月完成，所得款项用于支持利用严重退化的土地进行可持续橡胶种植。为了让投资者对这类债券更有信心，这笔交易引进了美国国际开发署（US AID）提供的50%的增信。

（3）结构性绿债产品

在支持绿色发展和碳中和方面，结构性绿色债券也是一项创新。世界银行与法国巴黎银行建立了伙伴合作关系，发行一系列与股票挂钩的绿色债券，包括"绿色增长债券"。该产品由世界银行的绿色债券和欧洲道德股票指数组成，股票部分是根据ESG评级机构Vigeo Eiris和独立的比利时咨询机构Forum Ethibel的分析报告选出30只欧洲股票组合而成。绿色增长债券成功地吸引了多元化的投资者，其中包括零售、机构投资者以及私人银行。绿色增长债券向支持应对气候变化的项目提供资金，同时投资人还可通过道德权益指数获得股权投资的额外收益潜力。

近两年与气候变化相关的结构性绿债产品逐步增多。2021年8月，法国巴黎银行成功发行了一系列结构性绿色债券产品，该产品已由清洁能源金融公司（CEFC）、Aware Super（前身为First State Super）和QBE Insurance（QBE）认购。此结构性绿色债券产品是由澳大利亚气候转型指数（Australian Climate Transition Index，ACT指数）与法国巴黎银行发行的8年期绿色债券结合而成，可让投资者充分获取来自绿债的固定收益以及源于股票指数的超额回报。ACT指数是2020年7月由法国巴黎银行与ClimateWorks、ISS ESG和莫纳什大学量化金融与投资策略中心共同开发的股票指数，使用五种"动态"气候情景，并将继续对其进行优化以反映未来的法规、技术和社会环境变化。该指数考虑了金融市场所面临气候变化转型的风险与机遇，并结合环境、社会、政治、金融、法律等其他与气候变化相关的因素，挑选220家在应对气候变化中表现较好的澳大利亚企业。

（4）转型债券

当前，许多愿意向低碳转型的高碳企业难以得到金融的支持。为了向碳密集行业提供开展减碳项目的必要资金，许多国际金融机构开始推广气候转型债券。气候转型债券是指募集资金用于支持传统行业向低碳乃至零碳转型的债券。公用事业、水泥、铝、钢铁等传统行业中具有转型效益的项目类别，属于转型债券项目范畴。转型债券不同于仅针对可再生能源、清洁交通等绿色产业设计的绿色债券，前者可以为传统行业中具有显著环保效益的低碳转型项目提供融资，从而减少碳密集型行业的温室气体排放量。

2020年3月4日，英国最大的天然气公司卡登特公司①（Cadent）发行了英国第一只转型债券——12年期的5亿欧元债券，用于投资天然气分销网络的改造。该创新型转型债券旨在帮助发行人转向更环保的业务活动并使其运营脱碳。卡登特将利用债券融资来替换原有的管道，以便将来输送氢气和其他低碳气体并减少甲烷泄漏。这个项目是卡登特公司所承诺的在2050年前较1990年减排80%温室气体承诺的一部分。②

（5）绿色股票

自2009年世界首笔标准化绿色债券发行以来，全球绿色金融市场一直以固定收益类产品为主导。2020年，全球首只"绿色股票"在瑞典亮相，成为绿色金融领域的又一项创新产品。目前，一些国际金融机构已开始试水绿色股权业务，纳斯达克也在欧洲市场推出了绿股"贴标"计划。绿色股权作为一种新型可持续金融产品，为全球投资者提供了新的可供选择的资产类别。

2020年5月，瑞典房地产公司K2A发布了一份绿色股权框架，成为全球第一家获"绿股"评估的公司。该公司聘请了挪威的专业研究机构"国际气候研究中心"（CICERO）提供外部评审服务，出具"第二意见"，并委托瑞典银行作为结构顾问，帮助其设计绿色股权框架。此后，为促进支持气候转型的股权融资，瑞典银行又为几家公司提供了此项顾问服务，并向市场推广"绿股"的全新概念。

针对市场缺少衡量股权的"绿色标准"的空白，CICERO面向发行人率先推出了绿色公司评估服务。按照与低碳、气候韧性长远愿景的一

---

① 卡登特公司是一家英国天然气公司，为约1100万个英国家庭和企业输送天然气。

② 详见Cadent Issues UK's First Transition Bond, 2020-3-4, https://cadentgas.com/news-media/news/march-2020/cadent-issues-uk%E2%80%99s-first-transition-bond; Transition Bond Impact Report, 2021-3, https://cadentgas.com/nggdwsdev/media/Downloads/investor%20relations/Transition-Bond-Impact-Report-March-2021.pdf; Cadent Transition Bond Framework, https://cadentgas.com/nggdwsdev/media/Downloads/investor%20relations/Cadent-Transition-Bond-Framework.pdf。

致性，CICERO将公司的业务活动分为"深绿""中绿""浅绿""黄"和"红"共五个等级，并按此量化一家公司总收入中绿色收入的占比以及总投资中绿色投资的占比，形成最终的第二意见。

一个公司的收入和投资中的绿色比例达到多少才能成为"绿股"呢？瑞典银行的界定标准是公司收入和投资中的绿色占比必须超过50%，才可被归类为绿色股票。以瑞典的一家房地产公司为例，其2019年度的绿色收入占比为78%，绿色投资占比为83%。截至目前，CICERO已完成了多家公司的绿色评估，涉及地产、交通运输、能源、制造业等若干行业。由于推出时间较短，CICERO的这套"评绿"方法能否得到投资者的认同，尚有待市场检验。

2021年6月8日，纳斯达克在北欧市场推出了"绿股贴标"的自愿计划，旨在满足日益增长的可持续投资需求，提高公司在绿色发展方面的能见度和透明度，便于ESG投资者识别标的。纳斯达克指定CICERO和穆迪旗下的VigeoEiris作为"绿股贴标"的评审服务商。按照纳斯达克的界定标准，公司必须有超过50%的收入来自绿色业务活动，至少有50%的投资分配给能带来正面环境效益的绿色投资且投资于化石燃料的比例必须低于5%，才能获得贴标。发行人获得评审机构出具的独立意见且满足交易所的界定标准，即可获得纳斯达克的绿股标签。目前，只有少数公司申请了绿色标签。但纳斯达克表示，如果绿股"贴标"计划在北欧市场获得成功，随后也会在美国市场复制推广。

3.2.2 国内现状

近年来，我国资产市场积极贯彻落实党中央、国务院关于加快推进生态文明建设和生态文明体制改革的重要部署，引导市场主体增强绿色发展意识，大力促进绿色低碳产业发展。

3.2.2.1　股权投融资

"十三五"期间,我国新能源、节能环保等绿色低碳企业通过资本市场首发、再融资、挂牌、发行公司债券等方式累计募集资金约1.9万亿元,其中交易所市场发行绿色公司债券规模约2900亿元。截至2020年末,新能源、新材料、节能环保等绿色低碳产业上市公司数量和总市值分别约为钢铁、水泥、电解铝等高耗能行业上市公司的6倍和3倍。截至2021年6月末,我国含环境、社会和公司治理(ESG)主体概念类基金和使用ESG投资策略构成投资组合的基金约270多只,存续规模约3000亿元。[①]

2021年6月28日,证监会正式发布了新修订的定期报告格式与准则。此次修订,将有关环境、社会责任、公司治理(ESG)的内容,整合至"环境和社会责任""公司治理"两个新设章节中,并在原有的环境信息披露要求上,新增了"因环境问题受到行政处罚的情况"的强制性披露要求,以及"公司减少碳排放所采取的措施及效果"的自愿性披露要求。我国上市公司的ESG信息披露呈现增长态势。2020年约有27%的上市公司发布了环境、社会责任和ESG相关报告,已按照GRI标准披露的上市公司有289家。沪深300企业中已有259家发布了独立的环境、社会责任或ESG报告,披露质量较前几年有所提高。截至2022年6月,A股上市公司ESG报告的披露率上升至约30%。[②]

为了引导资金支持绿色产业发展,截至2021年6月底,中证指数公司累计发布ESG、社会责任、绿色主题等可持续发展相关指数70条,其中股票指数56条,债券指数14条,其中ESG指数包括沪深300、中证500、中证800的ESG基准、ESG领先和ESG策略等指数。基于中证ESG等可持续发展主题的相关指数产品[③]有36只,规模合计528.17亿元。主

---

① 详见《健全绿色金融体系　促进实现"双碳"目标——访中国金融学会绿色金融专业委员会副主任马险峰》,https://www.financialnews.com.cn/yh/dh/202108/t20210812_225830.html。

② 详见中诚信绿金科技的《上市公司ESG信息披露政策回顾与2022年披露现状分析》。

③ 境内跟踪ESG指数的指数基金或跟踪涉及环境、社会和公司治理的ESG和可持续发展主题指数的指数基金。

要以环保产业、新能源产业等绿色产业产品为主。ESG和可持续发展的产品规模不断增长，为碳中和战略增添了新的投资工具，将助力境内ESG投资进入新的发展阶段[①]。

早在2018年，中国基金业协会就发布了《绿色投资指引（试行）》，鼓励公募、私募股权基金践行ESG投资，发布自评估报告。2020年，证监会修订《证券公司分类监管规定》，鼓励证券公司参与绿色低碳转型，对支持绿色债券发行取得良好效果的证券公司给予加分。

实现碳中和目标将带来巨大的绿色低碳投资需求。建立以股权投资为主体的金融服务体系有助于支持绿色低碳科技项目的研究及成果转化。早中期绿色技术企业因商业模式未完全成熟且技术路线不确定性高而具有较大的项目风险，其主要外部融资通常来源于私募股权（PE）和风险投资（VC）。然而，根据基金业协会的统计，我国目前在协会注册的、冠名为绿色的各类基金共有700多只，但绝大部分投资于绿色上市公司和使用成熟技术的绿色项目，涉足绿色技术创新的基金数量还不多。专业化绿色PE/VC基金管理机构参与度较低是现阶段中国绿色技术投资的一个瓶颈。随着碳中和、碳达峰一系列政策的落地，预计将会有更多资金投资于"双碳"相关的技术领域，如碳捕集技术（CCUS）、氢燃料电池技术等。

与碳中和目标的要求和国际最佳实践相比，我国资本市场的绿色化程度还不高，境内上市公司环境信息披露不充分，披露质量不高，资本市场为绿色企业和项目融资的潜力还远未得到充分发挥。造成这种情形的原因主要有以下几个方面：

一是监管尚未针对所有上市企业的环境信息披露做强制要求。证监会在2017年修订半年度报告与年度报告内容与格式，对部分上市公司提出了强制性环境信息披露制度；2018年修订了《上市公司治理准则》；

---

① 中证指数ESG月报（2021年6月）。

2021年再次修订上市公司定期报告格式与准则，进一步完善了相关要求，但环境信息强制披露要求仍然没有覆盖所有上市公司，更没有统一的披露框架与细则。①

二是投资者对ESG的理解和需求还没有到位。目前资产市场的投资者尤其是散户投资者的ESG投资理念尚未完全普及，对ESG产品的需求仍不强。ESG投资市场发展仍处于初级阶段。根据中国证券投资基金业协会2020年9月30日公募基金市场数据，泛ESG公募基金占市场所有股票型基金和混合型基金规模的比例仅为2.16%（见表3-9）。中国责任投资论坛和新浪财经在2020年10月就责任投资的公众态度进行了调查，个人投资者对责任投资了解有限，有89%的调查对象不了解责任投资，其中42%未听说过"绿色金融""责任投资"或"ESG"②。

表3-9　截至2020年9月30日泛ESG基金数据

基金类型	数量（只）	规模（亿元）
ESG股票型	61	678.96
ESG混合型	57	482.86
全部股票型和混合型基金	4365	53748.35
ESG股票型和混合型基金占市场比重	2.66%	2.16%

资料来源：中国责任投资年度报告2020。

---

① 详见《公开发行证券的公司信息披露内容与格式准则第3号——半年度报告的内容与格式（2017年修订）》，https://neris.csrc.gov.cn/falvfagui/rdqsHeader/mainbody?navbarId=3&secFutrsLawId=745777672752023201&body=；《公开发行证券的公司信息披露内容与格式准则第2号——年度报告的内容与格式（2017年修订）》，https://neris.csrc.gov.cn/falvfagui/rdqsHeader/mainbody?navbarId=3&secFutrsLawId=745777672752021627&body=；《上市公司治理准则（2018年修订）》，https://neris.csrc.gov.cn/falvfagui/rdqsHeader/mainbody?navbarId=3&secFutrsLawId=b08cc738a4154bd6977b6ff4cdf542e6&body=；《公开发行证券的公司信息披露内容与格式准则第2号——年度报告的内容与格式（2021年修订）》，https://neris.csrc.gov.cn/falvfagui/rdqsHeader/mainbody?navbarId=1&secFutrsLawId=3a5979eea68342819a3d9f5aad0af4d8。

② 详见《中国责任投资年度报告2020》，http://www.syntaogf.com/Uploads/files/%E4%B8%AD%E5%9B%BD%E8%B4%A3%E4%BB%BB%E6%8A%95%E8%B5%84%E5%B9%B4%E5%BA%A6%E6%8A%A5%E5%91%8A2020(1).pdf。

三是机构投资者在行使股东权利以促进企业ESG管理能力的意识仍待提高。投资者作为股东，需要积极参与和影响企业的ESG相关战略规划与经营决策，包括通过股东会和董事会决策流程和特别沟通机制，提升公司的ESG治理水平和透明度。我国多数机构投资者还缺乏"股东参与"的意识，监管部门尚未强调和鼓励这种做法，该领域的具体实践经验很少，也缺少提供相关专业服务的平台。

四是券商等资本市场重要参与机构的相关意识与能力有待提升。作为资本市场的重要参与者，目前许多券商机构还没有明确的ESG发展战略，也缺乏环境与气候信息披露机制、气候风险分析能力和绿色金融产品研发的专业团队，很少有券商制定自身运营碳中和的规划。

专栏五　海通国际的碳中和实践

作为一家立足全球的中资券商，海通国际高度重视可持续发展，近几年积极部署ESG战略，将ESG理念融入公司的发展规划、企业管治与业务实践，并取得了积极成效。

早在2019年，海通国际就制定了ESG总体战略规划与目标，并于2020年成立了集团层面的ESG委员会及ESG执行办公室，建立了完善的ESG治理架构。2020年12月，海通国际发布了《ESG声明》，郑重承诺将从节能、减排、低碳及可持续金融两方面推动ESG实践：

• 在推动节能减排低碳方面，海通国际计划在2025年底前实现碳中和。海通国际将逐步通过节能降耗和使用可再生能源的方式降低碳排放：包括在2025年底前实现100%电力消耗来自可再生能源、集团人均用纸量及废物废料量较2020年底减少30%；我们鼓励使用其他方案替代飞行差旅、纸张耗费等直接产生碳排放的办公方式。

• 在可持续金融方面，海通国际计划在2025年底前，提供或协助提供总额200亿美元的支持ESG及可持续发展的投融资资金。公司将建立激励机制，鼓励开展与ESG、绿色和可持续发展相关业务，加大对相关行业的投入，如绿色债券承销、ESG主题金融产品开发等。同时，将ESG风险审核纳入投资决策，逐步放弃对高污染、高能耗产业的投融资业务，积极支持新能源、绿色环保产业，推动清洁与绿色产业的发展。

2020年，海通国际进一步加大了对ESG相关业务的投入力度，取得了显著成效：

• 在投融资方面，2020年，海通国际共参与承销了12笔绿色债券（包括1笔蓝色债券），融资总额达32亿美元，在香港绿色债券市场120亿美元的年度总发行额中，占据了27%的市场份额，是香港绿色债券发行承销机构中的领头羊之一。

• 2021年前五个月，海通国际又参与承销了19笔绿色债券的发行，承销总金额达52亿美元，已比2020年全年的承销总金额高出64%，展现了公司通过金融手段支持实体经济可持续发展的决心和投入。

• 在股权融资方面，2020年，海通国际独家保荐了香港首家绿色科技物业股（第一服务）的IPO。在私募股权投资中，海通国际已将ESG指标纳入对被投机构的筛选要求。

• 在产品创新方面，2020年10月，海通国际成功推出了香港首只A股ESG指数ETF，为海外投资者参与我国的ESG投资与实践提供了更为便利的产品和工具。

• 在ESG信息披露方面，海通国际已连续5年发布独立的ESG报告，并加入了由绿金委于伦敦金融城牵头发起的"中英金融机构气候与环境信息披露试点项目"，成为首家加入项目的中方券商。受试点项目工作小组的委托，海通国际承接了一项关于中国金融机构如何实现碳中和的课题研究，并于2021年4月发布了题为《中国金融机构实现碳中和的路径和方法》的研究报告。

• 鉴于海通国际在ESG领域所做的努力及取得的成果，MSCI在2021年年初将海通国际的ESG评级由过往的BBB级提升为A级，海通国际跻身为全球投行中的最佳ESG实践者之一。2020年，海通国际还获得第五届"金港股"最佳ESG奖。

3.2.2.2　绿色债券融资

我国在2016年启动了绿色债券市场，由兴业银行和浦发银行首批发行绿色金融债券。尽管起步较晚，我国的绿色债券市场发展却十分迅速，在2016年即实现从零到发行规模全球第一。截至2021年底，我国累计发行贴标绿色债券约2万亿元，存量规模居全球第二。

2021年我国发行主体共发行491只绿色债券，发行金额达6115亿元。[①]2022年上半年，我国绿色债券发行规模超过4100亿元，同比增长67%，其中碳中和债券累计发行近1200亿元。[②]

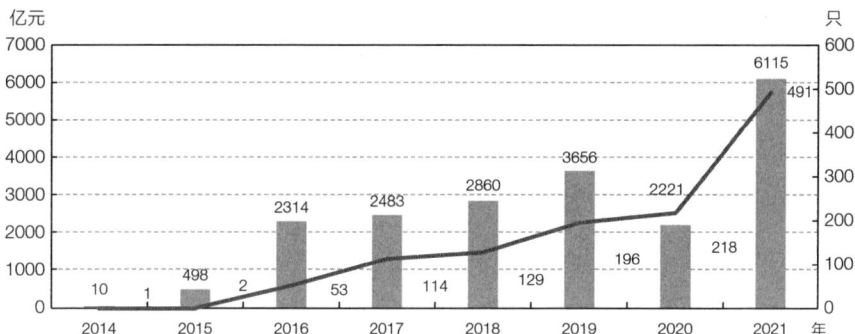

图3-1　我国绿色债券年度发行单数与总量

（资料来源：Wind，中诚信绿金）

在债券监管方面，人民银行和绿金委于2015年发布《关于在银行间债券市场发行绿色金融债券有关事宜的公告》和《绿色债券支持项目目录（2015年版）》，是我国绿债市场的首批规范性文件，为整个绿债市场的监管体系建设奠定了基础。此后几年，证监会、国家发改委、交易商协会等分别发布针对绿色公司债、绿色企业债和绿色债务融资工具

[①] 详见气候债券倡议组织与中央国债登记结算有限责任公司中债研发中心的《中国绿色债券市场报告2021》。

[②] 市场机构对于绿色债券及其子品种的发行数量和发行人数量的统计存在一些差异，其主要原因是对纳入统计的口径设置有所不同。造成统计结果差异的筛选指标可能包括债券类别、债券概念（绿债子品种）、发行人种类以及使用国内或国际绿色债券为界定标准等（《中国绿色债券原则》发行前）。

的政策文件。针对绿色企业债券，国家发展改革委发布的《绿色债券发行指引》列示了合格绿色项目。为便利相关企业融资，一些绿色金融改革创新试验区还探索制定了各具特色的绿色融资主体认定、评价标准。2021年以来，国内陆续发行碳中和债券，3月18日，交易商协会发布《关于明确碳中和债相关机制的通知》[①]，明确了资金用途和管理、项目评估与遴选、信息披露等相关内容。

2021年4月22日，人民银行、国家发展改革委、证监会印发《绿色债券支持项目目录（2021年版）》[②]（以下简称《绿债目录2021》）。《绿债目录2021》不再将煤炭等化石能源清洁利用等高碳排放项目纳入支持范围，并采用国际通行的"无重大损害"原则，使减碳约束更加严格；首次统一了绿色债券相关管理部门对绿色项目的界定标准，将有效降低绿色债券发行、交易和管理成本，提升绿色债券市场的定价效率；四级目录与《绿色产业指导目录（2019年版）》三级目录基本一致，有助于国家绿色低碳转型发展重点项目得到"清单"式金融服务；实现二级和三级目录与国际主流绿色资产分类标准基本一致，有助于境外主体更好地识别、查询和投资绿色资产[③]。

2022年7月29日，绿色债券标准委员会发布《中国绿色债券原则》，明确了我国绿色债券的四项核心要素，推动了国内绿债市场发行规范的统一。[④]《原则》要求绿色债券筹集资金100%投向绿色项目，在资金用途比例要求方面基本实现了国内绿债市场标准与国际通行标准接轨。在绿色项目认定标准方面，境内绿债发行人可依据《绿色债券支持项目目

---

① 详见《关于明确碳中和债相关机制的通知》，http://www.nafmii.org.cn/ggtz/tz/202103/t20210318_84911.html。

② 详见《中国人民银行　发展改革委　证监会关于印发〈绿色债券支持项目目录（2021年版）〉的通知》，http://www.pbc.gov.cn/goutongjiaoliu/113456/113469/4236341/index.html。

③ 详见《中国人民银行、发展改革委、证监会印发〈绿色债券支持项目目录（2021年版）〉》，http://www.pbc.gov.cn/goutongjiaoliu/113456/113469/4236381/index.html。

④ 详见《关于发布〈中国绿色债券原则〉的公告》，绿色债券标准委员会公告，2022年7月29日。

录》，境外发行人在中国境内发行绿债时依据中欧《可持续金融共同分类目录》等国际分类标准，降低了跨境绿色资本流动的成本，促进了国际可持续金融市场标准的一致化。

虽然近几年我国绿色债券市场实现了快速发展，但仍存在一些需要解决的问题：

（一）绿色债券监管机制尚待完善。绿色债券信息披露机制尚不完备。目前，我国绿色金融债、绿色债务融资工具分别按照季、半年披露募集资金使用情况，且仅有绿色金融债的存续期信息披露模板，其他绿色债券品种信息披露尚需进一步明确。不同品种的绿色债券在存续期内的信息披露的频率和内容存在差异，增加了投资者获取债券相关信息的难度，不利于吸引投资者。

（二）绿色债券发行端面临诸多挑战。一是绿色债券发行成本不具明显优势。正如前文所述，我国绿色债券的发行利率虽然略低于普通债券，但绿色债券评估认证等要求，会加大绿色债券的发行成本，降低绿色债券的发行意愿。二是绿色债券期限错配。由于许多绿色产业和项目具有回报率偏低、投资期限长等特征，决定了绿色债券的发行期限偏向于中长期。但是从当前的实际来看，我国绿色债券的平均发行期限仍然较短，以5年期以下绿色债券为主，国际市场发行的则多集中在5至10年期。三是绿色债券发行多样化有待提高。比如，绿色债券发行主体以高等级国有企业为主，民营企业发行规模较少；我国目前已经有绿色地方政府专项债发行，但发行数量少、规模仍较小；绿色国债尚未发行，能够服务于"一带一路"沿线国家的相关绿色债券产品仍较为有限。

（三）绿色债券投资端的市场需求还未得到释放。一是绿色投资理念尚需加强。目前我国绿色债券发行规模已位于全球第二，但我国尚未建立起社会责任投资者的制度，境内投资者对绿色投资的了解仍较为有限，导致机构投资者参与绿色债券的热情并不高。二是免税、减税等政策支持力度尚需加大。为了吸引投资者投资绿色债券，在境外发行的绿色债券大都有免税政策，而我国尚未出台针对绿色债券投资者的免税及减税政策。三是境外资本对我国绿色债券持有量较低。当前，境外投资者已通过多渠道购买持有我国债券，但其购买的品种主要集中在国债、政策性银行债，其所持绿色债券的比例仍然较低，绿色债券的投资者类型仍有待进一步丰富。

3.2.3　建议

资本市场的各参与方应当以"双碳"目标为指引，发挥资本引导产业绿色转型的关键作用。具体来说，监管机构应尽快构建环境和气候信息披露指引，行业协会应组织力量强化披露方面的能力建设；投资机构应积极完善治理框架和投资策略，将践行ESG理念作为落实碳中和的一个重要抓手；承销机构等服务中介应该强化产品创新能力。针对监管部门、投资机构、中介机构等不同主体，我们提出如下具体建议。

3.2.3.1　监管机构

·逐步完善相关法律法规，加强环境、气候信息披露的强制性，积极学习国际披露经验，推动形成通俗易懂、适用可比的信息披露指引或标准。

·增强发行上市条件的包容度和适应性，引导绿色低碳企业上市和再融资。丰富市场工具，支持上市公司通过并购重组实现绿色低碳发展。

·引导投资机构树立绿色投资理念，支持机构投资者采用"股东参与"的做法提升被投企业的ESG表现，鼓励金融机构创新与低碳效益挂钩的产品。

·进一步完善国内绿色债券的披露标准，规范第三方绿色债券评估认证机构的行为。

·将绿色低碳发展表现纳入券商评级指标，推动中介机构在展业过程中提高相关意识与能力。

·行业协会可向市场主体提供信息披露等方面的能力建设培训，组织相关主体的研讨交流，促进全行业的绿色低碳转型发展。

·加强国际监管合作，积极参与国际可持续信息披露标准的制定工作，提升我国在这一领域的话语权。

3.2.3.2　投资机构

·在资产管理与财富管理业务中，既可考虑设立专门的ESG主题基金和ETF，也可考虑在现有基金中逐渐融入ESG要素（包括有限度地整合ESG风险、剔除ESG风险较高的证券或行业等）。在风险资本投资（VC）和私募股权投资（PE）中，可设立专门投资于可再生能源/资源、环保科技或与民生相关的基础设施等项目的基金。在母基金（FOF）投资中，可逐渐增加ESG因子，增大对ESG主题基金或整合了ESG因素的基金的投资。通过这些途径，投行可以践行"影响力投资"，用资本来推动ESG理念被更广泛的群体认知、接受和实践，为经济社会的可持续发展作出自己的贡献。

·强化投资机构的环境和气候信息披露。按《金融机构环境信息披露指南》的要求，披露本机构与环境、气候相关的治理结构、内部管理制度、风险管理、产品及服务创新等方面的内容。

·积极行使股东权利，用好投票权，积极参与被投企业股东会、董事会议案审议，开拓多样化的沟通渠道，推动提升被投企业的ESG表现；在投后管理过程中，从战略规划、业务帮扶、团队组建等方面为被投企业提供增值服务和指引，为企业的绿色低碳赋能。

对于机构投资者的更多具体建议，见3.2.3.4节。

3.2.3.3　投行、券商等中介和承销机构

作为投行、券商和银行可参与证券承销的机构和交易中介，可以利用自身在投融资活动中的特殊地位发挥影响力，推动客户、投资标的乃

至全社会一起践行ESG原则与理念。这些机构可借鉴国际领先同业的经验，在多个业务领域融入ESG要素，具体来讲包括以下方面：

· 扩大绿色债券产品供给，提升产品创新能力。提供社会责任债券、碳金融等更为多样化的绿色金融产品及投资机遇；推动发行绿色国债，推动国内绿色债券市场基准价格的建立；推动优化绿色地方政府专项债，扩大绿色债券产品的市场份额；加大对碳中和债的支持力度，鼓励高碳企业向低碳化转型；引入更多国际机构到我国发行绿色熊猫债。

· 在股票与债券的发行承销业务、并购及融资业务中，可加入ESG标准，依据发行主体或并购标的在ESG方面的评分实行差别化定价，由于ESG评分往往与发行主体的财务风险成反比，投行在推介过程中可披露甚至强调发行主体的ESG评分，引导市场实现差别化定价，影响发行主体的融资成本。此外，对于ESG表现特别差的企业，也可设立"负面清单"，拒绝为此类发行主体承销股票或债券。此类安排将迫使相关发行主体改善它们的ESG实践，是投行发挥其社会影响力、推动ESG原则与理念的重要手段。

· 在投研方面，股票分析师在做股票评级和推荐时，可加入公司的ESG风险评估，并在研究报告中提供公司的ESG评级，以帮助投资者更全面地审视该股票的投资价值和风险。强化分析师在环境气候相关领域的风险分析能力，为客户提供可靠的数据分析与投资建议。

· 在融资融券、股权质押和拓展业务中，可根据融资标的的ESG评级确定融资成本、杠杆比率等，这不但有利于投行控制自身的业务风险，也是推动ESG实践的另一途径。

3.2.3.4 综合性建议

各类投资机构、承销机构和证券发行主体都面临着公司治理、能力建设、自身业务碳中和等任务。我们的具体建议如下：

· 完善ESG相关的治理结构、制度保障和团队建设。明确各层级对碳中和战略的监督管理或执行责任，确立相适应的投资原则与决策流程，制定对高碳行业的压减或退出计划。

·加强机构能力建设，定期或不定期组织可持续投资相关理论与实践研习与讨论，培养团队环境气候风险识别、量化与管理的能力，将绿色低碳发展理念充分融入企业文化和员工意识。

·制定和执行自身运营碳中和计划。对自身业务（包括机构所在大楼和员工出行）所产生的碳排放进行计量，并制定逐步降低碳排放和实现碳中和的具体措施。

·构建专业团队。由于ESG、碳中和及可持续金融涉及经济、金融、环保、化工、工程、法律等多学科领域，构建专业的可持续金融人才队伍极为重要。金融机构应加强与监管机构、行业协会、科研院校、节能环保部门等国内外各方的合作，搭建合作交流平台，打造具有国际视野的高端绿色金融人才队伍，提升专业服务能力。

3.3 保险

随着社会各界对气候变化问题重视程度的不断提升，国内国际保险监管机构开始关注气候因素对保险行业的影响，特别是产品服务创新、信息披露、风险评估、风险管理等工作。保险业作为风险管理者、承担者和投资者，是实现碳中和目标的关键环节之一。绿色保险作为绿色金融的组成部分，在加快助推经济社会绿色低碳发展方面能够发挥独特作用。

面对碳达峰、碳中和的目标要求，我国保险机构一方面在保险资金运用端积极发挥保险资金与绿色投资相契合的长期性、灵活性、稳定性特点，积极开展绿色低碳投资，大力填补绿色基础建设的资金缺口；另一方面，从保险公司的承保端来看，推出了各种支持环境改善和应对气候变化的绿色保险产品。与支持环境改善相关的绿色保险主要包括环境污染责任保险，与气候变化相关的绿色保险主要包括应对物理风险的巨灾保险、森林保险、农业保险等，以及支持低碳转型的各类产品和服务，如向非化石能源、新能源汽车、绿色建筑、绿色基建等领域的企业和项目提供的责任保险、保证保险等。围绕碳中和这个主题，本节重点讨论与低碳和气候变化相关的绿色保险产品和服务，保险资金运用端的研究请见本书3.4节（机构投资者部分）。

3.3.1　内涵界定

目前国际上对绿色保险还没有统一界定标准。中国人民财产保险股份有限公司（以下简称人保财险）按照人民银行、银保监会的要求，依托多年实践，研究提出界定绿色保险的"337"框架。第一个"3"是服务三大方向，绿色保险作为服务绿色发展的风险解决方案，致力于支持环境改善、应对气候变化和促进资源节约高效利用。第二个"3"是囊括三个板块，包括绿色保险产品、绿色保险服务和保险资金的绿色运用。"7"是分为七大类绿色保险产品，包括环境损害风险保障类、绿色资源风险保障类、绿色产业风险保障类、绿色金融信用风险保障类、巨灾或天气风险保障类、鼓励实施环境友好行为类、促进资源节约高效利用类。

聚焦碳达峰、碳中和目标，人保财险进一步研究提出，绿色保险着力服务的十大领域：

① 发展风电、光伏等清洁能源保险，服务能源结构调整；

② 发展新能源汽车等绿色交通保险，推广汽车低碳维修，对汽车塑料部件、纤维部件、铝合金部件修复并再利用，护航交通运输绿色低碳转型；

③ 发展绿色建筑性能保险和建筑节能保险，支持建筑领域提升节能标准；

④ 发展科技保险、知识产权保险、产品质量安全保险，支持绿色低碳技术研发推广；

⑤ 发展森林等生态碳汇保险，维护生态碳汇资源安全；

⑥ 发展碳排放权交易相关保险，支持促进市场发现合理的碳价格；

⑦ 发展巨灾保险，助力经济社会提升应对气候变化的能力；

⑧ 发展与信贷联动的保证保险，协同支持绿色低碳相关融资需求；

⑨ 发展与绿色低碳行为相挂钩的各类保险，以费率优惠或权益增进的方式，激励各类主体开展绿色低碳活动；

⑩ 发展环境污染责任险，助推减污降碳协同增效。

3.3.2　国内现状

近年来，按照党中央、国务院关于发展绿色金融的要求，人民银行、银保监会、保险行业协会等政府部门和行业组织加强统筹规划、政策协调和工作落实，加快发展绿色保险，服务"双碳"工作推进。

2016年8月，中国人民银行与保监会等七部委联合印发《关于构建绿色金融体系的指导意见》，将"发展绿色保险"作为独立章节并明确提出，在环境高风险领域建立环境污染强制责任保险制度，鼓励和支持保险机构创新绿色保险产品和服务，鼓励和支持保险机构参与环境风险治理体系建设。2021年1月，中国人民银行工作会议上将"落实碳达峰碳中和重大决策部署，完善绿色金融政策框架和激励机制"列入2021年度重点工作并提出工作思路。2020年1月，银保监会印发的《关于推动银行业和保险业高质量发展的指导意见》（银保监发〔2019〕52号）提出大力发展绿色金融，"探索碳金融、气候债券、蓝色债券、环境污染责任保险、气候保险等创新型绿色金融产品"。2021年1月，银保监会在工作会议上将"积极发展绿色信贷、绿色保险、绿色信托"列入2021年度重点工作，为构建新发展格局提供有力支持。银保监会2022年6月发布的《银行业保险业绿色金融指引》首次将保险集团（控股）公司、保险公司、再保险公司、保险资产管理公司等保险业态纳入绿色金融监管范畴，从战略、组织监督管理、投融资流程、内控及信息披露等方面提出指导意见，推动保险机构完善内部绿色金融管理体系。同时，该指引明确了保险机构应识别并管理重点关注客户的环境与社会风险。

在国家层面持续出台相关政策和监管部门统筹推动的背景下，保险行业不断拓宽服务领域，创新保险产品，为绿色能源、绿色交通、绿色建筑、绿色技术、气候治理和森林碳汇等领域提供风险保障。据中国保险行业协会统计，2018—2020年，保险业累计为全社会提供了45.03万亿元保额的绿色保险保障，支付赔款533.77亿元，有力发挥了绿色保险的风险保障功效。2021年绿色保险保额25万亿元，较2018年增加13万亿元，年均增长约17%；2021年绿色保险赔付金额240亿元，较2018年增加111.2亿元，年均增长约21.2%，高于保费年均增长4.2个百分点。[①]

3.3.3 绿色保险支持碳达峰、碳中和的路径与案例

气候变化相关的风险包括物理风险和转型风险。本节按物理风险和转型风险的分类，围绕绿色保险聚焦碳达峰、碳中和目标着力服务的领域，探讨绿色保险产品和服务支持"双碳"目标的实现路径、前沿发展和实践意义，并对相关典型案例的产生背景、风险需求和产品特点进行介绍。

3.3.3.1 覆盖物理风险的绿色保险

碳中和背景下，保险是应对由于气候变化所导致的物理风险的主要金融产品。在这个领域，保险业推出了巨灾保险、农业保险等产品，助力经济社会提升应对气候变化的能力。比如，深圳、宁波、广东、重庆

---

① 详见中国保险行业协会发布的《保险业聚焦碳达峰　碳中和目标助推绿色发展蓝皮书》。

等地区开展了自然灾害巨灾保险、公共巨灾保险等试点。气象指数保险是农业保险中典型的应对气候变化物理风险的险种，保险业已因地制宜地发展出各类特色险种，通过科技赋能风险管控，并与助农扶贫相结合。

气候变化导致的物理风险主要源自短期气候事件与长期气候模式转变，前者指气候相关的突发灾害性事件导致的风险，包括台风、飓风、洪水、极端高温天气和森林火灾等极端天气事件及引发的次生风险，后者指较为长期的全球气候模式变化所带来的风险，如全球气候变暖、海平面上升、海水酸化等。与历史规律相比，气候变化使极端气候事件发生的频率和强度变得更高并更具破坏性，使得位于气候灾害集中地区的企业的资产、运营、供应链和员工安全受到显著影响，进而增加与之关联的险企等金融机构的风险。

比如，根据IMF对近40年来全球自然灾害总损失及保险损失变化趋势的分析，自然灾害引起的保险索赔已增长两倍，该趋势将导致灾害暴露地区的保险成本逐渐提高，保险业未来将面临更大损失索赔压力。

为平抑和分散气候变化物理风险引发的损失不确定性，保险业开发了一系列创新型绿色保险产品，如通过支持灾后补偿减轻财政负担、维护财政稳定性的巨灾保险，通过转移农业自然灾害风险为企业和家庭提供经济保障的气象指数保险和农业保险等。近年来，我国应对气候变化物理风险的绿色保险稳步发展。

1. 巨灾保险

根据瑞士再保险数据，2020年全球由自然灾害造成的经济损失为1900亿美元，保险赔付共810亿美元，赔付比例约为42.6%。相比之下，中国的巨灾保险赔付率仍然有限，国内保险业在自然灾害中的赔付比例仅为10%左右。由于巨灾风险管理具有公共属性，不能完全依靠市场机制解决，巨灾保险一般采用"政府主导，商业运作"的模式，由多个保险机构联合承保。

在我国，全国性的巨灾保险产品较少，大部分巨灾保险项目仍处于地方试点阶段。广东是我国巨灾指数保险试点地区之一，2016年该保险在该省十市落地，涵盖台风、强降雨、地震三类重大自然灾害，项目总保额23.47亿元，由人保财险、平安财险和太平洋财险3家保险机构共同承保。截至2021年8月，巨灾保险已覆盖广东全省（不含深圳）18个地市，累计实现保费收入约8亿元，完成赔款超过10亿元。[①]

表3-10　部分地区开展巨灾保险试点工作

试点地区	开始时间	承保概况
深圳	2014年	2014年深圳市政府出资3600万元向人保财险购买25亿元的风险保障；最初覆盖暴雨、泥石流、洪水等15种自然灾害，后拓展到16种；保额从最高10万元升级到最高25万元；保障的主要是自然灾害导致的人身伤亡救助费用
宁波	2014年	因巨灾造成人身伤亡的医疗费用、残疾救助金、身故救助金及其他相关费用，最高赔偿限额均为每人最高10万元；以及家庭财产损失救助赔偿，最高赔偿限额为每户2000元
广东14个地市	2016年	气象部门采用"一市一方案"的原则；承保公司针对当地的特点和地市政府的需求，量身定制个性化的保险方案；保险责任范围为发生频率较高的台风、强降雨以及破坏力较强的地震；巨灾指数保险赔付触发机制基于气象、地震等部门发布的连续降雨量、台风等级、地震震级等参数，进行分层赔付
厦门	2017年	保险责任涵盖人身伤亡救助、财产损失、住房倒损；人身伤亡最高10万元、住房损失最高2万元、财产损失最高2000元；赔偿标准城乡一体；保障人群范围包括户籍人口、常住人口、在厦流动人口
重庆	2017年	在基本保障范围内，每人每次灾害投保金额不低于10万元，其中医疗救助费用投保金额不低于1万元

资料来源：根据公开资料整理。

对于巨灾保险而言，经营管理的关键在于如何量化巨灾风险、为产品进行定价。因此，对巨灾数据的收集和分析是巨灾保险的核心。保险机构要进行全面的巨灾数据收集，提高数据的广度、深度和时效性，重

[①] 中国证券报. 2015年以来广东巨灾险累计赔付超10亿元[EB/OL]. (2021-08-18)[2021-09-18]. http://www.cs.com.cn/bx/202108/t20210818_6195077.html.

点工作在两个方面：一是利用大数据技术、卫星遥感系统、无人机查勘等多种方式收集广泛的历史自然灾害数据；二是加强与中国气象局、中国地震台网中心等自然灾害监测机构的沟通与合作，实时获取动态自然灾害信息，并强化对自然灾害风险的分析能力。

在拥有数据的基础上，应进一步提高巨灾模型的风险判别能力和定价能力。通过气象学、统计学、地理学、金融学等交叉学科，融合多源数据和模型进行多重验证，优化巨灾风险模型的风险预测精准度。同时，划分风险等级、明确巨灾对不同产业的影响程度，并结合历史上的承保及赔付数据，制定差异化的巨灾保险的定价和赔付机制。通过实时风险监测系统，及时向客户发布灾害预警信息，减少灾害损失。

2.农业保险

农业保险专为农业生产者在从事农林牧渔生产活动过程中，因遭受自然灾害、意外事故疫病、疾病等保险事故所造成的经济损失提供保障。2020年，中国农业保险规模达815亿元，占全国财产保险公司保费收入的6%。[①]

气象指数保险是农险中典型的应对气候变化物理风险的险种，根据气象灾害的强度指标是否达到触发水平来决定赔付水平。在具体产品设计上，气象指数保险呈现出"因地制宜"的特点，根据当地农业特色和主要灾害种类差异来定制产品。

表3-11　因地制宜的气象指数保险产品

测量指数	名称	开展公司	试点地区
台风	香蕉树风灾保险	中国人保财险	海南
	橡胶树风灾保险		
	水产养殖台风指数保险	中国人寿财险	福建
	葡萄种植台风指数保险		

[①] 详见http://cbirc.gov.cn/cn/view/pages/ItemDetail.html?docId=963081&itemId=954&generaltype=0。

测量指数	名称	开展公司	试点地区
降水量	玉米干旱天气指数保险	中华财险	辽宁
	杨梅降雨气象指数保险	中国人保财险	浙江
	雪菜种植天气指数保险		
低温	茶叶低温指数保险	中国人寿财险	福建、陕西
	茶叶低温指数保险	中国人保财险	浙江、福建、贵州
	梨种植气象指数保险	中国人寿财险	山西

资料来源：根据公开资料整理。

在产品创新方面，保险公司应结合当地农业生产和自然灾害实际情况，设立气象指数保险产品数量指标，继续因地制宜地推出多种气象指数保险产品。在风险管控方面，通过卫星遥感、气象预警、区块链溯源等科技手段赋能风险管控，为产品定价、过程监控、事故理赔提供数据支持。在服务升级方面，保险公司应进行实地勘查和调研，了解客户实际需求；在承保过程中做到实时监控，及时向客户预警自然灾害。

3.3.3.2 覆盖转型风险的绿色保险

在支持经济低碳转型方面，我国部分保险公司开始尝试为绿色建筑、光伏发电、绿色技术装备产业提供创新绿色保险产品。

1.清洁能源保险

近年来，以光伏、风电为代表的我国新能源产业蓬勃发展。与此同时，一些新能源项目面临运行环境恶劣、生产条件不稳定、设备质量不稳定等风险，以及政府补贴退坡、补贴发放不及时等政策不确定因素。针对太阳能光伏、风电、水电、抽水蓄能、特高压等清洁能源产业生产、建设和运营期间的不同风险特性，保险行业主要提供两大类保险产品和嵌入式服务。

（1）传统型保险产品

水电、风电、光伏等行业设备造价昂贵，直接暴露在自然环境中，具有事故频发、损失重大的风险特点。针对这些风险，保险公司提供包括涉及太阳能光伏电站建筑期和运营期物资及第三者损失的建筑工程险、安装工程险和机器设备损失险等产品，保障能源类行业面临的物质损失风险。比如，人保财险针对山西省的地形地貌以及灾害特点，推出光伏组件生产和光伏电站运营保险菜单式服务承保清单，最大限度地满足扶贫电站的安全保障需求，保障国家扶贫资金的安全，入选国务院扶贫办"2019年金融扶贫优秀案例"。2016年，汉能和中国人寿财险合作"光伏+保险"扶贫模式；山东航禹与中路保险签订光伏扶贫项目综合运营保险。在风险管理服务方面，人保财险与鉴衡认证于2019年成立可再生能源风险与保险研究中心，并发布《中国风电叶片质量与保险研究白皮书》，为保险从业人员及相关企业参保提供参考依据。2020年6月，瑞士再保险与LOC联合推出《海上风电工程风险管理服务作业指南》，为海上风电风险管理提供参考。[①]

（2）创新型保险产品

针对清洁能源行业的产品质量风险和利润波动风险，保险行业为产业上下游企业提供光伏辐照指数保险、光伏组件效能保险、光伏电站运营保险、收入损失补偿保险、产品质量类保险、发电量保证类保险以及设备供应链保险等产品，助力提升清洁能源产业抗风险能力。

太阳能光伏组件长期质量与功率保证保险的最长保险期限为30年，而市场对光伏产品的质保期要求为25年，风险保障可以覆盖产品全周期。2012年10月，人保财险推出光伏组件30年期保险产品，有力地支持了国内光伏组件企业的全球化市场开拓，也保证了下游企业的运营质量。针对发电状态不稳定的问题，永诚财险等保险公司推出光伏日照指数保险，保障日照强度发电量；推出风电指数保险，保障风速发电量；推出海上风电专属保险，保障超设计风速导致的机械损坏和利润损失。

---

① 详见施懿宸的《全球视角下的创新型绿色保险产品综述》，中央财经大学绿色金融国际研究院，2021.02.23。

2013年，瑞再企商保险和永诚财险合作开发风电指数保险产品。2014年，瑞士再保险与永诚财险合作推出太阳辐射发电指数保险，此后该险种在国内陆续推广。2016年，苏美达能源与鼎和财产保险、德国莱茵合作，开展光伏电站发电量保险合作。2021年1月，友太安保险经纪有限公司介绍光伏市场装备、新材料相关保险，承保质量风险和责任风险。[①]针对风电、光伏产业链较长，占用资金量大的问题，人保财险等保险公司还推出设备供应链保险产品，积极向生产企业上下游延展保险服务，利用保险增信功能，降低企业融资成本，不占用银行授信额度；推出保证金保险，替代投标保证金，降低清洁能源工程资金占用。

（3）嵌入式服务

为精准解决光伏产业链企业日常经营中面临的各类风险，英大财险依托分布式光伏云网整合的分布式光伏全产业链资源，嵌入光伏云网平台，直接面向分布式光伏业主、投资商、生产商、运营服务商、金融机构提供便捷精准的保险服务，助力光伏产业链健康发展。

2. 绿色交通保险

新能源车保险属于新型绿色产业保险。新能源汽车因其车身结构、动力系统、使用场景、维修保养等与传统动力汽车存在显著区别，其风险特征和事故原因也呈现区别于传统动力汽车的特殊性。主要风险包括：①特殊零部件如电池等所带来的风险；②特殊情况下车辆自燃等自然灾害情况下的风险；③充换电场景下的风险。主要保险标的包括电池及储能系统、电机及驱动系统、其他控制系统。因此，不断扩大的新能源车市场需要险企发展适配的车险险种。据统计，新能源汽车的出险率比传统燃油汽车高12%，一些保险公司对新能源车险进行了初步探索。安盛天平保险公司牵手云度汽车，推出纯电动汽车专属保险，保费基于

---

① 详见施懿宸的《全球视角下的创新型绿色保险产品综述》，中央财经大学绿色金融国际研究院，2021.02.23。

车主驾驶行为和行车里程动态调整。上海推出新能源汽车充电桩综合保险，主要包括充电桩财产保险（保额1万元）和充电桩用电安全责任保险（保额3万元）。[①]

但由于我国新能源汽车承保主要使用传统车险条款，风险管理需求难以满足，对新能源汽车专属保险的呼声日渐高涨。2020年9月，银保监会发布《关于实施车险综合改革的指导意见》提出支持行业制定新能源汽车保险示范条款。2021年8月，中国保险行业协会发布《中国保险行业协会新能源汽车商业保险专属条款（2021版征求意见稿）》和《中国保险行业协会新能源汽车驾乘人员意外伤害保险示范条款（2021版行业征求意见稿）》。其中规定，新能源汽车商业保险主要分为主险、附加险两部分，主险包括新能源汽车损失保险、新能源汽车第三者责任保险、新能源汽车车上人员责任保险共三个独立的险种，并明确了保障范围和折旧率。新能源车专属保险的时代即将到来。政策环境的变化也要求险企主动适应、调整，加快应用保险科技，更全面地了解掌握新能源汽车的多种技术路线和生产使用各环节的风险特点，强化新能源汽车保险的风险管理，实现新能源汽车保险的可持续发展，为消费者提供持续优质的车险服务。[②]

此外，保险业充分运用车险理赔的丰富减碳场景，始终坚持推广汽车低碳维修，通过对汽车塑料部件、纤维部件、铝合金部件修复并再利用，达到低碳循环的目的，从而助力拓宽汽车维修、汽车零件这片新的碳减排蓝海。

3. 绿色建筑保险

根据世界银行预测，到2030年前，全球要实现节能减排的目标，

---

① 赛迪智库. 我国新能源汽车专属保险亟待破冰[EB/OL]. (2019–01–18) [2021–09–20]. https://ciasi.org.cn/english/news/details/typeid/18/id/233.html.

② 经济日报. 新能源汽车专属保险快步走来[EB/OL]. (2021–08–10) [2021–09–18]. http://www.xinhuanet.com/fortune/2021–08/10/c_1127746368.htm.

70%的减排潜力在建筑节能方面，建筑业绿色发展是必然趋势。结合国内绿色建筑发展现状，我国绿色建筑行业发展面临着绿色信贷发放与绿色建筑性能认定之间的时间错配难题，即绿色建筑在建设初期需要资金，因无法确保未来能够建成绿色建筑，难以在事前获得绿色贷款；建设完成后可以证明是绿色建筑时，已无资金需求。

针对绿色建筑发展中面临的时间错配难题，保险业推出绿色建筑性能保险，保障绿色建筑的预定星级目标与实际评定星级之间的偏差风险。其运行过程为：在绿色建筑项目开发建设前，开发建设企业投保绿色建筑性能保险，用以向政府承诺；保险公司签发保单后，将委聘绿色建筑风险管理机构负责项目全过程的风险管理服务；开发建设单位持绿色建筑性能保险保单可到银行洽商申请绿色贷款授信。在绿色建筑项目开发建设中，保险公司委聘的绿色建筑风险管理机构为企业提供风控服务，预判绿色建筑性能指标设计的可落地性，识别项目在施工过程中绿色性能指标与设计之间的偏差之处，提出改进建议。在绿色建筑项目开发建设后，在项目获得绿色建筑标识、达到预定星级目标后，保单结束；如未能达到预定星级目标，保险公司首选维修改造，使其达标；如无法改造保险公司则对项目进行赔付。绿色建筑性能保险具备的事前信用增进、事中风控服务、事后损失补偿的"三位一体"功能，有望在支持绿色建筑发展中形成一种可持续、可复制推广的模式。人保财险已推动绿色建筑性能保险在北京、青岛、湖州、苏州等地开展试点。

另外，为促进既有建筑的节能改造，保险业推出建筑节能保险，保险公司负责组织第三方风控服务机构，对改造工程的全过程实施监督，并在运营期通过科技手段对衡量项目节能效果的指标数据进行实时监测。若项目在运营期内未能达到预定的节能指标，保险公司将负责赔偿项目节能整改费用，或对超标的能耗进行经济补偿。人保财险在青岛试点"减碳保"建筑节能保险，为青岛蓝海大饭店（黄岛）节能改造项目在运营期间的节能效果提供风险保障，该项目改造完成后预计年均减碳量可达542.62吨。

4.绿色低碳技术保险

绿色低碳技术从研发创新到商业推广，全程都伴随着较大的风险，是碳达峰、碳中和过程中一类典型的转型风险。保险业围绕科技创新、知识产权保护、新技术应用等方面做了一系列产品和服务创新，助力绿色技术的创新应用。

（1）研发费用损失保障。针对绿色技术研发经费相关风险，保险业设计了"科技型企业研发费用损失保险"，保险期限为研发周期，一旦企业的研发成果未能通过后续试验或未能形成新产品，保险公司将依据保险合同给予约定的保险金额赔付。同时，保险公司还引入服务资源，帮助企业规范科研环节管理，提高科研成功率。

（2）知识产权风险保障。通过推出专利执行保险、专利被侵权损失保险、专利质押融资还款保证保险等保险产品，为知识产权的确权、维权、用权提供保险保障。专利执行保险是对专利权人通过法律程序排除他人对该专利权的侵权行为过程中的调查费用、法律费用和直接损失进行补偿。专利被侵权损失保险是当出现侵权案件时，保险公司估算被保险人损失金额，先行预付赔款，然后由保险公司代为追偿损失，将企业从知识产权侵权案件的诉讼流程中解脱出来。专利质押融资还款保证保险由企业以授权专利为标的向保险公司投保，保险公司聘请专业机构对专利权开展评估，确定专利权合理价值，保险公司、商业银行分别根据企业实际经营情况及风控情况确定保额及质押率，由银行向客户发放贷款。

（3）产品质量安全风险保障。产品质量安全责任保险保障包括生产者、销售者应当承担的修理、更换、退货责任以及产品存在缺陷造成人身损害、缺陷产品以外的其他财产损害赔偿责任风险。产品质量保证保险保障制造商、销售商或修理商因其制造、销售或修理的产品质量有内在缺陷而给消费者带来的经济损失。

（4）首台套装备保险。我国的清洁能源、污水处理及回收利用、大气污染防治、固体废弃物处理等绿色技术的运用仍然在创新推广阶段，潜在用户对一些高新技术产品的性能、质量不了解，导致相关企业面临整套高价值的技术装备市场推广难的问题，在一定程度上限制了我国绿色技术创新推广和绿色科技企业走出去的步伐。为推动经济绿色转型，装备制造业的自主创新需要一个长期有效的激励机制，首台套保险应运而生。首台套保险既保障因质量缺陷造成的用户财产损失或人身伤亡风险，也保障因质量缺陷导致用户需要修理、更换或退货的风险。通过将两个险种打包承保，平滑了赔付风险，一方面为保险公司提供可持续的保障打下了基础；另一方面通过为企业的新技术落地提供全面的风险保障，解决了新型绿色环保装备前期销售推广难的问题，促进了绿色产业科技迭代发展。

5. 森林等生态碳汇保险

实现"双碳"目标要严格保护各类重要生态系统，开展生态碳汇资源培育、生态保护修复，有效发挥现有森林、草原、湿地、耕地、海洋等碳库的固碳作用。

（1）保障传统风险。森林和草原等生态碳汇资源生长周期长，容易受到火灾、林业有害生物灾害、气象灾害的影响，随着地球气候环境变化，绿色资源遭受自然灾害风险概率显著增加。人工植树造林形成的各种公益林、商品林、景观林、果林、绿地，是开展碳减排的主要手段之一，但其抗风险能力和自然修复能力都比较脆弱。保险行业大力发展森林保险，对国有林场、林农、专业合作社、新型农业主体和林业企业在从事林业生产（包括公益林、商品林、草原、景观林、苗木等）过程中因遭受自然灾害、意外事故、病虫害造成的损失提供保障。同时，保险业通过大力应用遥感卫星、大数据、巨灾模型、物联网、无人机等技术，提高防灾防损和理赔处置能力，为受损林地的及时恢复提供保障。

（2）保障草原风险。从"双碳"目标角度看，草原的绿色属性与森林相似，但从保险角度看，草原风险与森林风险则有较大差异。为保障草原生态系统的健康发展，保险业积极开展草原综合保险产品设计。2020年11月，人保财险在内蒙古成功落地政策性天然草原保险。充分利用GIS技术，结合历史气象数据，将影响草原生长的自然灾害作为保险责任。结合平均牧草产量以及草原生态恢复成本等因素，综合计算确定保险金额，根据牧草生长期间和生长习性确定保险期间，为草原生态系统提供了保险保障、修复资金来源和防灾减损手段。

（3）保障森林碳汇。一方面，针对森林碳汇当量损失，保险业在传统林业保险的基础上，创新引入碳汇计量，将运用科技手段监测与碳汇理论方法学相结合，建立林业损毁与固碳能力减弱计量的函数模型，创新开发林业碳汇指数保险产品。林业碳汇指数保险赔款可用于灾后林业碳汇资源救助和碳源清除、森林资源培育及加强生态保护修复等有关费用支出。例如，人保财险在福建省顺昌县国有林场承保"碳汇贷"银行贷款型森林火灾保险；国寿财险在福建龙岩新罗区承保林业碳汇指数保险，以碳汇损失计量为补偿依据，将因火灾、冻灾、泥石流、山体滑坡等合同约定灾因造成的森林固碳量损失指数化。另一方面，针对森林的碳汇价格波动，保险公司为林业碳汇交易项目开发了林业碳汇价格损失保险。当市场林业碳汇项目价格波动，造成碳汇实际价格低于目标价格时，保险公司按照合同约定进行赔偿。通过保险手段，有效防止碳汇林种植企业受到价格极端下跌的波动，稳定林业碳汇交易收入，从而保障林业产生的富余价值、生态环保价值、碳汇恢复期间耗损、固碳能力修复成本以及碳排放权交易价值。

6.碳排放权交易相关保险

碳保险可以被界定为与碳信用、碳配额交易直接相关的金融产品，主要承保碳融资风险和碳交付风险。

在国内，除了上文中提到的生态碳汇领域的创新外，保险业在碳减排改造风险和碳排放权质押方面也进行了前沿的创新和探索。2016年11月8日，湖北碳排放权交易中心、平安保险湖北分公司和华新水泥集团签署了碳保险开发合作协议和碳保险服务协议，旨在帮助企业进行风险管理，规避碳排放交易企业在转型升级过程中因加强生产设备的升级换代、应用新技术而产生的风险。2017年，广州人保财险联合广州花都建行、广州碳排放权交易所推出针对碳排放权抵押贷款的保证保险，由控排企业将自身拥有的碳排放权作为抵押物实现融资。控排企业用碳排放配额向银行申请贷款，向保险公司购买贷款保证保险进行信用增级。保险期限内控排企业出现贷款违约，保险公司将按照保单责任给予银行风险补偿。

7. 与绿色信贷联动的保证保险

绿色信贷是金融行业的新兴领域，对于绿色金融交易中面临的信用风险问题，保险行业积极发挥保险的融资增信功能，通过贷款保证保险产品，为企业经营主体提供信用增级，为其获得绿色信贷提供支持。例如，人保财险在湖州市开展绿色小额贷款保证保险业务，专门成立"绿贷险运营中心"，建立"绿贷险"风险评审委员会制度，确保"绿贷险"持续健康发展。借助政府"绿贷通"平台，开拓线上客户业务。截至2022年7月，湖州市"绿贷险"项目累计已对接企业、个体工商户及个人共计738户，承保293户，承保金额总计约4.68亿元。

8. 环境污染责任险

减污与降碳之间可产生协同效应。减污降碳在推动结构性节能、遏制两高行业的扩张、助推非化石能源的发展等方面同频共振、同向发力。我国将以降碳为总抓手，调整优化环境治理模式，加快推动从末端治理向源头治理转变，通过应对气候变化，降低碳排放，从根本上解决环境污染问题。企业作为环境污染的主要源头之一，具有较高的环境损害风险，承担了较大的环境治理企业责任。减污降碳协同的提出，对健全企业环境治理责任，提升减污能力，降低社会整体环境损害风险水平等方面提出了较高的要求。

环境污染责任保险是环境治理体系的重要组成部分，保险机制参与环境治理和生态建设，有助于提升企业环境风险管理水平。例如，人保财险在无锡创新推出环责险"无锡模式"，引入专业力量开展风控服务，帮助企业排查环境风险隐患，引导企业防范化解环境风险。在此模式基础上，衢州、湖州、嘉兴等地进一步升级迭代，通过将保障内容扩展到安全和健康风险、融入科技手段、与信贷联动等方式，形成了一系列创新模式。

3.3.4 国际经验

在应对气候变化风险和服务低碳经济发展方面，国外保险业开发的巨灾保险、新能源汽车保险、绿色建筑保险、碳保险及与绿色低碳行为相挂钩的保险等创新型绿色保险产品也纷纷落地。分险种来看：

1. 巨灾保险。主要保障天气和自然灾害等造成的财产损失和人员伤亡，在海外较为普遍。险企通常通过巨灾债券或巨灾期权进行对冲。其中，（再）保险公司发行的巨灾债券属于特殊形式的企业债券，如果实际灾难损失超出一定金额，则持有者损失债券的全额或部分的本金或利息。关于巨灾期权，在巨灾损失致使指数大于等于期权的成交价时，投资者根据合同条款向交易对手方保险公司付款。

2. 新能源汽车保险。在美国，新能源汽车车主必须购买身体伤害责任险和财产损害责任险，类似我国交强险。此外，可以自由选购车身损坏综合险、碰撞保险等险种。在英国，Electric Car、Plug insure等专业的新能源汽车保险公司通过低速碰撞试验对车型风险等级进行划分，从而确定该新车未来一年最有可能发生的理赔金额，制定出该车的承保费用，且保费会随着安全系数提高而逐级降低。在日本，保险公司为车龄上限在13~37个月的新能源汽车提供保费优惠，例如消防共荣公司按5%比例实行优惠，赛松汽车公司定额减免1200日元等。①

3. 绿色建筑保险。国外在绿色建筑保险方面起步较早，围绕服务绿色建筑形成了丰富的保险产品体系，能够涵盖绿色建筑大部分的生命周期。主要包括：服务已竣工绿色建筑的绿色建筑财产保险；服务已竣工传统建筑的绿色建筑升级保险；服务竣工前在建绿色建筑的绿色建设保险；服务绿色建筑设计阶段的绿色建筑职业责任保险；服务消费者贷款的绿色建筑贷款保证保险；服务绿色建筑健康安全运行的保险；维持绿色建筑财政激励的保险；帮助进行绿色名誉维护的保险；绿色建筑相关法律、标准变化所致损失的保险解决方案等。其中，绿色建筑升级保险最具代表性，其为传统建筑受损后重置升级为绿色建筑提供保险保障。

目前，美国、英国、加拿大等国均已广泛应用绿色建筑保险。在美国，开发商需支付绿色商业建筑的初期保险费，若商业建筑的运营成本低、节能性能高，则部分银行将在抵押贷款中免除绿色商业建筑的初期保险费。

4. 碳保险。目前，国际上的碳保险服务主要针对的是交付风险，对碳排放权交易过程中可能发生的价格波动、信用危机、交易危机进行风险规避和担保。

2006年，瑞士再保险公司的分支机构欧洲国际保险公司针对碳信用价格提供一种专门管理其价格波动的保险；瑞士再保险提供"减排交易或有资本期货"，确保碳交易在一定成本范围内完成。2006年，美国国际集团与达信保险经纪公司合作推出针对碳排放信贷担保与其他

① 赛迪智库.我国新能源汽车专属保险亟待破冰[EB/OL]. (2019-01-18)[2021-09-20]. https://ciasi.org.cn/english/news/details/typeid/18/id/233.html.

新的可再生能源相关的保险产品等，促使商业企业参与减抵项目和排放交易。2009年9月，澳大利亚承保机构斯蒂伍斯·艾格纽（STEEVES AGNEW）推出碳损失保险，为因森林大火、雷击、冰雹、飞机坠毁或暴风雨而导致森林无法实现已核证减排量所产生的风险提供保障。

5. 与绿色低碳行为相挂钩的各类保险。绿色保险的重要作用之一是通过以费率优惠或权益增进的方式，在对环境的影响存在不确定性的情况下，面对环保与否的抉择时，促使相关主体选择实施绿色低碳行为。

在绿色出行领域。美国的Progressive公司在1998年推出第一款UBI车险，通过物联网设备采集驾驶数据，根据车辆的驾驶里程进行保险费定价。UBI车险大多将行驶里程纳入保费厘定的考虑，而行驶里程影响排放量，因此，UBI车险天然具备绿色保险的特征。随着混合动力及节油型汽车、新能源汽车等新型车辆的普及，英华杰集团推出根据汽车年排放量计算的保费抵减政策，混合动力及节油型汽车可享受10%的保费优惠。此外，通过计算被保险人步数来提供费率优惠的健康险，也具备促进绿色出行的属性。

在绿色消费领域。UBS与险企联合推出汽车维修优惠，若维修使用回收零部件，则客户可以享受20%的保费优惠。加拿大贷款和住房集团为住房提供贷款和保证保险以及其他与房地产相关的金融和研究服务。为促进绿色建筑的发展，该集团对绿色住房项目的贷款保证保险提供15%~25%的保费优惠，借款项目可以是购买、建造节能房屋或以节能目的而进行的住房翻新。

3.3.5 强化保险业服务碳达峰、碳中和目标能力的建议

近年来，我国绿色保险的发展成果初步显现，但与经济社会绿色低碳转型过程中的风险保障需求相比还有较大差距，需要在加快产品供给、提高保障覆盖广度深度、加强风险数据积累、创新激励机制等方面持续发力。

3.3.5.1 绿色保险发展面临的难点

（1）数据积累有限

我国绿色技术发展日新月异，不断出现并应用新兴技术，对保险公司经营此领域风险的提出了较高的要求；且绿色保险产品大多仍处于试点阶段，运行年限短、相关数据缺乏，这都给保险公司的业务经营、产品创新、风控服务带来了困难。

一是影响了大规模推广绿色保险产品。如风电和光伏设备保险，在部分案例中，因为此类产品具有长期性和专业性特征，保险公司仅授权符合资质条件的分公司建立专业团队开展此类业务，如果有丰富的数据积累，可以进一步完善定价模型和承保、理赔规则，将在一定程度上赋能保险公司大面积开展这类业务。

二是影响可持续经营。由于缺乏相关数据，各家保险公司未能在风控技术上拉开差距，只能依靠费率竞争，以新能源设备为代表的一系列绿色保险盈利情况不乐观，进一步遏制了绿色保险的良性发展。

三是影响了新产品的创新。典型的如新能源汽车保险，由于新能源汽车行业发展较晚，新能源汽车的运行、故障率等相关数据缺乏，给新能源车险的研发增加了难度。

四是影响了风控服务的发展。由于风险数据的缺乏，保险公司难以全面掌握各类保险标的的风险特征，导致提供的风控服务不够精准，成本较高。

（2）标准体系缺位

当前我国在绿色金融标准制定方面走在世界前列，但专门针对绿色保险的相关标准才刚刚起步。从长远服务于绿色可持续发展的大局来看，保险业绿色标准相关工作还限于一些局部领域，未能形成全方位的标准体系。因此，需要加快推动建立统一、适用的绿色保险标准体系，为保险机构发挥风险保障、投资支持、服务实体经济发展的作用提供重要依据。

（3）专业人才缺乏

随着碳达峰、碳中和行动的深入推进，以及生态文明建设战略的深入落实，前沿新技术新产业不断涌现。这些新兴领域自身还具有不稳定性，其经营和推广都亟须风险保障。我国保险业在跟进服务这些新兴领域方面面临着专业人才缺乏的问题。这个瓶颈限制了保险公司持续提升对专业领域风险的认识能力和新兴领域产品的创新能力，也制约了相关风控服务的实施和升级。

（4）科技赋能不足

虽然目前国内保险公司已经在环境污染责任险、森林保险、绿色建筑等领域，形成了多个"保险+科技+服务"模式的试点，部分试点成效获得认可，但总体来看，保险公司的科技赋能普遍不足，点上开花的多，大面积应用的少，应用的领域有限，尚未形成"保险+科技+服务"的生态圈，也在一定程度上限制了绿色保险的创新发展。

3.3.5.2　加快绿色保险发展的建议

综合政府倡议、监管规则、市场发展以及财险企业现状，我们的建议如下：

（1）加强保险产品和服务创新

不断提升绿色保险产品保障范围，增加绿色保险产品种类，提高服务质量，拓宽服务领域，构建多场景、全方位的绿色保险产品和服务体系。在传统产业转型、清洁低碳能源推广、减污降碳行动、低碳前沿技术研发、碳排放权交易、生态碳汇建设、绿色低碳生活等方面推出有影响力的创新产品。在提供保险保障的同时，创新"保险+服务""保险+科技"等模式，提供风险预警、防灾减损、快处快赔等全流程风险管理服务。

（2）加强绿色保险相关数据积累

加强与生态环保等相关部门及地方政府的合作，利用区块链、大数据等技术，加强相关数据的收集整合，构建环境污染、环境治理、环境损害、赔偿支出等数据信息库，为绿色保险产品的创新开发、费率厘定、承保理赔、风险管理服务等提供数据支持。

（3）制定重点行业风险评估标准和风控服务规范

推动制定风险评估技术标准，按照不同行业的风险特点，制定承保前风险评估、承保后风险防控服务的技术标准，形成科学有效的风险识别、风险控制预防和风险处置体系，进一步强化保险业气候和环境风险管理能力建设。

（4）加强激励政策引导

建议政府部门引导相关行业领域更多地运用保险市场机制进行风险管理，初期可通过保费补贴及税收减免方式，鼓励企业参保，引导保险机构开发专属产品，开展差异化定价。

一是对积极发展绿色保险的险企给予一定税收优惠、资金支持和政策便利，降低险企经营成本，提高其开办绿色保险业务的积极性；制定激励性保费补偿政策，对险企给予碳排放达标企业的保费折扣进行补偿；鼓励险企根据被保险人的绿色低碳属性开展差异化定价；鼓励险企发展绿色低碳风险和性能评估的能力。

二是对参保企业提供一定保费补贴，或对其缴纳的保费进行税收抵扣；鼓励企业依靠保险机制分担风险，保障稳健运营。

（5）建设专业人才队伍

建议保险公司更加重视吸纳专业人才，形成以所服务领域的工程师为主体的专业人才队伍，深度参与产品创新、业务发展、承保理赔、风控服务等各个经营环节。尤其是注意吸纳气候变化相关领域的专业人才，积极研究气候相关风险特点和产品创新思路。

（6）加强科技赋能绿色保险

建议保险业在绿色保险领域广泛创新科技应用，充分发挥信息化管理平台的作用，深度参与绿色环保领域的风险治理体系建设；围绕碳排放监测、改造工程监测、森林灾害监测、灾后遥感、气候数字模型、环境风险监测等方面，加强风险监控、预警和防范机制建设，协助投保企业及时进行风险评估，动态管理风险；大力强化保险科技基础设施建设，发挥规模经济效应，支撑成效良好的试点项目实现大规模推广。

3.4　机构投资者

以主权基金、养老金、保险资金为代表的金融机构可以称为机构投资者中的资产所有者，是全球金融市场中重要的长期资金供给方，对全球资产的配置起到重要的引导作用。而以公募基金和私募基金为代表的金融机构可称为机构投资者中的资产管理者，它们为资产所有者提供专业的资产管理服务或投资产品，是金融市场中日常交易的积极参与方和价格发现者。在碳中和目标下，这些机构投资者在自身运营以及资产组合层面纳入环境、社会和公司治理（ESG）以及可持续相关因素，以低碳、零碳作为发展目标，撬动资金，支持加速减碳进程，推进上市公司环保意识提高、社会责任承担和治理水平的提升。

本节首先对海外机构投资者在践行ESG理念的经验进行综述，重点讨论了机构投资者在支持碳中和方面的具体做法，然后针对我国资产所有者和资产管理者在实现碳中和过程中面临的挑战和机遇进行分析，并提供了具体的建议。

3.4.1 国际经验

（1）机构投资者制定净零目标

绿色投资、可持续投资以及ESG投资等理念在国际资本市场日益主流化。越来越多的国际机构投资者将目光聚焦在ESG以及可持续发展领域，并开始关注如何开展环境风险分析，参考碳中和愿景制定了投资策略和目标，在不动用财政资源的前提下，引导更多金融资源进入绿色领域，并抑制其资金流向高碳排放行业，从而推动经济向绿色化转型。除了自身开展绿色投资、防控环境风险以外，为了能够聚集更多力量，号召全球应对气候变化，推动实现碳中和目标，机构投资者近年来也积极设立联盟或发起倡议。

2021年4月由联合国气候行动和财政特使、前英国央行行长马克·卡尼以及美国彭博有限合伙公司创始人、纽约前市长迈克尔·布隆伯格等人牵头成立的格拉斯哥零净金融联盟（Glasgow Financial Alliance for Net Zero，GFANZ），其成员目前包括45个国家的450多家金融公司，涉及资产超过130万亿美元，占全球被管理的金融资产的40%。所有成员都需对净零做出承诺，在2050年之前实现净零排放，其中包括设定2030年中期目标，并承诺进行披露。目前，GFANZ共拥有五个创始成员行动计划，分别是"净零资产所有者联盟"（Net-Zero Asset Owner Alliance）、"净零资产管理者倡议"（Net Zero Asset Managers Initiative）、"遵守巴黎协定的投资倡议"（Paris Aligned Investor Initiative）、"净零银行业联盟"（Net-Zero Banking Alliance）、"净零金融服务提供者联盟"（Net Zero Financial Services Provider Alliance）。其中"净零资产所有者联盟"目前有33家机构。

全球超过22个国家的360家大型资管机构发起设立了"全球机构投资者应对气候变化组织"（The Institutional Investors Group on Climate Change，IIGCC），涉及资产规模达49万亿美元。2020年，IIGCC提出了与《巴黎协定》目标一致的"净零碳排放投资框架"（The Net Zero Investment Framework），为机构投资者提供了一套通用的零碳投资建议行动、指标和方法。在策略资产配置方面，IIGCC运用各类情景分析，确保大类资产配置充分评估了气候问题带来的风险与机遇；在具体投资组合构建方面，通过筛选、正负加权以及调整基准等方式，增加投资管理组合中对气候问题解决方案的投资占比；在具体衡量指标方面，除了碳排放密度、对气候问题解决方案的投资在组合中的比例这两类关键指标，还增加了对化石燃料储备的敞口、零排放资产比重、符合欧盟可持续发展活动的资本开支水平等前瞻性指标，对投资组合气候风险进行有效衡量与评估。同时，IIGCC还定期对约束性变量进行审核，以加强资产分配与最终目标的一致性，实时监控投资组合对其目标的完成情况，包括组合的碳排放强度以及对气候问题解决方案比重的分配，实现在策略资产配置、资产筛选以及投后跟踪方面的全过程、全方位监控。

（2）将可持续理念纳入治理框架

机构投资者会根据其所设立的可持续发展目标建立起相应的治理机制和内部流程。欧洲的机构投资者在这方面的实践相较其他地区更早且更广泛。例如法国养老金FRR专门设立了由监事会和专家构成的可持续投资委员会。该委员会制定并实施了《2019—2023年可持续投资策略》，包含四项内容：内置新的标准、加速能源转型、加强可持续投资要求、促进金融生态整体发展。

英国的英杰华集团（AVIVA）制定集团可持续发展目标和策略，联合风险管理委员会、审计委员会等部门共同制定和完善责任投资结构；在信息披露、采购、资产和负债管理、产品开发、再保险、自身经营、精算、合规、公司风险分析、内部审计和运营等方面考虑可持续发展。此外，保险机构通过在ESG和可持续发展话题上行使投票权，在股东参与方面也发挥了积极主动作用。

荷兰资产管理公司荷宝集团（Robeco）制定了覆盖其全部管理基金的可持续风险政策，指派风险管理委员会定期审查政策有效性，并将可持续相关风险纳入执行风险管理委员会章程及机构风险管控相关部门职能。此外，Robeco签署并成为气候相关财务信息披露框架（TCFD）的支持机构，依照欧盟《可持续信息披露条例》并参考TCFD建议披露框架，每年在其网站公开披露可持续投资相关信息。

美国的机构投资者也在加快推进可持续发展理念，例如美国私募基金凯雷集团在2020年正式将监督集团整体ESG活动及战略的责任落实至其董事会，并在董事会中任命ESG相关直接负责人，直接领导凯雷集团ESG事务团队。此外凯雷集团成为全球20家私募基金签署TCFD的机构之一。

（3）将ESG因素纳入投资决策体系

将ESG因素纳入投资决策体系中是机构投资者实现可持续发展目标的关键一步，境外机构投资者积极探索将ESG因素纳入投资研究、投资决策及投后监控体系中，不断加强ESG投资领域的专业能力。在欧洲，法国养老金FRR在最新的《2019—2023年可持续投资策略》规划中提到，将主动拓展ESG投资需求，在所有投资中考虑ESG因素，制定ESG标准指标及ESG指数，进行ESG主动管理；同时评估投资影响、定义影响因子，形成系统性报告。

法国保险机构安盛集团（AXA）开展"影响力投资"，设立影响力基金，专注投资于气候变化韧性、可再生能源、医疗和健康领域。在资产管理方面，AXA要求所有的基金经理在投资策略中考虑ESG因素，将ESG评级和打分应用于所有的资产类型，退出敏感行业，并加大对ESG主题的资产类投资、绿色基础设施和绿色建筑行业投资。在美国，帕纳萨斯资产管理公司（Parnassus）研究建立了一套潜在标的企业ESG评估筛选方法，为在投资流程中纳入ESG考量提供详细的指引。其方法包括：投前，根据营收涉及负面筛除行业占比进行排除，识别企业在所属行业重点ESG议题上的表现，结合基本面分析开展综合评估；投后，每年开展对被投企业的ESG评估，并就潜在ESG风险和机遇，实行股东参与并积极利用相关信息行使股东投票权的决策。美国私募机构克拉维斯—罗伯茨（KKR）积极布局影响力投资，在利用传统投资模型、对回报率进行评估的基础上，基于市场主流标准和机制，构建了内部ESG评估框架；同时，KKR将ESG相关绩效管理纳入每一个投资的尽职调查和所有权调查流程中，根据目标企业特性按需进行ESG调研，并在投后追踪企业的ESG风险和机遇。

（4）降低投资组合中的碳足迹

境外机构投资者纷纷选择直接退出高碳行业并加大投资新能源行业的投资力度，以减低投资组合中的碳足迹，实现净零目标。许多国家养老金，包括荷兰公共部门集体养老金ABP、挪威政府全球养老基金GPFG、瑞典国家养老基金AP1及AP4等，都有明确的退出煤电等行业投资策略。此外，海外的养老金还不断增加新能源行业的投资规模。例如瑞典AMF养老基金在风电发力上投资了近100亿瑞典克朗。ABP和AP1明确，将直接投资于风力发电和太阳能发电行业。欧洲最大的养老金资产管理公司之一——荷兰APG资产管理公司明确将直接投资于可再生能源，减少资产组合碳足迹。保险机构AXA将2摄氏度减排目标转化成具体可量化的投资策略，在各类资产中分析气候变化相关的转型风险；前置预测"气候相关VaR"，对权益类和固守类产品进行气候相关的在险价值计算；对债券类产品进行气候变化相关的违约分析和利差预测；对持有的固定资产组合进行洪水和暴雨相关的物理风险分析；另外，衡量证券发行方的升温潜力及相应的措施。

3.4.2 我国机构投资者开展ESG投资的现状、机遇及挑战

国内机构投资者主要包括主权基金和养老金、保险资管、公募基金、私募基金等金融机构。近年来，国内机构投资者在提升绿色投资意识、使用ESG分析方法和绿色投资工具等方面都取得了积极的进展。但是，对比碳中和的要求和国际最佳实践，国内机构投资者在ESG分析和投资实践还处于早期的发展阶段，未来有较大的提升与完善的空间。

3.4.2.1 国内资产所有者的ESG投资现状和机遇

（1）主权基金及养老金

我国在主权基金与养老金方面，近年来积极探索ESG投资，逐步开展相关能力建设。中国投资责任有限公司（以下简称中投公司）成立于2007年9月，是依照《中华人民共和国公司法》设立的中国主权财富基金（以下简称主权基金），组建宗旨是实现国家外汇资金多元化投资，在可接受风险范围内实现股东权益最大化。在2020年年报中，中投公司阐述了公司在获取财务收益的同时，兼顾环境、社会责任、公司治理等可持续发展因素。中投公司建立了可持续投资政策框架和主题投资策略，将环境、社会和治理（ESG）嵌入投资管理流程，进一步提高了总组合构建与管理水平。与此同时，中投公司积极行使股东权利，推动被投项目制定ESG发展战略、完善ESG策略并定期发布ESG报告。

全国社会保障基金理事会（以下简称社保基金）成立于2000年8月，是我国当前规模最大的养老金。社保基金理事会是根据《全国社会保障基金理事会章程》和《全国社会保障基金理事会职能配置、内设机构和人员编制规定》，在借鉴国际养老金管理机构的经验基础上，设立并实行全国社保基金的投资经营策略及运营管理。在ESG或绿色投资领域，社保基金在2017年发布的《社会责任投资策略研究》报告中概述了其对社会责任投资策略的分析和理解，认为社会责任投资理念在实践中主要通过社会筛选、股东倡议和社区投资三种投资策略来实现。2019年年

底，社保基金设立了全球责任投资股票积极型产品，在较为成熟的境外市场试点ESG投资策略。2020年以来，社保基金成立ESG投资专项课题组开展系统研究，完善顶层设计，建立符合实际情况又与国际适度接轨的信息披露机制，探索以适当方式参与可持续投资的国际合作。

（2）保险机构

我国的保险机构也利用保险资金期限长、社会属性强的特点，在碳中和背景下不断探索绿色投融资领域的创新。2018年，由中国人民银行、中国银保监会等部委共同发布的《关于规范金融机构资产管理业务的指导意见》（即《资管新规》）明确资管行业应当遵循责任投资原则与可持续发展的基本理念，将重心放在信息披露、投资者关系与权益保障以及风险控制等重点领域。中国银保监会于2018年、2019年先后发布《保险资金运用管理办法》《保险资产管理产品管理暂行办法》等文件，不断强化保险资金运用规范，规定保险资金投资需承担社会责任，不得直接或间接投资法律法规和国家政策禁止投资的行业和领域，并鼓励保险资管机构在依法合规、商业可持续的前提下，通过发行保险资管产品募集资金，投向符合国家战略和产业政策要求、符合国家供给侧结构性改革政策要求的领域，支持经济结构转型。保险机构不断探索绿色投资新路径，创新具有保险特色的绿色投资方式。保险机构发挥保险资金优势，面向环保、新能源、节能等领域绿色项目，为我国经济向绿色化转型提供融资支持。就具体投资方式而言，保险资金一方面通过债权投资计划、股权投资计划、资产支持计划、私募股权基金、产业基金、信托计划、PPP项目等形式，直接参与了能源、环保、水务、防污防治等领域的绿色项目投资建设；另一方面，还通过间接投资方式特别是投资绿色债券等金融工具，积极参与绿色金融试验区等绿色金融体系建设，支持绿色金融发展。截至2021年5月末，保险资金通过债权投资计划进行绿色投资的规模达10547.56亿元，战略性投资青海黄河水电、中广核、中电核等清洁能源重大项目。在产品创新方面，保险资管机构运用多种模式，发起设立相关产品。

在碳中和目标、应对气候变化以及全球可持续发展带来大量长期资金需求的背景下，保险资产业务将迎来新的投资机遇。银保监会2021年发布的《保险资产管理公司监管评级暂行办法》中提到，随着保险资产管理公司在大类资产配置、长期资金管理、固定收益投资等方面影响力逐步提升，监管部门将逐步建立并实施保险资产管理公司的监管评级制度，并根据评级结果采取差异化监管措施，以强化风险管理和合规经营。其中，对于积极服务于国家重大战略，开展ESG等绿色投资、对行业发展作出重大贡献的机构，将酌情予以加分。

我国一些领先的保险机构在投资原则、相关投资策略及全投资周期投资评估流程中纳入了环境与气候相关因素，针对不达标的公司实行不投资，同时运用保险资金积极为绿色项目提供融资支持。例如2020年12月，国寿资产践行ESG投资理念，设立了"中国人寿—电投1号股权投资计划"，12.5亿元募集资金战略增资国家电投集团北京电力公司光伏、风电项目储备开发和并购，是首次以交易所摘牌形式参与国企混改的创新性实践。2021年3月，中国太保在企业社会责任报告中提出，原"战略与投资决策委员会"调整为"战略与投资决策及ESG委员会"，为环保、新能源、节能等项目提供融资支持。2021年4月，太平人寿委托太平资产以22.5亿元规模成功参与中国核能电力股份有限公司非公开发行股票项目，助力"双碳"目标实现。2021年5月，国寿资产制定《中国人寿资产管理有限公司ESG/绿色投资基本指导规则》，成为业内首个制定ESG/绿色投资领域内部指引性规则文件的资管机构。

3.4.2.2 国内资产管理者ESG投资现状及机遇

（1）公募基金

我国公募基金机构近年来不断发展绿色及可持续投资，其中ESG投资理念逐步深入我国公募基金行业。近年来，我国公募基金中以可持续及ESG为主题的产品数量快速增长，主要包括基金类和指数类产品。Wind数据显示，截至2021年8月，我国泛ESG投资概念基金共计183只，总规模超过2130亿元。其中包含股票及偏股混合型基金106只，规模超1600亿元；指数型基金41只，规模约118亿元；灵活配置型基金31只，规模约327亿元；债券型基金5只，规模约79亿元。当前多家基金公司在ESG主体产品数量如图3-2所示。截至2021年8月18日，UN PRI在中国共计69家签署机构中，主要公募基金机构包括华夏基金、易方达、嘉实基金、鹏华基金、华宝基金、南方基金、博时基金、摩根士丹利华鑫基金、大成基金、招商基金、兴证基金、汇添富和银华基金。自2018年11月中国证券投资基金业协会发布《绿色投资指引（试行）》以来，公募基金管理公司在专业人员配置、绿色投资策略建立、资产组合管理优化等方面都取得了积极的进展，随着碳达峰、碳中和政策的不断推行，未来公募基金在ESG领域将具有更大的发展空间。

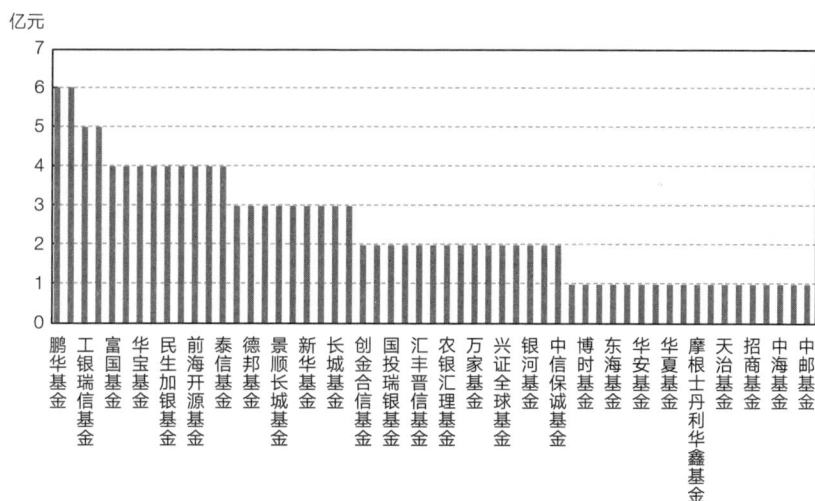

图3-2　部分公募基金发行ESG投资主题基金的产品数量

（资料来源：Wind）

（2）私募基金

我国的私募基金近年来也积极开展绿色及低碳领域的投资。中国证券投资基金业协会发布的《基金管理人绿色投资自评估报告（2020）》中有197家私募证券投资基金管理人及224家私募股权创投基金管理人提交了有效的自评信息。根据该报告的统计，样本私募证券投资基金管理机构中约有五分之一的公司建立了绿色投资战略，多数参考《绿色投资指引（试行）》初步设定了绿色投资战略和绿色投资业务目标。披露渠道则多种多样，包括公司官网、电子邮件、传真、微信平台等。此外约有一半的样本公司开展了绿色投资研究，65家样本私募证券机构已建立针对投资标的的绿色评价方法，40家样本私募证券机构建立了绿色信息数据库。约五分之一的样本私募证券投资机构建立了投资标的环境负面清单和投资标的常态化环境风险监控机制，并针对投资标的环境风险暴露建立应急处置机制。样本私募股权创投基金管理公司中约有30%建立了绿色投资战略，有89家样本私募股权机构开展绿色投资研究，48家样本私募股权机构已建立针对项目企业的绿色评价方法。较少机构建立了投前绿色评估机制、尽职调查标准或投后绿色绩效管理机制。样本私募股权机构对被投项目企业环境风险暴露应急处置机制主要为申请追加担保、依法申请财产保全、项目退出等。

3.4.2.3　国内机构投资者面临的挑战

尽管我国的机构投资者近几年开始积极践行绿色与可持续投资理念，但与国际成熟市场中的ESG最佳实践相比还存在一定的差距。我国碳达峰、碳中和的战略目标也对机构投资者的投资管理能力提出了新的挑战，具体如下：

一是缺乏明确监管指引。从政策顶层设计来看，我国尚未形成ESG评级体系以及行业ESG信息披露的操作性指南。我国政府和监管机构已经着手制定相关政策，但目前而言，一方面，我国金融市场对ESG及碳中和产品的界定尚未形成统一标准；另一方面，我国监管部门尚未构建统一的金融行业的ESG信息披露指引。

二是许多机构还缺乏在气候变化或ESG投资领域的完整投资理念、治理机制以及战略规划。许多国内机构投资者还没有清晰披露对ESG投资或气候变化投资的整体框架，还没有建立专门负责ESG投资的相关委员会和专业部门，还未制定整体公司层面的ESG战略或碳中和行动计划。

三是缺乏产品体系多样化和规模化。当前，我国ESG产品相对于整体资产管理行业规模占比较小，ESG产品影响力尚未充分发挥。与此同时，支持ESG基金产品类别多样化发展也与ESG投资规模化密不可分，ESG基金产品也需丰富投资策略满足各类投资者的配置需求。目前我国市场中ESG主题的相关基金仍以股票或偏股混合型基金为主，而灵活配置类和偏债型的产品较少，这说明当前我国基金公司在进行ESG投资时仍缺少在跨资产类别的多类策略中纳入ESG因素的实践。

四是缺乏系统化绿色投研体系和能力。我国机构投资者内部仍有待构建成熟的ESG或者气候变化主题的投资决策框架和体系，相关专职ESG投研人员数量较少，ESG投研能力有待提高。虽然我国许多公募基金初步建立了针对投资标的的绿色评价方法，但基金经理在选股过程尚未充分涉及对公司的ESG评价。我国大多数私募基金在投前项目筛选以及投后管理方面对ESG风险的考量不足，还未能够将被投企业的ESG表现作为投资决策和收益分配的重要考虑因素。

3.4.3　建议

根据本书在第二章中的估算，在碳中和背景下，我国未来30年的绿色低碳投资需求将高达487万亿元。这些巨大的绿色投资需求主要将由银行和机构投资者来满足。我国绿色信贷的规模已经名列全球第一，但我国机构投资者开展的ESG投资还与国际领先水平有较大差距。我国机构投资者应抓住碳中和带来的机遇，从以下几个方面强化ESG投资实践：

一是政府和监管机构应从政策制定端强化ESG理念，推动机构投资者建立符合碳中和要求的治理机制。建议相关监管部门加强协调，强化对机构投资者的ESG投资指引，明确ESG产品的界定标准，细化ESG信息披露指引，防范市场上"漂绿"的风险。基于人民银行已发布的《金融机构环境信息披露指南》等有关文件，进一步完善针对资产管理公司和保险公司等细分业态主体的环境气候相关信息披露要求。

二是机构投资者将ESG理念纳入战略规划、投资决策、风险管理等环节。在机构的最高决策层面建立ESG专业委员会，制定公司层面的中长期碳中和与ESG战略规划，增加在ESG领域的投资力度和长期资产配置比例，明确管理气候风险的框架、流程和工具。建立公司层面的碳中和战略和ESG投资准则，完善ESG与碳中和的投资理念和框架。

在具体执行中，我国机构投资者可参考IIGCC提出的一些做法。比如，在策略资产配置方面，运用各类情景分析以确保策略资产分配充分评估气候因素带来的风险与机遇，可以基于净零碳排放路径的投资轨迹设定大类资产在资产管理规模中所占比重。在具体衡量指标方面，除了碳排放密度、对气候问题解决方案的投资在组合中的比例两类关键指标以外，额外设定化石燃料储备的敞口、零排放资产比重、符合可持续发展活动的资本开支水平等前瞻性指标。

三是机构投资者应积极行使股东权利，践行尽责管理[1]职责。资产所有者和资产管理者应积极发挥其股东的影响力，以逐步优化投资组合风险及回报表现为目标，充分利用质询权、表决权等股东权力，基于对

---

[1] 可参考中国保险资产管理业协会于2022年9月2日发布的《中国保险资产管理业ESG尽责管理倡议书》。

被投企业ESG现状的评估，推动其被投企业提升ESG表现和信息披露水平，确保重大经营决策充分考量绿色低碳转型及相关可持续要素。

四是开展投资者教育，推广ESG理念。机构投资者可与监管部门、行业协会等机构合作，积极传播ESG理念，加强投资者教育。可以通过举办ESG投资论坛、发布ESG专题策略报告等多种形式，提升投资者对ESG和碳中和主题投资产品的内在投资价值和这些投资对环境、气候的积极影响的了解和认可。同时，机构投资者还可探索搭建客户交互平台，普及可持续投资领域专业知识，逐步培养投资者对此类产品的风险评估和筛选意识与能力。

五是加强对私募股权机构的绿色投资能力建设。比较其他类别的资产管理机构，目前私募股权基金在绿色投资能力建设上相对较弱，但其未来在支持碳中和技术创新和推广过程中将起到至关重要的作用，所以应重点加强对私募股权机构的绿色投资业务指导。为满足实体经济零碳转型的技术需求，未来更多的新型技术、新型商业模式将不断涌现，大量非上市的中小公司有机会把握其中的业务机会。这为私募股权基金尤其是天使轮投资机构和风险投资类基金提供了大量潜在投资机会。增强私募基金在碳中和与ESG领域的专业度有助于在更广阔的范围内推动碳中和理念和实践。特别是，私募股权基金还能通过股东参与的各种方式，深入推动实体企业的低碳转型。如投资后，私募股权基金可指派相关人员进入被投公司的董事会，对公司的经营和战略方向进行指导，在被投公司董事会层面推动碳中和理念的普及和应用，包括推动公司碳排放指标的数据披露，尽早设置减排目标并建立跟踪体系，将碳减排纳入公司管理层的业绩考核等。

3.5 碳市场

本节通过对比国际碳市场发展经验和国内碳市场建设进展，分析碳排放权法律属性和金融属性，讨论碳金融产品的角色与定位，提出服务于碳达峰、碳中和目标的碳市场发展思路与建议。

3.5.1 国际碳市场的发展经验

纵观全球，碳排放交易体系（ETS）仍然是气候减缓计划的关键组成部分。目前四大洲中，已有24个碳排放交易体系正在运行，另外还有22个正在建设或探讨中。根据《国际碳行动伙伴组织（ICAP）2021年度全球碳市场进展报告》[①]，当前全球33个不同级别的司法管辖区，包括1个超国家机构、8个国家、18个省和州以及6个城市，正在运行24个大大小小的碳市场。这些司法管辖区占到全球GDP的54%，其碳市场覆盖的排放占全球总排放量的16%。截至2020年底，全球碳市场已通过拍卖筹集超过1030亿美元资金。碳排放交易体系倾向于将拍卖收入用于资助气候变化领域项目，包括能效提升、低碳交通发展和可再生能源开发利用等。拍卖收入也被用于支持能源密集型产业，以及扶持弱势群体和低收入群体。

欧盟碳市场是全球最大、发展最成熟的碳排放交易体系，欧盟碳市场的成功运行为全球运用市场机制减排提供了经验。欧盟碳市场已完成

① ICAP. Emissions Trading Worldwide: Status Report 2021[R]. Berlin: International Carbon Action Partnership, 2021.

前三个阶段的运行，目前已进入第四阶段（2021—2030年）。

以欧盟碳市场第三阶段（2013—2020年）为例，纳入欧盟碳市场的行业包括以电力及热力生产为代表的能源行业，以炼油、金属冶炼、水泥、石灰、玻璃、陶瓷、化工为代表的工业，以及航空业，纳入的温室气体种类从最初的CO_2扩充至N_2O、PFCs，管控的温室气体排放量约占欧盟温室气体排放总量的40%。欧盟碳市场经过前三个阶段的探索和发展，已经形成较为完善的总量设定与配额分配、MRV体系、市场调节、衍生品交易、履约监管等碳市场核心机制。

在总量设定与配额分配方面，欧盟碳市场形成了由欧盟统一设定配额总量的自上而下的配额总量设定方式，其规定第三阶段（2013—2020年）期间配额总量每年降低1.74%，并推动拍卖等有偿分配成为主要的配额分配方式，其中57%的配额实现了有偿分配。此外，考虑到碳泄漏的风险，欧盟碳市场分行业推动配额拍卖机制的实施，电力行业在第三阶段率先实现了配额100%拍卖。

在建立可测量、可报告和可核查（Measuring, Reporting and Verification, MRV）的温室气体排放数据管理机制方面，欧盟碳市场在法律框架下形成了统一的监测与报告条例，欧盟委员会对核查机构及核查等相关事项进行统一管理。

在碳市场交易方面，欧盟碳市场形成了以现货与衍生品交易为主的多层次碳市场，建立了以洲际交易所（欧洲气候交易所）、欧洲能源交易所等为代表的综合性交易平台，交易品种囊括碳配额、核证减排量以及相应的期货期权等衍生品，促使碳排放权的商品属性和金融属性逐渐增强，市场参与者不仅包括控排企业，还吸引了投资银行、对冲基金、私募基金以及证券公司等金融机构甚至私人投资者的竞相加入，参与主体呈现多元化。随着欧盟碳市场发展的不断成熟，市场交易量逐年攀升，比如，配额交易量从2005年的9400万吨增长至2020年的116亿吨左右①，其中，欧盟碳衍生品的交易量是现货交易量的数十倍之多。

欧盟碳市场历史交易价格变化剧烈，且交易品种价格差异巨大。以配额价格为例，欧盟碳市场第一阶段配额价格从最初的20欧元/吨以上暴跌至0.1欧元/吨以下，主要是由配额超发以及配额不可储备等因素导致。第二阶段配额价格也从最初的10欧元/吨跌至5欧元/吨左右，这一阶段虽然缩紧了配额发放，但受金融危机、欧债危机影响，市场对配额的需求下降，配额过剩问题依然存在，导致配额价格走低。第三阶段配额价格从5欧元/吨上升至2020年的30欧元/吨，特别是在2018年之后，配额价格急剧上升。一方面是得益于全球经济的复苏，企业对配额需求上升；另一方面是由于欧盟推出了市场稳定储备机制（MSR），减少了市场上过剩的配额，稳定了市场。此外，核证减排量受欧盟碳市场需求及履约限制的影响，其价格近几年一直维持在0.3欧元/吨左右的低迷状态。

经过多年的探索和完善，欧盟碳市场在促进碳减排方面发挥了显著作用。到2018年底，欧盟固定装置的排放量与2005年相比已经下降了29%，并且2019年欧盟排放交易体系的碳排放量在2018年急剧下降了8.9%，欧盟碳排放交易体系已经实现了其2020年的减排目标。另外，欧盟碳市场拍卖机制的引入创造了拍卖收入，这部分收入用于推广节能减排技术、新能源技术、气候倡议以及建立气候基金，进一步推动了欧盟碳减排行动的落地。此外，欧盟碳市场还通过清洁发展机制（CDM）及联合履约（JI）项目购买碳减排量，引领全球范围内的更多主体以适合自身发展的方式加入全球减排的队伍之中，向发展中国家溢出低碳发展理念与碳排放权交易体系的运行机理，促进参与项目合作的国家加快环境治理，推进低碳减排项目，并传播低碳减排技术，对推动和促进全球减排起到了重要作用。

2019年12月，欧盟委员会公布了应对气候变化、推动可持续发展的

---

① ERCST, BloombergNEF, Wegener Center, Ecoact. 2021 State of the EU ETS Report[R]. 2021.

"欧洲绿色协议"。该协议提出，到2050年，欧洲将成为全球首个"碳中和地区"，即二氧化碳净排放量降为零。欧盟为此制定了详细的路线图和政策框架。欧盟提出了"可持续欧洲投资计划"，未来欧盟长期预算中至少有25%专门用于气候行动。欧洲投资银行也启动了相应的新气候战略和能源贷款政策，到2025年把与气候和可持续发展相关的投融资比例提升至50%。2020年3月，欧盟委员会发布首部《欧洲气候法》（*European Climate Law*）提案，将2050年实现气候中和的目标纳入法律之中，主要通过减少排放、投资绿色技术和保护自然环境等措施，实现整个欧盟的温室气体净零排放。该法律旨在确保所有欧盟的政策都为实现这一目标作出贡献，并确保所有经济和社会部门发挥作用。同时，欧盟还将通过税收、贸易、公共采购等内外政策，推动欧盟气候行动和经济转型顺利进行。

2021年7月，欧盟委员会提交了市场期待已久的立法改革提案（"Fit-for-55"提案），计划改革欧盟碳排放交易体系（ETS）。此次改革将确保欧盟碳排放交易体系仍与欧盟内部的碳减排目标一致，即到2030年，二氧化碳排放量在1990年的基础上减少55%。该计划将把欧盟ETS的覆盖范围扩大至航运业以外的建筑业和运输业。同时，碳边境调整机制（CBAM）与差价合约将使欧盟开展低碳转型的工作重点从电力行业减碳转向工业脱碳。

3.5.2　碳排放权法律权属分析

研究碳排放权法律属性，应从法学、经济学、环境学、公共管理学等领域进行剖析，同时在碳排放权法律属性问题上，应遵循必要性、可行性、正当性和阶段性等原则，审慎开展对碳排放权法律权属的研究和确定。

碳排放权的含义主要有两类。一类是指气候变化国际法下，以可持续发展、共同但有区别、公平正义原则为基础，碳排放主体为了满足一国及其国民基本生活需求和发展的需要而向大气排放温室气体的权利。这种权利是道德权利，而非严格的法律权利。另一类是碳交易制度下的碳排放权，是指对大气或大气环境容量的使用权。这种使用权可以通过法律规定被私有财产化，并在市场上交易，从而实现全社会低成本控制排放的目的。该语境下的碳排放权是当前理论研究和实践应用的主流。

碳排放权法律属性研究可从公权产生和私权特性两方面探讨。在公权性质方面，碳排放权的公权性质体现在以下两个方面：一是碳排放权的取得须经主管部门分配或核证备案；二是碳排放权具有社会公益性和生态功能性。在私权特性方面，碳排放权是权利人对一定温室气体排放空间容量资源进行使用和收益的权利，属于私人财产权。有学者认为，碳排放权客体虽不能纳入物权理论中典型的有体物范围，却具备物权客体的价值性，由于其稀缺性而具备一定的财产性质；通过碳配额、核证减排量等碳排放权客体的表征，碳排放权可以实现其观念上的特定化和独立性，排放主体可以达到对其占有、使用及从中获得收益等目标，从而实现直接支配和排他的权利。但这种所谓的占有和排他即使存在，也仅仅只限于观念层面，作为一种私权，碳排放权的经济与法律意义仅仅在于其使用性和收益性，因此许多学者将碳排放权视为一种准物权。

对碳排放权性质，特别是其法律性质的界定是碳交易制度建设中的核心要素问题。过去，由于碳排放权交易的政策定位仍是以服务和实现温室气体排放控制为目标、进而对控排企业进行排放责任和义务做出要求，气候政策体现积极正向的价值导向。现阶段，随着我国2030年碳达峰和2060年碳中和目标的提出，基于碳中和愿景下，对碳排放权的法律权属界定，一方面要分析碳排放权利化（资产化）与非权利化（非资产化）面临的问题和可能产生的影响，尤其在建设全国碳交易市场过程中，碳配额的资产确权界定一定程度将给政府环境目标管理带来困难，影响国务院生态环境主管部门赋予和取消这些权利的灵活性和可操作性。另一方面，赋予碳排放权明确的法律性质，能给予市场主体法律上的安全感和确定性，提高市场透明度，保证参与者对交易市场的信心，有利于交易市场健康有序地发展，为金融机构认可采纳并运用碳资产提供更加科学合理的法理和实践依据。

3.5.3 全国碳市场建设进展

全国统一碳市场建设有序推进，市场机制建设取得重大进展。2020年11月20日，生态环境部印发规范性文件《2019—2020年全国碳排放权交易配额总量设定与分配实施方案（发电行业）》（以下简称《配额分配方案》），公布了《纳入2019—2020年全国碳排放权交易配额管理的重点排放单位名单》，共包括2225家发电企业和自备电厂。《配额分配方案》主要包括纳入配额管理的重点排放单位名单、纳入配额管理的机组类别、配额总量、额分配方法、配额发放、配额清缴、重点排放单位合并、分立与关停情况的处理和其他说明八部分内容。发电行业将采用行业基准法进行配额分配，基于实际产出量、对标行业先进碳排放水平，配额免费分配且与实际产出量挂钩，能够体现奖励先进、惩戒落后的原则。

2020年12月31日，生态环境部印发《碳排放权交易管理办法（试行）》（以下简称《办法》），为全面启动全国碳市场建设提供根本性指引。交易产品方面，《办法》明确，全国碳排放权交易市场的交易产品为碳排放配额，生态环境部可以根据国家有关规定适时增加其他交易产品。参与主体方面，重点排放单位以及符合国家有关交易规则的机构和个人，是全国碳排放权交易市场的交易主体。覆盖范围方面，温室气体排放单位符合"属于全国碳排放权交易市场覆盖行业"和"年度温室气体排放量达到2.6万吨二氧化碳当量"条件的，应当列入温室气体重点排放单位名录。纳入全国碳排放权交易市场的重点排放单位，不再参与地方碳排放权交易试点市场。市场结构方面，生态环境部按照国家有关规定，组织建立全国碳排放权注册登记机构和全国碳排放权交易机构，组织建设全国碳排放权注册登记系统和全国碳排放权交易系统。全国碳排放权注册登记机构通过全国碳排放权注册登记系统，记录碳排放配额的持有、变更、清缴、注销等信息，并提供结算服务；全国碳排放权交易机构负责组织开展全国碳排放权集中统一交易。

2021年7月16日，全国碳排放权交易市场启动上线交易，发电行业成为首个纳入全国碳市场的行业，纳入的发电行业重点排放单位包括2225家发电企业和自备电厂。根据生态环境部测算，纳入首批碳市场覆盖的企业碳排放量超过40亿吨二氧化碳，标志着我国碳市场正式成为全球覆盖温室气体排放量规模最大的市场，迈出了全球气候行动的重要一步。

国内试点碳市场先行先试，积累了丰富的碳市场建设与运行经验。自2011年以来，我国在广东、北京、天津、上海、重庆、湖北、深圳7个省市开展了碳排放权交易试点工作。截至2021年6月底，试点碳市场共覆盖电力、钢铁、水泥等20余个行业近3000家重点排放单位，累计配额成交量约为4.8亿吨二氧化碳当量，累计成交额114亿元人民币。

未来，我国将进一步完善全国统一碳市场，充分发挥市场机制的碳减排作用。围绕全国碳市场第一个履约周期，以发电行业为突破口率先在全国开展交易，生态环境部将在发电行业碳市场稳定运行的基础上，逐步扩大市场覆盖行业范围，丰富交易品种和交易方式，实现全国碳市场的平稳有效运行和健康持续发展，有效发挥市场机制在实现我国二氧化碳排放达峰目标与碳中和愿景中的重要作用。

3.5.4 金融机构参与全国碳市场的角色与定位

金融机构参与碳市场是国际碳市场的一个重要特征，虽然目前国内各试点碳市场均允许机构投资者参与，但由于对碳排放权资产的非标属性的限制，目前真正参与的金融机构并不多。金融机构的参与对碳市场的发展和成熟有着至关重要的作用。首先，金融机构资金规模大、参与交易的能力与意愿强，交易吞吐量远高于控排企业，能够为碳市场带来巨大的流动性，强化价格发现功能；其次，金融机构通过碳衍生产品的开发和服务，能够加快碳资产的形成，帮助企业盘活碳资产和进行风险管理，激发企业的交易积极性；最后，金融机构参与可以强化碳市场的金融属性，从而使碳市场与货币、资产、大宗商品等金融市场产生内在关联，吸引外部需求，进一步扩大碳市场的流动性。此外，金融机构对市场流动性，以及风险管理工具的灵活性、有效性的严格需求，会刺激碳金融产品及其衍生品的开发，倒逼市场加快形成更加完整的产品结构。在碳中和的背景下，越来越多的市场主体会参与到碳市场中，碳市场的流动性和活跃度将会增大，相关业务的深度和广度将得到极大的拓宽，碳市场对金融机构的吸引力也将越来越显著。

根据欧美等国外成熟碳市场的经验，金融机构参与碳市场的模式主要包括以下几类：一是做市商交易模式。金融机构作为特许交易商，向市场报出碳金融市场相关产品的买卖价格，并在该价位上接受买卖要求。二是投机套利交易模式。金融机构通过高抛低吸获利或者跨市场、跨期套利等。三是涉碳融资与资产管理模式。碳市场赋予了碳排放权市场价值，企业产生了新型的碳资产和资产管理需求，金融机构可以参与碳资产抵质押、回购、托管等一系列涉碳融资与资产管理业务。四是中介服务模式。碳市场不仅涉及标的产品的交易以及衍生品的开发，还涉及减排量开发，金融机构在交易、衍生品开发以及减排量开发等一系列过程中均可以提供融资、咨询等中介服务。

目前，金融机构参与我国碳市场包括做市商、投机套利、涉碳融资与资产管理、中介服务等模式，比如碳资产管理公司在碳市场投机套利、碳资产托管、减排量开发咨询与融资，但更多的是停留在对碳金融产品及服务的探索层面，还未能形成规模化、稳定的交易与服务体系，对是否深度参与碳市场还存有疑虑。其原因一方面是我国碳市场流动性、价格信号及公允性、市场规模等现货市场要素有待提高，如碳金融产品及衍生品的开发不够完善，未能形成真实、有效的碳金融市场；另一方面是碳排放权非标产品的定位制约了金融机构的参与，金融监管的要求大幅度增加了传统金融机构（如银行、券商、保险公司等）参与碳市场的难度，也阻碍了成熟的交易方式的应用。随着全国碳市场不断发展，市场体系也将不断完善，金融机构参与全国碳市场的模式和渠道将会逐步明确和规范。

3.5.5　碳金融产品的角色与定位

碳金融市场的发展历程一般是从碳配额、减排量现货市场逐步发展到包含各种碳衍生产品交易工具和金融服务的碳金融市场。在碳市场金融化特征加深的过程中，最早出现的产品均是碳配额和项目减排量等碳资产现货，然后逐渐出现了碳托管、碳回购、碳远期、碳掉期、碳基金、碳债券、类碳期货等碳金融产品和工具。碳金融产品能够帮助市场主体规避碳市场风险，提供碳资产保值增值的渠道，为企业融资拓宽渠道，并且有利于提高碳市场的流动性。

我国各试点碳市场为促进碳资产管理、活跃碳市场交易，开展了多种形式的碳金融创新。碳金融产品交易品种日趋多元化，包括以碳远期、碳掉期、碳债券等为代表的交易工具，以配额抵质押融资、配额回购、配额托管等为代表的融资工具，以及以碳指数、碳保险等为代表的支持工具。不过由于我国试点碳市场流动性不佳、市场割裂、基础资产定价不明确等原因，金融机构和投资者对碳金融产品的关注度以及使用意愿并不强烈。随着全国统一碳市场的运行以及2060年碳中和目标的逐步推进，碳市场的流动性将会有大幅改善，碳价信号将更加有效，碳金融市场将更加完善，金融机构等市场主体对碳金融产品的需求将会激增。

3.5.6　服务碳中和的碳市场发展思路

碳市场在碳中和目标实现过程中将发挥灵活且巨大的作用，成为碳中和目标的重要推力。但就目前我国碳市场的发展情况而言，仍存在亟须改善的问题。

一是全国碳市场建设速度较慢，实施力度不及预期。2017年12月国务院碳交易主管部门印发《全国碳排放权交易市场建设方案（发电行业）》，首次宣布启动全国碳市场建设，并提出基础建设期、模拟运行期、深化完善期三个阶段，稳步推进碳市场建设工作计划。但落地实施有所延迟，直至2021年上半年方才完成碳交易基础设施建设和配额分配工作，并于2021年7月才开启发电行业碳排放权交易，其他行业纳入碳市场进展较为缓慢。

二是全国碳市场和区域碳市场并轨运行期间，区域碳市场定位暂不明确。各碳排放权交易试点在碳交易机制设计、市场创新、风险控制等方面，为全国碳市场的启动贡献了有益经验。全国碳市场发展初期仅纳入发电行业，其他行业纳入时间表尚未明确，目前仅明确纳入全国碳市场的重点排放单位不重复参加试点碳市场，各试点碳市场在有效衔接全国碳市场的基础上，依托碳交易机制进一步完善区域自我发展的路径。试点碳市场在全国层面的定位存在较大不确定性。

三是全国碳市场配额分配方式仍待进一步明确，碳市场抵销机制发展受限影响碳减排领域的资金引入。碳市场分配方式方面，根据《办法》，全国碳市场初期仍以免费为主，此后根据国家有关要求适时引入有偿分配，具体引入有偿分配的计划仍未明确。抵销机制方面，《办法》明确，重点排放单位每年可以使用国家核证自愿减排量（CCER）进行履约抵销，并设置抵销比例上限为应清缴配额量的5%。2021年10月，生态环境部发布《关于做好全国碳排放权交易市场第一个履约周期碳排放配额清缴工作的通知》，明确全国碳市场第一个履约期，控排企业可使用CCER抵销碳排放配额清缴，初步阐释如何使用CCER抵销配额清缴的条件和具体程序，对CCER如何与全国碳市场衔接、存量CCER资产如何处置、CCER抵销配额清缴的比例释放了明确信号，也增强了市场信心。但根据国家发展改革委2017年第2号公告，温室气体减排交易方法学、项目、减排量备案申请暂缓，至今仍未重启，CCER项目开发陷入停滞状态。CCER市场只有存量交易，国家及试点碳市场均出现了CCER供不应求的态势。

四是碳金融及衍生产品创新力度较弱，碳市场金融属性仍未明确。各试点碳市场交易品种以配额现货及CCER现货为主。由于各试点碳市场的割裂，碳市场流动性和活跃度存在较大制约，碳定价缺乏有效性，碳金融衍生品市场还未建立，碳金融发展规模有限，碳价格（现货和期货价格）尚未发挥引导企业投资行为的作用，同时风险管理工具也容易缺位。随着碳排放权交易市场化程度加深，碳排放权作为政府创设机制的产物，其商品属性、类货币属性、金融属性应逐步显现。但我国法律法规及监管层面尚未明确碳排放权的金融属性，这是碳市场发挥金融功能的主要障碍。

五是碳市场交易主体较为单一，市场流动性受限。从广东等试点碳市场参与主体来看，金融机构和投资机构的参与可有效提高市场的流动性和活跃性，为参与市场的控排企业通过碳资产管理获取收益、以碳排放权为标的进行短期融资提供了多样化的渠道，个人的参与激励了绿色出行、造林护林等减排行动。但综合观察试点碳市场各主体参与情况，参与主体投资和投机空间有限，重点排放企业与机构投资者两大主体参与度相差悬殊，金融机构和个人参与程度较弱，市场流动性仍显不足。碳市场金融属性未明确，金融机构参与碳市场仍面临一定的政策和实施障碍。

六是重点排放单位碳资产管理意识薄弱，相关人才缺乏。碳资产管理业务对活跃碳市场交易、缩减重点排放单位成本、实现碳资产保值增值等方面有重要作用。但就各试点碳市场来看，较多企业存在自身碳资产管理机制缺失、碳资产管理意识薄弱、交易参与积极性不足、被动接受核查和履约责任、专业管理人才缺失的问题，导致试点碳市场存在履约期各企业集中交易的情况，不利于碳市场稳健运行以及企业自身低碳发展。

七是碳交易法律法规尚不健全，金融监管机制仍缺位。目前除了北京和深圳两个试点地区颁布了人大通过的地方法规之外，其他试点碳市场的地方政策主要是政府规章或规范性文件，国家层面《碳排放权交易管理暂行条例（草案修改稿）》仍处在征求意见阶段，且该文件并未对碳排放权的权属和法律性质进行明确，碳排放权的法律属性仍不明确。该文件明确，国务院生态环境主管部门会同发展改革、工业和信息化、能源等主管部门对碳交易及相关活动进行监督管理和指导，碳排放权具备金融工具的特征属性，但金融监管机制仍处于缺位状态。

结合碳市场存在的各方面问题和2060年碳中和目标的新形势，从国家和试点两个层面、从机制设计和产品创新两个维度、从机构和个人两个主体，提出以下建议：

（1）加快拓展全国碳市场覆盖范围

当前全国碳市场已于2021年7月顺利启动，首批纳入了2225家电力企业，这是利用市场机制控制和减少温室气体排放、推动绿色低碳发展的重大制度创新。试点碳市场自2013年以来也积累了丰富经验，在总量控制下，企业的碳排放强度明显下降，碳市场促进碳减排的效果显著。因此全国碳市场应在电力行业基础上，加快扩大到其他行业，将石化、化工、建材、钢铁、有色、造纸、航空等行业加快纳入全国碳市场，发挥碳市场控制碳排放的作用，促进和助力实现碳达峰目标。

（2）发挥试点碳市场先行先试作用

根据全国碳市场进展，待全国碳市场启动后，如石化、水泥、钢铁、造纸、航空等其他行业仍保留在试点碳市场中，应鼓励以广东为代表的试点碳市场进一步深化在上述行业的市场培育和建设。同时发挥试点碳市场先行先试作用，扩大试点碳市场的控排范围，将纺织、陶瓷、建筑、交通、数据中心等行业纳入试点碳市场，并结合"一带一路"倡议与粤港澳大湾区建设目标，联合港澳，探索并建设粤港澳大湾区统一碳市场，接纳广东资本在"一带一路"沿线国家投资的项目中采用广东碳普惠制技术标准开发的自愿减排量，推动"一带一路"沿线国家与中国开展自愿减排机制的互联互通合作，为国家碳市场深化发展提供跨区域合作的经验。

（3）强化有偿配额及抵销机制设计

欧盟及以广东为代表的试点碳市场运行的经验表明，有偿配额机制能够有效地树立"排放有成本"的理念，倒逼高排放企业提升技术水平，减少排放；抵销机制能够助力新能源产业发展、促进森林生态效益价值的实现。在《中华人民共和国国民经济和社会发展第十四个五年规划和2035年远景目标纲要》建议中，国家明确提出要发展绿色环保、新能源等新技术、新产品和新产业。因此在全国碳市场建设过程中，应适时推动有偿配额分配，并根据不同行业特点设置差异化的有偿配额分配比例。加快全国碳市场的抵销机制设计，重启中国核证自愿减排机制，针对光伏、风电、林业、甲烷利用等服务于碳达峰和碳中和目标的重点支持领域实施扶持政策，充分发挥自愿减排机制与气候投融资的协同发展。同时要逐步完善碳交易会计制度，加快推出对应的税务制度，满足全国碳市场各个参与主体交易过程中的财务需求。

（4）加强碳金融及衍生产品创新

作为全球第一大碳市场，全国碳市场的市场规模和参与主体将得到显著提升和丰富，应重视碳市场的金融属性，发挥碳价的投资指引信号作用，如在全国碳市场开展碳配额（自愿减排量）抵（质）押融资、配额回购、碳债券，逐步探索并推出碳期货、碳期权等碳金融衍生产品，依托碳市场引导金融机构、社会资本加强对碳达峰、碳中和工作的支持。

（5）鼓励金融机构和个人参与

全国碳市场应在加强风险管理的前提下，适时允许金融机构和投资机构参与全国碳市场，为全国碳市场深化发展提供稳定的流动性，拓宽控排企业节能降碳的资金来源，提高控排企业碳资产管理的收益；鼓励个人通过自愿减排/碳普惠等方式参与碳市场，将绿色出行、植树造林、节电节能、清洁能源使用等行动转化为收益，共同促进全社会的碳达峰、碳中和目标实现。

（6）开展各类市场主体能力建设

广东等试点碳市场的成功运转，逐步使排放有成本的理念深入到试点碳市场控排企业的日常运作中。全国碳市场启动后，非试点碳市场的控排企业将全面参与全国碳市场建设，因此要持续加强碳市场相关能力建设，依托碳市场支撑机构和全国碳市场能力建设中心，定期在全国各省特别是非试点碳市场地区开展碳市场能力建设培训活动，为碳市场的顺利运行和碳中和目标的尽早实现提供人才保障和专业支持。

（7）推动构建新的碳市场监管机制

应该充分借鉴碳市场监管的国际经验，形成新的更加有利于形成有效碳价、更加有利于碳价发挥资源配置功能和金融属性的监管框架和协调机制。研究和推进碳市场监管流程和体系的建设，充分发挥政府监管、交易所监管、第三方机构监管、行业协会自律监管以及社会监督的优势。以分工协调监管为基础，深入研究完善碳市场监管的制度和手段，丰富碳市场监管的法律法规体系，建立并健全碳市场信息披露制度。

3.6 金融科技

若要实现碳中和，未来30年我国需要数百万亿元的绿色投资。过去，中国绿色金融的主要业务集中在支持绿色基础设施项目的方面，这些绿色项目比较容易识别。但是，未来的绿色金融业务，必须支持绿色农业、绿色消费、绿色建筑、绿色小微企业，要在计量几乎所有经济活动的碳排放、碳足迹的基础上开展。

对这些细分领域的主体、项目和产品进行绿色识别的难度很大。这就需要大数据、物联网、AI、区块链等金融科技手段来为绿色金融赋能。在农业、消费、建筑、小微企业等行业领域，金融科技能够提供更为高效的解决方案。如金融科技可以更高效地识别绿色资产、项目、产品和服务，开展环境效益数据的采集、溯源、处理和分析工作，支持绿色资产交易平台等。此外，金融科技还可以为金融机构在低碳资产识别、转型风险量化、碳资产信息披露等方面提供解决信息不对称问题、降低成本、提升效率等的工具和方法。

近年来，金融科技在支持绿色低碳发展和绿色金融方面，运用的广度和深度不断扩大，已经覆盖到绿色资产识别、数据与量化、认证与溯源、风险与能效管理、信息披露与共享平台等环节。借鉴绿色金融发展经验，金融科技也可以在监管政策工具服务、企业碳中和行政服务、气候风险分析等细分领域进行应用的推广。

本节首先总结了国际运用金融科技支持碳中和的应用案例、国内金融支持碳中和的探索经验，并从监管机构、金融机构、绿色金融市场建设及碳市场发展角度提出进一步发展金融科技以支持碳中和的若干建议。

3.6.1　金融科技支持碳中和的国际经验

2016年，联合国环境规划署金融倡议（UNEP Inquiry）首次提出，金融科技可以成为绿色金融的重要工具。2017年在意大利举行的G7峰会期间，宣布成立以金融科技推动中小企业绿色金融的国际工作平台。同年，德国作为G20轮值主席国重启绿色投资平台（GreenInvest Platform），提出以金融科技促进发展中国家绿色金融的开发。瑞典的"斯德哥尔摩绿色数字化金融（SGDF）"组织也因此趋势而成立。蚂蚁金服和联合国环境规划署（UNEP）在达沃斯世界经济论坛上正式启动绿色数字金融联盟（Green Digital Finance Alliance），旨在挖掘数字金融和金融科技驱动的商业创新的潜力，以更好地适应可持续发展需求的方式重塑金融体系。2018年，OECD及联合国共同成立了绿色金融平台（Green Finance Platform），旨在解决可持续金融领域的主要知识差距。2020年12月，新加坡金融管理局（MAS）启动绿色金融科技计划（Greenprint），并由新加坡金融科技协会成立了绿色与可持续金融科技小组委员会，以汇集金融科技生态系统，专注于推动行业项目以实现绿色金融。2021年5月，G20轮值主席国意大利和国际清算银行（BIS）创新中心共同推出G20 TechSprint 2021，重点展示了新的创新技术在应对绿色金融和可持续金融挑战方面的潜力。这些倡议及组织的成立或表态均表明，金融科技正在成为赋能绿色金融、推动企业绿色转型的重要驱动力之一。

3.6.1.1　欧洲

在欧洲，金融科技使碳中和应用场景有了新的形态。部分企业通过采用区块链技术、人工智能、物联网等技术，将其应用在企业碳中和服务、个人碳中和服务、提高绿色投融资市场效率及透明度、清洁能源交易等多个领域，形成了创新的应用场景和解决方案。

在企业碳中和服务领域，金融科技公司Climate Trade[①]通过应用区块链技术，为大型公司和实体提供服务，以帮助它们能够进入Climate Trade建立的碳抵销项目市场。Climate Trade通过为客户提供定制的系统，以便客户可以跟踪和控制所进行的交易，从而获得信息和数据，帮助他们设计与客户和投资者的透明的沟通策略。首先，用户可以通过选择最合适的碳信用的方式，直接抵销其碳足迹，并且可以在区块链技术的帮助下访问私人账户中所有的交易记录。其次，Climate Trade还为用户提供了碳中和服务。通过Climate Trade开发的API REST（应用程序编程接口）及按需即用软件（SaaS）模型，用户可以简单、透明地为客户和供应商提供碳足迹抵销服务。具体来说，Climate Trade通过将ClimatetradeGo轻松安全地集成到不同的系统（网站）中（包括应用程序、市场、热光电系统（tpvs）等），在购买过程中计算出产品或服务的碳足迹，以便客户及供应商分配产品或服务的足迹成本。在此过程中，客户会通过电子邮件接收获取该项目相关所有信息的名义证书。

在绿色投融资市场领域，西班牙对外银行BBVA运用区块链发行绿色债券，使发行认购过程更高效，增加了绿色债券发行与认证的透明度以及公允性，在降低发行成本的同时避免了"洗绿"行为。瑞典区块链创业公司ChromaWay[②]开发绿色资产钱包Green Wallet，通过运用区块链技术动员私人资本参与绿色投资，为绿色投资者提供了可以更好地实现《巴黎协定》目标的技术。通过提供可信赖的验证和确认的技术手段，绿色债券发行和绿色资产钱包可为发达和新兴市场中的绿色项目解锁并

---

① 详见金融科技公司Climatetrade，https://www.climatetrade.com/#services。
② 详见瑞典区块链创业公司ChromaWay开发绿色资产钱包，https://greenassetswallet.org/。

动用大量私人资本，并为绿色投融资市场注入更高的效率和透明度。

在清洁能源交易领域，瑞典金融科技公司Trine[1]通过运用人工智能技术搭建连接新兴市场的太阳能供应商和发达国家市场购买者之间的太阳能交易平台，使人们可以便捷地在不断增长的市场中投资太阳能。截至2020年底，该平台投资总规模已达4556万欧元，累计避免二氧化碳排放381173吨，并帮助没有电力使用的252.6万人获得电力。[2]

在个人碳中和服务领域，芬兰金融科技公司Cooler Future[3]开发的绿色投资提供平台手机应用帮助个人投资者以极低的成本（20欧元）开启可持续投资。绿色投资提供平台涵盖遍布全球上市公司的全球投资组合、各个领域的绿色债券以及大、中、小盘股的特定组合。特别地，在Cooler Future绿色投资提供平台中，投资者投资的每只股票或债券都有相应的减少二氧化碳排放的举措。

3.6.1.2 美国

美国在金融科技投融资市场居于领先地位，使用金融科技与支持碳中和实践的探索也覆盖了企业碳中和服务、个人碳中和服务、生态产品价值实现、IT基础架构碳排放及可持续决策等多个领域。

在企业碳中和服务领域，美国金融科技公司Pachama[4]为帮助企业实现营业碳中和目标而提供碳足迹计算及碳抵销服务，在帮助企业实现碳中和目标的同时，保护生态系统、恢复森林和改善碳市场。Pachama的服务涉及多方面金融科技技术的应用。Pachama Exchange API接口帮助客户在产品和服务中建立碳信用额度，并通过已验证的森林保护和重新造林项目为客户及其合作伙伴提供碳信用额，Pachama通过遥感和

---

[1] 详见瑞典金融科技公司Trine，https://trine.com/。

[2] 详见瑞典金融科技公司Trine平台数据披露，https://trine.com/our-progress。

[3] 详见芬兰金融科技公司Cooler Future，https://coolerfuture.com/。

[4] 详见美国金融科技公司Pachama，https://pachama.com/how-it-works。

机器学习技术对这些项目的质量进行监控。LiDAR成像技术可以创建该技术基于激光测量的森林3D建模，并通过使用人工智能（AI）识别森林特征并使用人工智能技术分析该卫星数据。金融科技公司Cloverly则通过碳补偿和可再生能源信用（REC）来抵销组织及企业的碳排放。Cloverly通过提供可免费下载、演示和测试的API服务，帮助客户实时计算业务或活动的影响，并帮助客户通过购买"碳信用额度"的方式进行碳抵销。美国初创企业Nori运用人工智能和大数据追踪企业碳足迹，帮助企业收集数据并自动生成报告，用于对监管和投资者的信息披露。

在个人碳中和服务领域，金融科技公司Net Zero[1]通过开发连接银行账户跟踪个人购买产品碳足迹的手机应用并提供个性化的碳减排指导及碳补偿项目，以帮助个人实现碳中和。OpenInvest运用人工智能的科技手段采用全托资产管理（Turnkey Asset Management）智能投顾形式，面向零售或机构客户，提供可持续资产投资标的。

在生态产品价值实现领域，北美自然资产交易所（Natural Capital Exchange）基于卫星数据，运用大数据的技术手段把美国森林数据（包括林业增长情况）记录在数据库中，通过建立碳汇交易平台的方式，使林场主在碳汇交易中得到更高的回报，从而减少林木的砍伐。

在IT基础架构碳排放及可持续决策领域，微软推出可持续发展计算器Azure[2]，运用云技术帮助客户深入了解其IT基础架构的碳排放，以制定更可持续的决策。负责报告和推动组织内部可持续性的人员可以量化每次Azure工作负载产生的碳影响，并可以通过在Azure数据中心和本地数据中心中运行这些工作负载数据来估计碳节省量，得出的结果可用于

---

① 详见金融科技公司Net Zero，https://netzero.world/。

② 详见微软推出可持续发展计算器Azure，https://azure.microsoft.com/zh-cn/global-infrastructure/sustainability/。

范围三①排放的温室气体报告。微软推出Azure旨在帮助构建清洁能源的未来，并加速实现可持续发展和业务目标。

3.6.1.3 其他地区

绿色金融科技也可为全球可再生能源交易提供支持，区块链技术可帮助可再生能源生产商及购买者实现高效透明的能源交易。澳大利亚可再生能源融资交易平台WePower②通过应用区块链技术发行自己的能源代币，来帮助可再生能源生产商筹集资金。WePower将能源购买者（最终用户和投资者）直接与可再生能源生产商联系起来，并创造了以低于市场的价格预先购买能源的机会，为可再生能源生产商及购买者降低了绿色能源市场价格并扩宽了交易渠道。

3.6.2 中国金融科技支持碳中和的探索与实践

我国金融科技在支持绿色金融业务发展方面已经积累了一些实践经验，金融科技也将在实现碳达峰、碳中和目标的进程中发挥更大的作用。2020年12月9日，中国人民银行行长易纲在新加坡金融科技节的发言中介绍，人民银行将继续探索利用金融科技发展绿色金融。我国的部分绿色金融试验区已经对金融科技和绿色金融的场景融合进行了探索。在湖州，当地政府运用互联网、大数据等技术搭建了绿色金融综合服务平台，减少环境气候相关信息不对称问题，帮助绿色企业、项目与金融机构快速对接。人民银行还可通过该平台监测银行绿色贷款等数据。未来，大数据、人工智能、区块链等金融科技手段在绿色金融中的运用前

---

① 根据世界资源研究所《温室气体核算体系企业核算与报告标准》中的定义，范围一是指产生自公司拥有或控制的排放源的直接温室气体排放；范围二是指公司所消耗的外购电力产生的间接温室气体排放；范围三是指除范围二以外由公司活动导致的、但发生在其他公司或控制的排放源的其他间接温室气体排放。

② 详见澳大利亚可再生能源融资交易平台WePower官方网站，https://wepower.com/utilities.html。

景非常广阔。^①

2021年1月26日和28日，中国银保监会和证监会分别召开了系统工作会议。两次会议均提出，加强科技运用能力、加快推进科技和监管深度融合、强化科技对监管的有效支撑。银保监会强调，"在监管实践中，逐步深化了对新时代金融工作的认识""通过改革开放、推动创新和科技赋能，使我国金融业不断迸发出新的生机和活力"。证监会2021年资本市场六大重点工作的重点六是"加快推进科技和监管深度融合"和"大力促进大数据、云计算、区块链、人工智能等创新科技在行业的推广应用，提升行业科技安全管理水平"。

在市场需求和监管部门的推动下，国内金融科技企业、地方政府、监管机构在多个领域开展了金融科技在支持绿色金融上的具体应用。以下对几个案例进行简要综述。

3.6.2.1　在环境和绿色金融监管中的应用

监管机构可以运用大数据、数据科学、人工智能等科技手段，设立技术标准，整合金融机构各类金融数据，建立绿色金融产品管理系统，推动金融机构提升金融业务管理能力。

生态环境部已经建立的生态环境数据中心包含环境质量信息、生态环境信息、污染源信息、环境管理业务等10^②大类资源数据；同时，向社会公众公开提供了各类形式的环境数据分析报告，如空气环境质量、水环境质量、自然保护区等报告。各地政府、企业等用户可通过预留的API接口接入数据中心，获取相关数据。生态环境数据中心通过大数据的建设和应用，推动了信息资源整合互联和数据开放共享，促进了业务协同，在提高环境数据应用效能的同时也为各类项目评估提供了有效的

---

① 详见《易纲：发展绿色金融促进低碳发展》，https://baijiahao.baidu.com/s?id=1685597482014907145&wfr=spider&for=pc。

② 详见网站数据中心，http://datacenter.mee.gov.cn/websjzx/queryIndex.vm。

数据支撑。

人民银行牵头开发了绿色金融监管综合信息系统，以湖州市作为试点，要求各金融机构进行绿色金融数据的实时推送。系统通过金融科技手段，可以准确识别、标记符合监管口径的绿色信贷等数据，从而实现监管数据的及时生成、统计和推送。系统也可以按照不同的用户视角，特别是在面向管理人员的方面，直观地展现条形图、雷达图、趋势线等制式报表、个性化报表，辅助用户的日常管理。同时，系统还可以提供多种口径、多种维度的数据分析统计功能。

3.6.2.2 在绿色金融政务服务中的应用

许多政府机构现已借力大数据、人工智能、云计算技术构建了绿色低碳的金融综合服务平台。一些地方政府已经开始整合各部门的环境气候数据，汇聚金融机构和信贷产品，逐一建立起了绿色低碳金融综合服务平台，以破解中小微企业关于环境风险识别、环境效益测算所需专业性强、成本较高和相应项目、企业融资难等问题。地方建立绿色低碳金融综合服务平台既能够帮助银企融资高效对接、绿色低碳金融专业服务，实现缩短融资流程、提升风控效能，又能实现政府、金融机构、企业三方互利互惠，合作共赢。在湖州市，市政府借助大数据、云计算等技术建立了"绿贷通""绿融通""绿信通"平台，为小微企业提供ESG评价、绿色认定、银行贷款、政策担保、股权融资、政策兑现等全生命周期绿色金融服务，支持中小微企业的绿色可持续发展。截至2021年8月，平台已评定绿色企业763家，已评定绿色项目137个[1]，授信企业24216家，累计帮助中小微企业完成2493.98亿元融资[2]。

3.6.2.3 在助力金融机构绿色金融业务中的应用

金融机构可以将绿色数字基础设施应用到金融产品业务全流程管

---

① 详见湖州绿信通，https://lvxt.huzldt.com/index。

② 详见湖州绿贷通，https://lvdt.huzldt.com/。

理。数字技术的应用可以在有效增强金融机构绿色识别、提高环境风险管理能力的同时，降低金融机构的管理成本，提高机构工作效率，发展绿色创新业务。

金融机构可以借助大数据平台进行环境气候风险监测，并进行预警处置。国内部分金融机构已经采用数字技术，将环境处罚信息、企业污染排放信息、环境负面舆情等非结构化数据进行集成和分析，形成对金融机构企业客户的环境气候风险监测与预警，帮助金融机构尽早识别客户环境气候风险，为金融机构制定相应的策略和方案提供有效支撑。例如：平安银行的"平安绿金"大数据智能引擎融合了人工智能、大数据、云计算、物联网、区块链等多项前沿技术，通过汇聚天（卫星、无人机）、地（环境监控物联网）、人（舆情、媒体、信访）等渠道，实现了对环境、污染源、气象、环评、信访、舆情等多维度数据的实时监测，全方位整合绿色金融业务，开发与监管所必需的环境监管相关信息，并利用机器学习算法，提升了银行环境气候风险管理的信息化、自动化和智能化水平。

金融机构可以依托人工智能技术，建设绿色智能识别工具和环境效益测算工具。国内部分金融机构已经建立了可以同时映射国内外多种绿色标准的智能遴选绿色智能识别工具，用于解决金融机构对绿色、企业绿色项目识别难、国内外绿色标准不统一的问题。部分金融机构已经根据信贷资产信息，基于多种绿色标准，运用人工智能算法，为项目和企业匹配多种绿色评价标准下的适配结果，进而为金融机构对绿色项目和绿色企业的甄别提供参考依据。苏州农商行通过人工智能、机器学习、人工判断的纠错、完善和不断的数据训练，建立了精准度不断提升的绿色智能识别工具，实现绿色贷款在线自动"秒识别"，全面提升绿色信贷业务开展的效率和质量。此外，系统通过内嵌环境效益测算模块，实现对项目环境效益的测算和动态跟踪。

金融机构可以借助运用大数据、云计算和AI等技术进行企业和项目的ESG评价与业务全流程纳入，实现非财务信息的信用风险应用及管理。金融机构可以运用大数据画像揭示客户存在的ESG风险，提高业务审批尽职调查的质量和效率；运用深度学习的技术探索客户ESG评价与客户信用风险的关系，前置风险管控。湖州银行通过建立公司信贷客户ESG评价系统，在评价体系设计上，将"业务发展"和"风险管理"目标深入地融入ESG评价标准中；在系统开发上，运用数字技术实现了100%自动化计算、ESG风险动态监测和自动生成标准化ESG信息披露统计数据的功能。

3.6.2.4　在其他领域的运用

一些科技公司借助科技手段建立了智能绿色低碳营销库，将海量存储数据变现为绿色低碳偏好的识别推送的价值。这些科技公司通过收集用户社交、消费、信用、交易等行为数据，生成企业或个人用户的绿色低碳行为画像，分析用户绿色低碳的需求与偏好，建立精准营销推送方案，助力绿色金融发展。一些平台企业和渠道商运用大数据和人工智能技术，充分、及时解读相关产业政策，整合分析各金融机构提供的绿色金融产品的特点，建立了绿色金融产品库，并结合用户的特点，精细化匹配、推荐绿色金融服务产品。

3.6.3　发展机遇与建议

近年来，金融科技在支持绿色金融体系建设方面进展显著，但与碳达峰、碳中和目标下潜在的市场需求相比，还有巨大的发展空间。本节从支持监管体系建设与激励政策落实、金融机构低碳转型与提高运营效率、绿色金融市场建设、碳市场发展等角度，提出进一步研发金融科技工具和方法的若干机遇和探索方向。

3.6.3.1　监管机构

绿色金融统计、审核。金融监管部门可使用数字技术建立绿色金融业务数据的统计、监测、评估和审计系统。比如，可运用于区块链技术记录绿色低碳项目和资产的来源与识别认定过程，通过大数据和人工智能的方法提高绿色低碳项目和资产环境效益测算以及风险量化的效率。在提高绿色金融业务数据统计分析效率的同时实现绿色资产可追溯、反"洗绿"的效果。

落实激励政策（如绿色银行考核、碳减排支持工具等）。运用大数据、云计算技术对金融机构的绿色业绩进行定性、定量的综合评价，通过指标模型化、定量指标自动采集、评价流程在线化、评价体系数据化等方式，将其用于绿色信贷绩效评价和绿色银行考核。基于这些考核结果，用于支持低碳项目的绿色再贷款、碳减排支持工具的运行。

分析和防范系统性金融风险。金融科技支持金融监管机构开展系统性环境风险分析与压力测试。一是运用物联网、大数据、云计算实时监控环境气候的物理风险、由物理风险带来的环境风险以及可能带来的系统性金融风险。二是运用大数据、云计算、人工智能评估能源和其他高碳产业转型的潜在风险，以及可能带来的系统性金融风险。

探索将低碳目标纳入信用体系建设。一是建议相关部门运用区块链、云技术等建立碳排放数据共享平台，建立高效的碳排放核算和信息披露机制，包括但不限于全国碳市场的行业碳排放数据和企业碳排放数据，探索开展碳排放数据集成及个人和企业的碳排放核算。二是运用物联网和区块链的技术获取，记录个人和企业绿色减碳消费行为数据，根据数据科学、人工智能的算法计算个人和企业绿色减碳消费行为，形成个人/企业碳减排行为画像，进一步探索将低碳目标纳入企业信用评价和个人信用评价。

3.6.3.2　金融机构

绿色低碳资产和项目识别。运用大数据和AI等技术进行绿色资产、棕色资产识别、分类。运用人工智能技术识别项目和资产描述的绿色低碳属性；运用物联网触达项目、底层资产的实际数据，帮助验证判断项目绿色低碳实质性和底层资产绿色低碳属性。

绿色低碳项目和资产环境效益测算。利用物联网、云计算实时监控，计算项目和资产的环境效益，量化项目的真实环境贡献；运用区块链记录项目和资产的环境效益。

ESG风险管理。利用大数据、人工智能等技术辅助金融机构ESG风险识别与分析，依托ESG风险大数据积累，建立起可量化的风险指标、风险辨识模型及相应的风险处置措施，形成较为全面的绿色金融信息化风险管控体系。例如，通过大数据平台进行客户环境风险监测，并进行预警处置；运用大数据和云计算进行绿色资产、棕色资产的统计、分析，全面衡量信贷资产的转型风险；运用大数据和人工智能技术生成授信主体的ESG信用画像，并将其全面纳入信贷管理流程。

环境信息披露。利用物联网、大数据、人工智能、云计算实现投融资活动的环境效益与碳排放的基础数据采集、计算与统计分析。针对金融机构碳排放核算中的难点，运用人工智能对授信企业进行碳核算和碳足迹追踪，自动生成环境信息披露报告。创新、完善信息披露方式，探索通过可扩展商业报告语言（XBRL）、区块链等新技术手段，提升信息披露效果，推行以信息披露为中心的创新发行方式，推动绿色信贷ABS基础资产逐笔披露，提高信息披露的透明度和标准化水平。

标准化流程管理。通过云平台，依托人工智能建设绿色遴选模块、多标准绿色智能识别；通过大数据，完善企业或个人绿色画像，提升客户识别与穿透能力，将绿色低碳纳入业务流程管理；借助金融科技建立ESG数据库和评价能力，运用大数据、云计算和AI等技术进行企业和项目的ESG评价与业务全流程纳入，实现非财务信息的信用风险应用及管理。

绿色低碳业务统计申报。通过大数据、人工智能、云计算可以准确识别、标记符合监管口径的绿色信贷等数据，从而实现监管数据的及时生成、统计和推送。运用大数据进行数据挖掘、分析和集成，准确、及时、多维度地呈现绿色金融数据全景，实现业务洞察与决策支持。

3.6.3.3 绿色金融市场建设

低碳目标的ESG产品创新。依托人工智能建设绿色或ESG遴选模块和多标准绿色智能识别工具整合绿色资产，探索运用区块链技术建立绿色或碳减排或ESG挂钩的债券、ABS底层资产池，提高信息披露的透明度和标准化水平，降低成本，支持绿色低碳主题债券、ABS和REITs等产品的发行。在个人绿色消费信贷领域，运用大数据和人工智能形成绿色消费行为特征画像，探索个人绿色信用评价创新应用产品。

低碳投资者识别与激励。运用云计算和区块链技术建立绿色投资渠道，运用大数据、人工智能技术针对绿色低碳偏好客户，推送绿色低碳投融资产品，并进行相应的追踪与激励。

绿色ABS等资产的跨境交易。使用区块链等金融科技手段对绿色低碳资产交易进行全流程管理，有助于解决数据、机构、资产的可信度问题，降低交易成本，促进包括绿色ABS在内的绿色资产的跨境交易。相关金融科技手段可以运用到绿色项目溯源、登记、确权、认证，在线对接融资工具与结算服务，以及底层资产的穿透监控等方面。

清洁能源交易。通过运用人工智能、区块链技术搭建连接供应商和购买者之间的清洁能源交易平台，可以帮助清洁能源生产商及购买者实现高效透明的能源交易。

3.6.3.4 碳市场发展

企业碳排放核算与核查。范围一，运用物联网技术进行碳排放量的数据的采集、获取和监测，运用大数据技术提高数据覆盖度，增强模型分析能力，提高碳排放分析处理结果的准确性与可信度。范围二，运用人工智能图像识别对外购电力、热力单据进行识别和分析，解决效率问题。范围三，构建产业链知识图谱帮助对企业上下游进行碳核算。

碳汇计量与核查。运用数字技术提升碳汇相关的数据采集自动化程度和大数据组织化能力，比如将遥感技术和计算技术相结合，来测量林草的二氧化碳吸收和储存能力。

跨境碳交易的认定与审计。运用区块链技术建立跨境碳交易平台，用区块链透明化的性质解决核算方法和数据的透明问题，运用交易记录不可篡改性解决信任和追溯问责问题。

3.7　转型金融

根据本书在第二章中的估算，碳中和将在未来30年带来巨大的绿色低碳投资需求。而这些资金绝大部分将通过动员私人资金的形式予以满足，既包括用现有绿色金融工具支持符合现有绿色和零碳标准的项目，也需要通过转型金融支持高碳企业和高碳资产向低碳、零碳的转型需求。

转型企业需要转型金融支持，主要是因为高碳企业向低碳或零碳业务转型的过程需要大量资金支持。在这个转型过程中，需要投入新的技术、设备、人力，购置土地等资源。转型中的企业目前属于高碳企业，但如果因此而无法获得融资，则转型就不可能发生，并可能导致如下后果：（1）企业收入骤减，无法偿还贷款，导致银行坏账增加，影响金融稳定；（2）企业资金链断裂，导致企业倒闭和裁员，影响社会稳定；（3）即使企业勉强可以维持运行，但却无力投入新的资源开展低碳绿色业务，因此将长期维持高碳运行，增加碳排放。换句话说，有效的转型金融安排有助于高碳企业退出高碳业务，加速其低碳转型，同时有助于减少转型带来的金融风险和社会风险。

我们关注转型金融的另一个原因，是目前的绿色金融标准和政策体系尚不完全包容转型金融。在目前的绿色信贷和绿色债券目录中，确实已经包含了一些支持转型的项目级别的内容（如节能、减碳技术的运用和设备的购置），允许部分高碳企业通过绿色信贷和发行绿色债券来支持这些项目。但是，目前的制度安排有几个缺陷：一是这些转型项目数量和类别有限，大量可用于转型的项目尚未包括在绿色目录中。比如，支持煤电企业向以可再生能源为主的综合能源服务体系转型的项目，即使设定了明确的温室气体减排和气候转型目标，也无法按照《绿色债券支持项目目录（2021年版）》获得绿色资金支持；钢铁和水泥制造企业的一些单纯减少温室气体排放的改造项目，也未包含在绿色目录中，而未来此类项目投资需求非常多。二是企业用于支持绿色转型的流动资金无法获得绿色金融的支持。三是以推动转型为目标用于并购高碳企业的资金（不属于项目融资）无法享受绿色金融的政策支持，比如不能用于申请央行"碳减排支持工具"。四是由于缺乏对转型企业、转型路径的界定和披露标准，即使该企业有很强的转型意愿和具体的转型项目，许多银行和资本市场参与者出于防范"洗绿风险"或"声誉风险"的考虑，也不愿意（或不敢）为这些企业提供融资，更不用说提供绿色融资了。

本小节借鉴相关领域转型案例，提出有关构建转型金融体系的建议。我们认为，为更好地支持转型经济活动，有关政府机构、监管部门、金融机构和投资者需要共同努力，拓宽目前的绿色金融政策体系，构建一个包括界定标准、披露要求、转型路径、激励政策、金融工具并将其后转型可能产生的负面影响考虑在内的转型金融体系。

3.7.1　转型金融的概念及具体运用

转型金融的概念是在全球推动气候转型和发展气候金融、绿色金融、可持续金融的背景下提出的，OECD报告[①]显示，截至2021年6月已有超过12家机构在其制定的绿色或可持续金融文件中进行描述，包括国家政府、行业协会、智库和金融机构。这些文件包括分类标准（taxonomy）、投资指南和原则等，也有政府和市场参与者提议或正在讨论的规范性文件。具体包括：

- 政府部门：日本（2项）、马来西亚、欧盟、俄罗斯、新加坡
- 行业协会：国际资本市场协会、气候债券倡议
- 研究智库：日本环境金融研究所
- 金融机构：星展银行、安盛投资管理、欧洲复兴开发银行

虽然国际上尚未就转型金融的具体界定方法或认定标准形成共识，但OECD的报告显示，近年来已有金融机构基于部分共识发行了多达39个金融产品，以债务融资工具为主，比如可持续发展挂钩债券和信贷产品。这些产品支持的行业类别、挂钩的可持续发展目标、转型要求和融资条件等存在差异，但它们统一遵循的核心要素包括：要有显著的减排效应和明确的转型目标与路径；转型目标要可衡量、可报告、可核查（MRV）；转型金融产品要设计配套的激励或惩罚措施（融资条件要与转型目标的实现与否挂钩）。

3.7.1.1　转型金融的界定

根据国际资本市场协会（ICMA）在2020年12月发布的《气候转型

[①] 详见OECD (2021), *Financial markets and climate transition: Opportunities, challenges and policy implications*, https://www.oecd.org/daf/fin/financial-markets/financial-markets-and-climate-transition-opportunities-challenges-and-policy-implications.htm。

金融手册》，转型融资被广泛地定义为"发行人支持其气候变化战略的相关融资计划"①。《欧盟可持续金融分类标准》将转型活动定义为"为实现减缓气候变化的目标，在尚未提供低碳替代品的部门内作出重大贡献从而满足支持转型需要的相关活动"。日本经济产业省组建的"环境创新金融研究组"提出了"转型、绿色、创新、融资（TGIF）"的理念，并将转型作为其中一个支柱，指支持需要较长时间才能真正实现净零排放的产业向低碳、脱碳的方向转变②，但具体的定义和分类还需要进一步阐释。

此外，英国气候债券倡议（CBI）则提出了转型的五项原则：符合1.5摄氏度温控目标的碳排放轨迹、以科学为基础设定的减排目标、不计入碳抵销、技术可行性优于经济竞争性、刻不容缓的行动③，强调融资应具备的绿色属性，同时避免"洗绿"风险。我国银行间交易商协会（NAFMII）也于2021年4月底发布《可持续发展挂钩债券（SLB）十问十答》④，拟正式推出的可持续发展挂钩债券，也属于本文讨论的转型金融范畴。

3.7.1.2 转型金融产品的案例

符合上述定义和标准的转型金融产品最早出现于2019年，法国东方汇理银行和意大利电力公司先后发行了转型金融产品。

2019年11月，法国东方汇理银行宣布定向发行额度为1亿欧元、息票率为0.55%的10年期债券，债券认购人为安盛投资管理公司，债券上市地点定为卢森堡交易所。该债券筹得的资金将全部用于碳排放密集行

---

① 详见ICMA《气候转型金融手册》中文译本，https://www.icmagroup.org/assets/documents/Regulatory/Green-Bonds/Translations/2020/Chinese-CTFH2020-12-220121.pdf。

② 详见METI, Climate Innovation Finance Strategy 2020。

③ CBI. Financing Credible Transition: White Paper[R]. https://www.climatebonds.net/resources/reports/financing-credible-transitions-white-paper. 2020.

④ 详见交易商协会推出《可持续发展挂钩债券（SLB）十问十答》，http://www.nafmii.org.cn/xhdt/202104/t20210428_85556.html。

业中的低碳转型项目（如液化天然气船舶、节能行业及依靠煤炭发电国家的燃气发电设施）；债券支持的项目预计每年可减少约26500吨的碳排放。企业承诺到2021年12月31日前将可再生能源总装机容量增加55%以上，并将排放强度减少到125克每千瓦·时以下。该笔债券设置了惩罚机制，即如果2021年12月31日公司未完成上述目标，债券的年息票率将提高25个基点。两档的加息基于可再生能源的容量，而第三个阶段则取决于温室气体排放的减少量。

同年9月，意大利国家电力公司（Enel）发行了额度为15亿美元的5年期债券，并在一个月后又发行了额度为25亿欧元、分为3个层级的结构化债券。Enel将该债券定义为与联合国可持续发展目标挂钩的公司债，而非绿色债券，并提出了定量转型目标：到2021年底，该公司可再生能源发电量占比从48%提升至55%。此外，该笔债券还设置了惩罚机制，即如果2021年底公司未完成上述目标，债券的年息票率将提高25个基点。为此，该笔债券还接受第三方审查，并将作为该公司年度审计的一部分。

此外，2020年法国施耐德电气发行了规模为6.5亿欧元的可持续挂钩可转债。该可转债为零息债券，有明确的转型路径和目标，具有惩罚机制，并逐年进行绩效报告。该公司承诺到2025年为其客户减少8亿吨的碳排放，在2040年实现端到端供应链碳中和，若未能实现转型目标，公司需向债券持有人支付额外款项，约为其债券票面价值的0.50%。

2021年，酒精饮料生产商百威英博发行了101亿美元可持续发展挂钩循环信贷工具，提出了明确的转型目标，即到2025年使该公司的碳排放减少25%，并设置了价格激励机制，即贷款利率将根据该公司完成转型目标的程度进行调整。该转型目标下，该公司还为该笔信贷工具设置了四个关键绩效指标：

·进一步提高该公司全球啤酒厂的用水效率，支持其水资源管理目标；

·增加PET包装中的可回收成分，为实现循环包装目标作出贡献；

·到2025年将实现电力供应100%来自可再生能源；

·作为以科学为基础的气候行动目标的一部分，减少温室气体排放。

3.7.1.3 金融支持转型经济活动的核心要素

基于前文分析和金融支持转型活动的案例，我们不难发现，被投资者和市场接受的转型金融产品一般具备以下核心要素：

第一，发行人融资条件要与低碳转型目标挂钩，而相关转型经济活动要有显著的减排效应和可靠的转型路径。比如，银行间市场交易商协会在"十问十答"中提出，可持续发展挂钩债券是指将债券条款与发行人可持续发展目标相挂钩的债务融资工具。挂钩目标包括关键绩效指标（KPI）和可持续发展绩效目标（SPT）。其中，关键绩效指标是对发行人运营有核心作用的可持续发展业绩指标。可持续发展绩效指标是对关键绩效指标的量化评估目标，并需明确目标达成时限。以上述法国东方汇理银行发行的转型金融债券为例，该债券明确用于支持具有显著减排效应的转型项目，包括大型商用船舶的能源使用由柴油转为液化天然气，减少碳排放25%以上，以此作为在风能和氢能动力船舶得到商用和大规模推广前的低碳化转型方案。

第二，发行人提出的转型目标要符合可衡量、可报告、可核查（MRV）的原则。其中，可衡量（measurable）指的是发行人提出的转型目标必须是具体、可量化的目标，不能模棱两可，更不能似是而非；可报告（reportable）指的是发行人需要对募集资金使用情况和转型目标的实现或进展情况进行披露和报告，避免出现"洗绿"风险；可核查（verifiable）指的是发行人转型目标的实现和进展情况要经第三方机构核查与验证，尤其是在转型目标较为复杂的情形下，确保转型目标可实现。比如，上述意大利国家电力公司的案例中，发行人明确到2021年底将可再生能源发电量占比从48%提升至55%。该案例中，发行人将提高可再生能源发电量占比作为转型目标，就是比较符合MRV原则的。

第三，相关转型金融产品要设计配套的激励或惩罚措施。配套激励或惩罚措施可以有多种形式，包括正向的奖励机制（比如：若能实现转型目标，则降低票面利率）、负向的惩罚机制（比如：若未能实现转型目标，则提高票面利率）、数量型激励（比如：若能实现转型目标，由政府提供一定数量补贴）、价格型激励（比如：灵活调整票面利率）等。

表3-12　转型金融产品的配套奖惩机制

配套机制	参考案例
奖励机制	实现转型目标降低票面利率
惩罚机制	未能实现转型目标则提高票面利率
数量型激励	若能实现转型目标由政府提供一定数量补贴
价格型激励	灵活调整票面利率

以上述意大利国家电力公司为例，该公司提出了具体的转型目标，即到2021年底，将公司可再生能源发电量占比提升至55%，若无法实现该转型目标，发行人将向债券持有人多支付25个基点的票面利息，作为惩罚措施。同样地，法国施耐德电气承诺若不能实现转型目标，将向债券持有人多支付约为50个基点的票面利息。这种做法属于价格负向激励机制。在实施零利率甚至负利率货币政策的欧洲，这无异于大幅提高企业融资成本，既是对自身转型目标负责的体现，也倒逼企业采取更大力度的措施，向可再生能源转型。

此外，在二十国集团（G20）2022年主席国印度尼西亚和各方支持下，由中国人民银行和美国财政部共同主持的可持续金融工作组（SFWG）提出了一套转型金融框架。该框架有五项基本要素，即：

① 关于转型经济活动及相关投融资产品的界定标准。比如欧盟出台的《可持续金融分类目录》（EU Sustainable Finance Taxonomy）和中

国监管部门正在编制的转型金融目录就是转型金融界定标准的例子。

② 关于转型的信息披露要求，包括融资企业的转型路径、转型目标（含短期和中长期目标）及其进展情况。

③ 支持转型活动的金融产品，包括传统的信贷和债券产品，也包括股权和基金类产品，以更好满足各类高碳资产和投融资活动的转型需求。

④ 支持转型的政策和激励措施。这些政策和激励措施可以包括贴息、担保、类似"碳减排支持工具"的货币政策工具，以及各类财政、税收、产业和监管激励措施。

⑤ 对公正转型的要求。包括要求融资企业评估转型经济活动带来的失业等社会问题，并提出缓解这些问题的措施（如再就业、再培训计划等）。

3.7.2　我国发展转型金融体系的必要性及挑战

在碳中和背景下，我国一些地区和行业面临较大的转型压力，需要金融体系一方面提供持续的资金支持，确保当前经济和社会的运行平稳有序；另一方面要对有利于实现碳中和目标的经济活动提供额外支持，尤其是那些可以通过低碳改造实现绿色转型的投融资活动。这就需要在传统意义上的绿色金融之外，大力发展转型金融，支持部分高碳行业的转型实践。

3.7.2.1　高碳行业的转型需要大规模金融支持

我国作为制造业大国，经济活动的碳强度明显高于以服务业为主的发达国家。被碳市场所覆盖的八大高碳行业——包括火电、钢铁、水泥、化工、有色金属、造纸、航空，加上化石能源产业（包括石油和天然气采掘业），占我国GDP的比重约20%。由于这些行业多为资本密集型行业，估计高碳行业占用的金融资源的比重会高于20%。这些行业如果无法转型为低碳、零碳行业，其已经占用的金融资源就可能出现估值下降和违约等风险。如果要成功转型，就需要有更多的资金投入这些企业，用于开拓新的低碳业务，或者对目前旧的技术、工艺进行改造。一般来说，如果没有新的资金投入，绝大多数的高碳企业很难成功转型，而转型失败，就会导致金融风险、失业等社会风险和税收收入下降等财政风险。因此，未来的绿色金融体系一方面应该减少对高碳经济活动的支持，另一方面要加大对高碳企业开展的转型活动的资金支持。

3.7.2.2 我国发展转型金融面临的机遇和挑战

在推动金融支持低碳转型方面，我国既存在机遇，也面临挑战。在机遇方面，我国已经建立了比较完善的绿色金融体系，包括清晰的绿色金融标准体系和政策框架、明确的信息披露要求、适当的激励机制和丰富的产品体系，以及充分的国际交流与合作。截至2022年第一季度末，我国绿色贷款余额超过18万亿元，我国金融机构和企业在境内外累计发行的各类绿色债券超过2万亿元。尤其是自碳中和目标提出以来，2021年绿色债券发行规模、品种创新等方面均取得了突出进展，包括"碳中和债"等各类新型绿色债券，全年发行规模较上年增长约180%。

我国发展转型金融也面临诸多挑战。一是我国国家层面尚未制定转型经济活动的界定标准。目前，我国有关部门在绿色金融领域已经制定了明确的绿色标准，覆盖绿色贷款、绿色债券和绿色行业等较为常见的金融产品和行业，浙江省湖州市也在地方政府层面推出了第一个转型金融目录，但尚未在国家层面对棕色资产和可转型经济活动进行明确界定，不利于转型金融的进一步发展。国际上虽然也尚未就转型经济活动的界定标准达成共识，但已有多个原则性倡议，我国也在通过G20等平台积极参与讨论，但应尽快提出符合我国国情的界定标准。比如，ICMA提出的《气候转型金融手册》和CBI

提出的《为可信赖的低碳转型提供金融支持》。欧盟、日本和东盟也分别在《可持续金融分类方案》《关于气候转型融资原则的概念性文件》和《东盟可持续金融分类方案》中就转型金融有关经济活动进行了分类和讨论，其中，欧盟和东盟提出了可转型经济活动及其分类标准。

二是我国企业和金融机构的环境信息披露的水平和质量有待提高，与转型相关的披露要求尚未明确。我国对上市公司和发债企业已有环境信息披露的原则性要求，但缺乏具体的、操作性的指引。目前相关市场主体开展的信息披露范围有限，尤其是缺乏与碳相关的信息披露，也缺乏一致的披露框架。与转型相关的信息披露还没有被提到议事日程上，这不利于引导资金投向低碳转型相关经济活动。具体来说，我国开展环境披露信息的主体主要为重点排污单位、部分上市公司和绿色金融债券发行人，但大部分企业还没有披露碳排放和碳强度信息，包括多数需要进行低碳转型的企业。数据显示，沪深两市仅有约四分之一的上市公司发布了有效的环境信息披露报告；多家传统能源行业企业即使因未执行相关排放标准，造成环境治理问题而受到生态环保部门的通报或处罚，也并未在当年的环境信息报告或其他信息披露渠道中进行披露。国际上，会计准则委员会（IFRS）在各方支持下已于2021年11月正式宣布成立可持续披露准则委员会（ISSB），以专门制定和协调与可持续相关的财务信息披露，并致力于成为全球基线标准（baseline standard）。目前，ISSB已经就相关标准披露了征求意见稿，其中覆盖了与转型有关的内容。我国有关部门也在积极研究该标准及其对我国的影响，相关企业和金融机构也应当尽早准备。

三是缺乏针对转型活动的金融支持工具。除了部分机构发行的碳中和债券支持了一些转型活动之外，多数绿色信贷、绿色债券和绿色基金所支持的项目仍然属于狭义范围内的"绿色项目"，这些金融工具并没有与规划碳减排路径、披露碳减排效果等因素建立内在联系。此外，传统的绿色金融工具，尤其是绿色信贷和绿色债券，往往不适用于债务率高企、缺乏创新和管理能力的转型企业。这些高碳企业，如一大批地方煤电企业，更为需要的是并购类的股权投资和债转股等特殊安排。

四是缺乏支持转型的配套措施。许多高碳企业的转型还需要金融资源之外的相应的配套措施，以确保转型成功。以能源行业为例，传统化石能源企业在选择向风能、太阳能等不同类型的可再生能源的转型过程中，还需要在土地、规划、储能、输变电等领域具有相应的配套措施，尤其是风能，包括陆上和海上风能设施的生产、运输、吊装、调试、并网发电等一系列专业配套措施。在交通领域，普通民用汽车的电气化需要充电设施作为配套措施，重型卡车的氢能化需要氢能的制备、运输、加氢站等各方面的配套措施，尤其是加氢站的选址和建设需要严格配合当地国土和消防部门的有关要求，限制性因素多。这些配套措施大多相互关联，任何一项配套的缺失或不畅都有可能导致相关项目建设和运营面临困难，甚至导致转型失败。此外，许多有转型意愿的国有企业，如果要获得市场化的股权投资，还需要进行混合所有制的改革，以提升对管理层的激励和创新的动力。

表 3-13　主要行业转型所需配套措施

行业	转型方向	所需配套措施
交通	乘用车及中轻型卡车实现电气化	充/换电站等
	航空、航运业，以及重型卡车部分能源转用氢能	氢能的制取、存储、运输和加氢站建设，相关土地审批和规划政策调整等
	铁路和轨道交通	土地和规划政策等
建筑	房屋节能改造	能效标准、节能补贴与回收制度等
	智能系统设计	建筑技术和管理手段等
	节能设备应用	城市用地结构优化等

行业	转型方向	所需配套措施
能源	光伏、风能	土地、储能、输变电和上网价格等
	水电与核电等清洁能源	土地、规划、输变电和上网价格等
	生物质等其他能源	农作物原/废料收储政策、建设用地和规划等
制造业	水泥生产中碳酸钙工艺环节碳捕捉,总产量循环利用、技改和替代燃料	碳捕捉技术等配套设施
	钢铁:碳捕捉,电炉取代传统高炉	碳捕捉技术、电炉等配套设施
	有色金属:碳捕捉,清洁能源替代	碳捕捉技术、清洁能源等配套措施
	石化:碳捕捉与封存,绿氢和二氧化碳,以及生物质新技术替代	碳捕捉技术、清洁能源等配套措施
	一般制造业:清洁能源替代,数字化转型,循环利用	绿电等清洁能源配套,循环经济相关配套政策和措施等

五是部分高碳企业缺乏转型意愿和能力。一些高碳企业往往还面临着转型意愿、技术和政策方面的挑战。部分高碳企业并未充分理解碳中和所带来的"生存危机",没有认识到不转型就可能被迫退出市场。一些有意愿转型的企业不了解可能的转型技术路径,上级也没有给出具体的路径指引,因此不知所措,或采取"看看再说"的态度。也有不少企业认识到转型的必要性,但由于转型成本较高,所需要的政府补贴、配套措施、资金筹集的难度都远远超出企业的能力所及,因此只能采取"坐等"的态度。

3.7.3 关于发展转型金融体系的建议

针对前述问题,为完善绿色金融体系,以更好地支持转型经济活动,我们建议监管部门以支持高碳企业向低碳转型为主要目标,出台相关政策措施,构建转型金融机制,推动高碳行业和企业向绿色和低碳转型。财政部门、行业主管部门和地方政府也应该出台支持转型的配套政策。此外,金融机构也应该积极探索适用于转型特定的金融工具。

（1）明确转型路径，制定转型金融标准

作为规范资金用途和防范"洗绿"风险的重要手段，明确的转型金融界定标准不可或缺。比如，该标准需要明确哪些行业或经济活动应该转型，主要的转型路径有哪些，转型所需要的时间，效果该如何评估等。在这些转型金融标准中，最重要的一个内容应该是明确转型的路径。比如，煤炭、煤电企业将自身改造为包含可再生能源的综合能源企业并逐步降低碳排放强度，钢铁制造行业通过运用短流程、电炉和氢气替代一氧化碳等技术实现大幅度减排等，都属于转型技术路径。比如，2022年初，浙江省湖州市发布了我国首个地方版的转型金融目录，聚焦能源、工业、建筑、农业四大领域，确立了转型金融支持的九大行业、30项细分领域。同时，参照各行业"双碳"目标实现技术路径，编制了首批57项低碳转型技术路径，并引入"能耗强度"量化指标，分行业分领域设定低碳转型远期（2025年）目标区间值，推动实现融资主体转型目标"可衡量、可报告、可核查"。

需要指出的是，转型金融的界定标准与传统绿色金融界定标准的主要差别就在于，前者是一个基于动态技术路径的标准（如将一个煤电企业转型为新能源企业），而后者往往是对"采购或投资标的"（如采购一组新能源设备）特点的静态描述。此外，转型金融往往用于支持一个转型企业（不排除支持具体项目），并需要明确的转型目标并对该企业转型目标的实现情况进行评估，而目前意义上的绿色金融大多用于支持绿色项目；转型金融工具的融资成本一般与转型效果挂钩，而传统绿色金融工具很少采用这种做法。

（2）明确转型相关的信息披露要求

与传统金融市场和绿色金融产品相比，转型金融所支持的项目或经济活动所要跟踪和报告的量化目标更多，更具有动态性，技术性也更强，需要更加严格的信息披露要求。比如，在能源行业，度电碳强度指标经常被用来衡量传统能源企业的转型情况，而该指标的计算及相关数据的获取与核实都需要一定的专业技能，需要第三方进行核验，因此对融资企业提出了更高的信息披露要求。为了在支持转型金融的同时防止"洗绿"的问题，监管部门应该明确对获得转型融资的企业信息披露要求。具体来说，获得转型融资的企业至少应该披露转型路径、资金使用情况、转型目标的实现情况（包括项目或经济活动的碳排放和碳强度的变化）、产生的其他环境和社会效益（如解决的就业问题）、可能存在的风险因素及其应对措施等。

（3）创新转型金融产品，满足不同转型路径融资需求

截至2021年末，我国金融业机构总资产超过380万亿元，其中银行业金融机构贷款余额190余万亿元，而绿色贷款占比只有10%左右。这意味着在2060年实现碳中和目标前，我国多数金融资产及其支持的经济活动中，绝大多数都需要进行转型。在此过程中，需要推出各类支持转型的金融产品，包括转型基金（含并购基金）、转型贷款、转型债券、转型担保等各类融资工具，也可以探索使用债转股的手段来支持转型。其中，专门从事股权投资的转型基金将发挥关键的作用。这是因为，许多亟待转型的高碳企业往往面临负债率过高、难以获得债权融资的问题，因此要解决其转型问题的首要措施是补充资本金。此外，许多银行在高碳领域的存量贷款面临违约风险，应该积极探索债转股等工具，主动、积极地推动高碳企业的转型，将成功转型作为化解金融风险的关键措施。

（4）综合运用各类配套措施，设置适当的激励机制

以煤电企业转型为例，在向新能源为主的业务转型过程中，需要土地供给、可再生能源消纳、碳排放权交易等方面的政策支持；在融资和金融监管方面，可以考虑借鉴央行再贷款对绿色金融的激励机制，设立支持转型金融的专项政策；在财税方面，对于积极主动转型的高碳行业企业，可考虑允许对固定资产加速折旧，并对转型融资投资者提供税收

减免。建议有关部门对主要高碳部门转型所需要的配套措施进行梳理，及时出台一批有实效的措施。这些措施将有助于提升社会资本对转型投资回报率的预期，从而激励更多的金融资源参与低碳转型项目。

（5）设立国家绿色转型协调机制，统筹推进公平转型

为实现碳中和目标，我国需要大量低碳投资，其中绝大部分资金需求将通过资本市场进行筹措，包括银行信贷、债券市场和股权投资等。但政府部门的作用依然不容小视，尤其是在转型投融资相关风险和收益与市场化水平不完全一致的初期阶段，更需要财政资金参与，降低私人部门投资风险，撬动更多私人部门资金。建议参考国家绿色发展基金的模式，考虑由中央政府设立国家级的绿色转型基金，专门为需要进行绿色和低碳转型的重点行业和重点区域提供融资支持。国务院在2021年10月底印发的《2030年前碳达峰行动方案》中明确提出"研究设立国家低碳转型基金"，但需要尽早落实运行。在国家级转型基金旗下，可以考虑设立相关主题子基金（如国家能源低碳转型子基金）和绿色转型担保基金，或作为转型融资工具的发行主体，以更高的信用等级协助相关企业降低转型融资成本等。与此同时，也要注重转型过程中可能带来的经济和社会负面影响，比如失业率上升、收入分配问题和绿色产品或服务价格上涨等问题。比如，由于高碳经济活动或资产往往集中于个别行业或区域，转型可能导致短期内失业率上升的问题。为避免此类问题的出现，各方应当积极应对，比如金融机构可以考虑在相关转型金融产品设计过程中，将就业作为考核要素KPI之一，对于有效避免严重失业的转型活动，可以考虑给予一定的利率优惠或其他支持措施。

（6）加强转型金融领域的国际合作

面对气候转型所需要的百万亿元的资金需求，除了国内资本市场，境外资金也是我国推动经济绿色转型和实现碳中和目标的关键。一方面，境外资本市场的欧元、美元等融资成本相对较低，而且境外投资

者对于转型融资产品兴趣浓厚，吸引外资可以在有效增加资金来源的同时，降低融资成本；另一方面，低碳转型是所有国家共同面临的挑战，既需要资金投入，也需要新的绿色科技创新。在引入境外投资者的同时，也可以引入一批国际领先的低碳绿色技术，提升我国的低碳科技水平，并促进相关领域的国际合作。

第四章

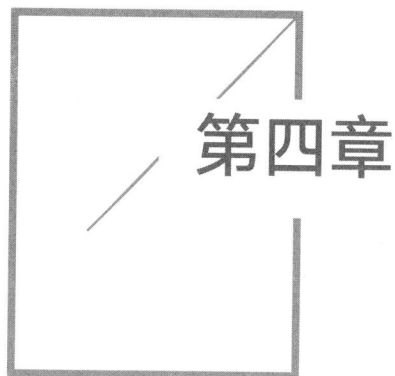

金融业如何防范
气候变化所带来的风险

环境因素和气候极端事件会导致实体经济受到损失并威胁金融稳定，世界经济论坛近几年来发布的《全球风险报告》都将与气候相关的风险列为全球发生可能性和影响最大风险之一（WEF，2019，2020）。根据不同研究，气候相关的物理变化和转型因素可能导致的巨大的经济与资产损失（见表4-1）。气候相关风险将成为金融风险的重要来源已经在金融业界成为共识。近年来，部分国家的监管层和很多具有前瞻性的金融机构已经开展识别和量化气候相关风险方法学和工具的研究，并逐步将相关分析结果纳入日常金融决策的过程。与此同时，管理与披露气候相关风险的标准与实践也应运而生，并呈现出体系化、强制化的发展趋势；强化风险分析、管理与披露，有助于金融机构规避气候相关风险，避免出现气候因素导致的系统性金融风险。

表4-1 对气候风险可能造成的经济损失的若干估算

风险类型	气候相关风险可能造成的损失	来源
物理风险	由于海平面上升和极端天气频发，2060—2080年美国15个沿海城市的金融损失预计可达8万亿美元	贝莱德BlackRock，（2019）
	在2100年全球气温上升4℃、5℃或6℃情景下，全球金融资产现值的损失可能达到4.2万亿、7万亿或13.8万亿美元；如果公共资产也考虑在内，在6℃情景下，全球有可能面临43万亿美元的经济损失	经济学人智库 EIU（2015）
	要实现2℃温升目标，意味着2050年之前2/3的化石燃料相关资产会成为搁浅资产	World Energy Outlook（2012）
转型风险	要实现《巴黎协定》的目标，意味着2010—2050年1/3的石油储量、50%天然气储量、超过80%的煤炭储量被迫搁浅	McGlade & Ekins，（2015）
	如果到2040年之前还不能将碳价因素纳入定价，全球经济损失（主要是能源部门经济损失）现值将达1万亿~4万亿美元	央行绿色金融网络（NGFS）（2019）
	要实现2℃温升目标，2050年之前搁浅的化石能源资产相当于大型国际能源企业（如壳牌、英国石油、道达尔、挪威国家石油等公司）的当前市值的40%~60%	汇丰全球研究中心（2013）

本章首先就如何识别和量化气候相关风险，对国内外最新成果和具体案例进行综述；接着讨论了国内外金融机构气候相关信息披露的进展，并就如何有效管理气候风险提出了一个基本框架。在气候风险分析、披露和管理这三个领域，本章都提出了若干具体的建议。

4.1 识别和量化气候相关风险

由于气候相关风险具有前瞻性，国际上普遍采用的气候风险分析工具为前瞻性的情景分析和压力测试。一般来说，气候风险分析分为五个步骤：风险识别、情景设置、风险敞口测算、风险评估和风险缓释。

识别金融机构所面临的气候相关风险，是后续量化风险的前提。气候相关风险分为物理风险和转型风险两大类，这两类风险都可能引发经营风险、信用风险、市场风险、声誉风险、流动性风险以及其他风险（马骏，2020；马骏和孙天印，2020）。一般而言，保险业的承保业务端对与自然灾害（如台风、洪水、旱灾等）相关的物理风险更为敏感；而银行、资管等机构在短期对转型风险，如气候政策和技术的变化等因素造成的冲击更为敏感；长期来看，银行和资管机构也会很大程度上受到物理风险的影响。

关于物理风险的例子有，气候变化会导致强度更大的台风更加频发，可能导致沿海地区的房屋等实体资产遭受更严重的破坏，抵押资产价值将会减损，相关抵押贷款违约概率上升（孙天印，2020）。此外，更频发和严重的气候灾害会迫使受灾地区生产活动中断，对公众、企业财产造成损失。转型风险的例子如，各类能源转型政策引发化石能源需求下降、碳排放成本上升，导致化石能源等高碳企业财务状况恶化，最终这些企业估值会减少，银行贷款的违约率上升等情况。

气候风险的量化评估需要通过情景设置、敞口测算和量化分析来完成。分析转型风险，首先要设置不同的气候转型情景，并通过宏观经济计量模型和综合评估模型，将不同气候情景转换成对宏观经济指标或行业发展趋势（如各类能源和不同碳强度产品的需求变化）的影响和对应的碳价。然后通过财务模型，估算这些变化对具体企业或行业的财务表现的影响。最后通过金融模型来估算其资产估值和信贷违约率、损失率等金融风险指标受到的影响。物理风险的分析则一般先评估暴露在灾害事件下的资产受到的直接和间接的经济损失。这些损失值包括厂房、设备、设施等的实体价值损失，也包括企业运营中断导致的商业损失，还可以是宏观经济的损失，如GDP和居民收入的损失。然后将这些直接或间接的损失值输入财务模型，估算其对公司财务指标的影响，最后用金融模型计算其对金融资产和贷款违约率、银行资本充足率等指标的影响。

4.1.1　国际经验

2017年，G20绿色金融研究小组就开始呼吁全球金融业开展环境气候风险分析；同年，气候风险财务风险披露工作组（Task Force on Climate-related Financial Disclosures，TCFD）发布了TCFD建议报告，旨在推动企业更加高效有力地披露气候相关的风险和机遇（TCFD，2017）；同年底，央行绿色金融网络（NGFS）成立，该组织的成员目前已经扩展到全球100多家央行和监管机构。NGFS的一个重要目标就是强化全球金融体系对气候相关风险的识别和管理。从2019年4月起，NGFS发布了一系列与气候风险相关的报告。2020年9月，中国金融学会绿金委主任、NGFS监管工作组主席马骏博士牵头，以该组织的名义发布了两份关于金融业开展环境和气候风险分析的重要报告，即《金融机构环境风险分析综述》（*Overview of Environmental Risk Analysis by*

Financial Institutions）[1]和《金融机构环境风险分析案例集》(*Case Studies of Environmental Risk Analysis Methodologies*）[2]。2020年11月，欧洲央行（ECB）和欧盟成员国国家主管部门发布了《气候环境风险指南》，对欧元区银行体系应对气候风险提出了更高的要求，是金融系统应对气候风险的重要正式文件（ECB，2020）。

从央行和监管的角度来看，国际上有若干央行已经开展了针对各自金融系统的气候风险分析。挪威央行开展了石油行业的资产在不同气候情景下面对气候转型政策的敏感性分析；英格兰央行、法国央行、荷兰央行、欧洲央行、新加坡金融管理局都开展了针对辖区企业金融资产的气候风险压力测试工作；2018年，奥地利央行分析了转型政策的不确定性风险对其持仓的主权债产生的冲击（Battiston和Monasterolo，2019）；2021年，英格兰央行为辖内银行和保险机构的气候压力测试提供标准的数据收集模板和参考情景。此外，欧洲保险和职业养老金管理局（EIOPA）运用CLIMAFIN风险分析框架分析了无序转型可能带来的风险。该研究显示，气候政策的转型路径会通过影响主权债的价值和违约率，最终对国家的货币和金融风险产生不容忽视的影响（Battiston等，2019）。除压力测试之外，加拿大央行、法国央行、丹麦央行和欧洲央行还针对辖内金融资产面临气候风险的敞口进行了初步的统计分析（NGFS，2020）。

从金融机构的角度来看，长达700页的NGFS《金融机构环境风险分析案例集》（以下简称《案例集》）囊括了全球30多家机构所提供的方法、工具和应用案例，是全球迄今为止在环境气候风险分析领域最为完整的一本文集。《案例集》对银行、资管、保险三种金融业态采用的环

---

[1] 详见Overview of Environmental Risk Analysis by Financial Institutions，https://www.ngfs.net/sites/default/files/media/2020/09/23/overview_of_environmental_risk_analysis_by_financial_institutions.pdf。

[2] 详见Case Studies of Environmental Risk Analysis Methodologies, https://www.ngfs.net/sites/default/files/medias/documents/case_studies_of_environmental_risk_analysis_methodologies.pdf。

境气候风险分析方法和工具进行了详细的介绍。下文简要介绍国际上三类机构对环境气候风险分析的应用。

以贷款业务为主的商业银行主要评估气候因素对信用风险的影响。从2018年起,国际上16个头部银行参与了UNEP FI开展的气候风险分析试点项目,运用了情景分析的方法,对自身面临的气候相关的风险和机遇(包括转型风险和物理风险[①])进行了识别和量化,分析了这些风险对银行信贷风险的影响(UNEP FI,2018,2020)。此外,穆迪建立了针对多种自然灾害的资产气候风险评分体系,为银行评估贷款标的资产面临的气候物理风险和相应的信贷风险提供了评估工具。

保险公司从承保业务角度使用巨灾模型估算损失和对保险定价。例如,英国气候风险分析机构Acclimatise联合Vivid Economics合作开发了一套热度分布图工具,用于评估多种产业在不同区域运营时可能面临的灾害风险,为保险机构等金融机构的投资决策提供参考。瑞士再保险(Swiss Re)设有专门的巨灾风险部门,其研发的巨灾模型分析对象覆盖了地震、台风、洪水等主要自然灾害。另一家国际再保险企业——慕尼黑再保险(MunichRe)拥有专门的自然灾害服务平台,该平台提供气候变化影响下的各种自然灾害的损失评估和保险定价服务,覆盖的灾害种类包括洪水、台风、冬季风暴、龙卷风、森林野火和干旱等。

资管机构及银行和保险机构从投资业务角度评估气候风险对资产估值、投资组合收益率等指标的影响。例如,贝莱德研发了系列气候风险分析工具,如碳税敞口分析工具(Carbon Beta Tool),可以对上市公司和投资组合进行压力测试,同时将于2021年在阿拉丁风险管理和投资管理平台中增加气候风险管理模块(Aladdin Climate)[②];施罗德投资集

---

① 其中,转型风险分析对应Extending Our Horizons (UNEP FI, 2018),物理风险分析对应Navigating A New Climate (UNEP FI, 2020)。

② 详见《可持续发展投资——贝莱德投资新标准》,https://www.blackrock.com/cn/blackrock-client-letter。

团建立了气候进展仪表（Climate Progress Dashboard），用于跟踪测算目前工业活动轨迹的潜在温升水平，还开发了碳在险价值指标（Carbon Value at Risk），用于量化碳成本对公司造成的潜在最大损失，为投资者提供决策依据[①]；投资公司Federated Hermes正在积极开发碳建模工具，建立气候情景。在金融业界，ESG评分与整合方法也是常用的环境气候风险分析工具，侧重于考察企业当前ESG表现以及其与财务表现之间的关系。

如表4-2所示，国际上多个气候风险分析案例结果显示，气候风险对相关企业的估值和违约率、投资组合价值等都会产生重大影响。

表4-2　气候相关风险分析的部分结果

研究机构	气候风险分析方法/案例	结果
苏黎世大学（瑞士）	在2℃情景通过将银行所持资产与2℃温升情景下各种气候政策组合相对应，和行业分析并评估欧盟主要银行的直接与间接损失。这些资产主要风险敞口位于化石燃料生产部门和能源密集型部门，如化石燃料、公用事业、能源、住房、运输	相较于基准情景，在转型情景下，到2050年20家欧洲主要上市银行的市值预计将下降8%~33%
Vivid Economics（英国）	通过预测未来50年的碳价格、化石燃料需求、清洁技术发展，量化不同情景下金融资产受到的直接和间接影响	传统化石能源公司的估值平均将下降33%，而一些可再生能源公司的估值可能翻倍（上升104%）。部分高碳公司的估值可能减少三分之二（-66%）
Ortec Finance（荷兰）	在有序、无序、转型失败路径下，评估GDP增长、利率、通货膨胀、投资和国际贸易流量等宏观指标的变化以及其对投资回报和投资组合价值的影响	在有序、无序、转型失败三种转型路径下，2020—2059年投资组合估值的中位数分别下降8%、12%、25%

[①] 详见Climate Progress Dashboard–navigating risks and opportunities, https://www.schroders.com/en/ch/asset–management/themes/climate–change–dashboard/fossil–fuel–producers/。

续表

研究机构	气候风险分析方法/案例	结果
2°Investing Initiative（德国/法国）	分析在"延迟和突然"转型情景下时，关键行业公司股价的变化和违约率变化	到2035年，煤电、煤气电、天然气、煤矿开采、石油行业的公司估值降幅达到20.3%~80.1%，煤电企业的违约率可能上升超过3倍。而核能、风力发电、太阳能、光伏等新能源公司的估值会上升12.8%~19.9%
Cambridge Institute for Sustainability Leadership（英国）	使用苏黎世ETH开发的CLIMADA建立自然灾害模型，对位于英国、欧洲、北美、南美和亚洲的12个房地产资产组合进行压力测试，分析了2℃和4℃两种温升情景下2050年资产的预期损失	在4℃温升情景下，英国洪水对住宅抵押贷款资产造成的平均年度损失（AAL）可能增加130%；面临重大洪水风险的住宅物业数量增加40%。对于投资组合而言，在4℃温升情景下，到2050年，四个英国投资组合因洪水风险而导致的AAL上升幅度会比2019年水平增加70%

资料来源：NGFS (2020)。

　　针对不同的气候风险和金融风险之间的传导机制，会涉及不同的方法和模型。各机构已经使用的工具、方法和模型十分多样，包括综合评估模型（IAM）、巨灾模型（CAT Models）、违约率模型（PD模型）、估值模型、投入产出模型、多因子加权模型等。NGFS《环境风险分析方法案例集》中列举了不同机构所使用的这些方法和模型的类别（见表4-3）。

表4-3　气候风险分析模型和方法举例

气候风险	金融风险	分析方法	作者/机构
物理风险	信贷风险	CAT模型	427
转型风险	信贷风险	IAM模型 PD模型	Oliver Wyman
转型风险	信贷风险和市场风险	IAM模型 PD模型 定价模型	UZH & WU
转型风险	信贷风险	PD模型	中国工商银行

气候风险	金融风险	分析方法	作者/机构
物理风险	信贷风险	CAT模型 PD模型 LGD模型	孙天印、马骏
转型风险	信贷风险	能源部门模型 IAM模型 PD模型	马骏、孙天印、祝韵
多重风险	信贷风险	多因子加权模型	Francisco Ascui and Theodor F. Cojoianu
转型风险	信贷风险	总经济价值模型 金融比率	Henrik Ohlsen and Michael Ridley
ESG	信贷风险	PD模型 LGD模型 评级分析	Intesa Sanpaolo
转型风险	市场风险	宏观计量经济学模型 IAM模型 估值模型	Vivid Economics
转型风险	市场风险	IAM模型 估值模型	Nicole Röttmer/PWC Germany
物理风险	市场风险	宏观计量经济学模型 CAT模型 估值模型	Acclimatise and Vivid Economics
转型风险	市场风险	能源部门模型 财务报表预测模型	Climate Policy Initiative
转型风险	市场风险	投入—产出模型	AFD
转型风险	市场风险	扩展CAMP模型 碳因子回归模型	中央财经大学
物理风险	市场、信贷和保险责任风险	CAT模型	Carbone 4
转型风险和物理风险	市场风险	宏观计量经济学模型 随机金融模型	Ortec Finance
转型风险	信贷风险和市场风险	"延期和突发场景"模型 估值模型 PD模型	2 degrees initiative

续表

气候风险	金融风险	分析方法	作者/机构
物理风险	市场风险和保险责任风险	CAT模型 估值模型	ClimateWise
转型风险	市场风险	能源部门模型 估值模型	ClimateWise
转型风险和物理风险	市场风险和机遇	IAM模型 CAT模型 莫顿模型 DCF模型	CarbonDelta
转型风险和物理风险	信贷风险和市场风险	IAM模型 莫顿模型 CAT模型	AVIVA
物理风险	保险责任风险	CAT模型	RMS
物理风险	保险责任风险	CAT模型	Swiss Re
ESG	信贷风险	ESG评分 ESG纳入评级	MSCI
ESG	信贷风险	ESG评分 ESG纳入评级	Moody's
ESG	信贷风险	ESG评分 ESG指数	ISS
投资组合碳核算	碳核算	自下而上法 生命周期温室气体核算	Carbone 4
投资组合碳核算	碳核算	温室气体核算 合法评估	ISS
投资组合碳核算	碳核算	温室气体核算 合法评估	EcoAct
转型风险	市场风险和机遇	ESG评分 定价模型	VfU & University of Augsburg

资料来源：NGFS (2020)。

在主要国家承诺了碳中和目标之后，企业和金融机构面临的最大气候风险是转型风险。如前文所述，物理风险指在全球温室效应不断加强，温升持续加剧的情景下，海平面上升和台风、干旱、洪水等极端天气事件通过破坏生产资料，影响生产和消费活动，最终对企业和金融机构带来损失的风险。如果主要国家和地区都承诺并认真落实碳中和目标和政策，人类有望实现《巴黎协定》，由于气候变化而导致大规模海平面上升和极端气候事件的可能性则会大大降低，因此物理风险对金融机构的影响也会得到控制。相较于物理风险，碳中和背景下的各种支持转型的政策和措施对金融机构造成的转型风险将变得更为紧迫和重要。具体来说，所有高碳企业，如果不能在可预见的未来转型为低碳或零碳企业，都可能会被淘汰出局，并通过估值下降和贷款坏账等形式演化为金融风险。

4.1.2 国内现状与问题

国内对于气候相关风险的识别和量化仍未正式进入多数金融机构的视野，但少数具有前瞻性的学术和金融机构已经迈出了探索的步伐。如清华大学绿色金融发展研究中心（马骏、孙天印，2020）、中财大绿色金融国际研究院、工商银行（中国工商银行与北京环境交易所联合课题组，2020）、江苏银行、兴业银行、江西银行、海通国际等机构近年来都在气候风险的识别与量化领域开展了研究和应用（图4-1），为马骏和孙天印提出的气候环境风险基本模型分析框架（马骏，2020）。

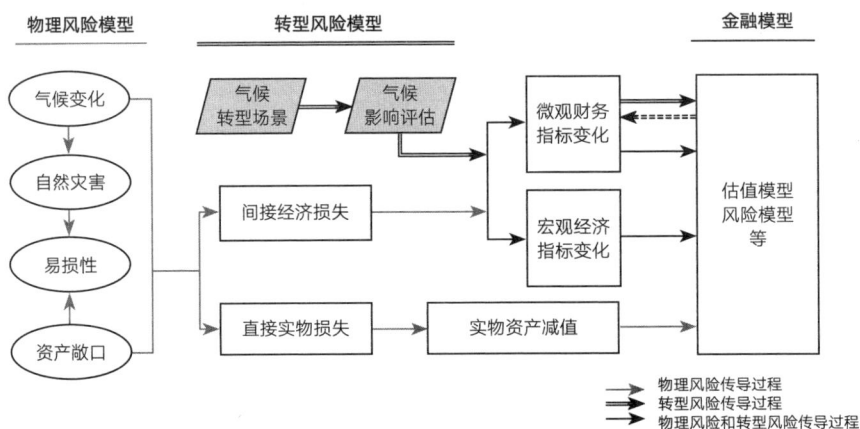

图4-1 马骏、孙天印提出的气候环境风险基本模型分析框架

转型风险分析方面，如表4-4所示，马骏、孙天印团队应用转型风险模型，评估了在多种转型因素影响下，我国煤电企业未来贷款违约率的变化轨迹。其结果显示，我国典型煤电企业的违约概率可能会由2020年的3%左右攀升至2030年的20%以上（马骏、孙天印，2020）。同时，工商银行、兴业银行、江苏银行等机构对包括气候环境政策、碳税风险等方面的转型风险进行了压力测试，涉及医药、绿色建筑、水泥制造等行业。其中，工商银行进行了碳交易相关的压力测试研究，分析了碳价、行业基准线、有偿分配比例、减排技术应用四个因素对企业财务和银行信用风险造成的影响。兴业银行运用优化传统净现值法和以风险模型为核心的环境压力测试法，评估了环保政策、碳排放价格等因素对绿色建筑行业信贷资产风险水平造成的影响；江苏银行结合企业调研和内部客户信评模型，分析了政策因素、水风险、碳税风险等因素对医药化工行业企业客户的信用等级和违约率的影响。物理风险分析方面，清华大学绿色金融发展研究中心团队开展的物理风险研究结合巨灾模型和违约率模型，评估了未来台风对我国沿海地区物业价值和居民收入产生的影响，并进一步分析了这些影响会在多大程度上提高房屋按揭贷款的违约率（马骏、孙天印，2020）。

表4-4　国内气候风险分析部分案例结果

机构/作者	气候风险分析方法和案例	分析结论
中国工商银行与北京环境交易所联合课题组	设定轻度、中度、重度三种压力情景（对应50元/吨、160元/吨和200元/吨碳价），以及不同机组对应的行业基准线、有偿配额比例、技术成本和减排效果，通过计算企业营业成本的增加、计算利润表和资产负债表的主要指标、代入客户评级模型，测算压力指标对银行信用风险的影响	在三种压力情景下，火电行业客户单位成本增加分别为0.23分/度电、1.89分/度电和6.7分/度电，随着度电成本的递增，企业营业成本也呈现递增趋势，在轻度、中度、重度压力情景下营业成本与营业收入的比值分别为86.1%、91.5%和108.2%，尤其是重度情景下，火电行业平均成本已经大于收入

续表

机构/作者	气候风险分析方法和案例	分析结论
马骏、孙天印、祝韵	针对三家中国大型火力发电公司进行环境风险压力测试，设定了基准情景（政府现有政策保持不变）和2℃温控情景，构建公司财务模型，估计了在不同情景下三家公司的违约概率，分析了转型风险对火力发电企业造成的信贷风险	2℃温控情景下，考虑集中转型因素的影响，火力发电企业的平均违约概率将从2020年的3%上升到2025年的10%，到2030年将上升到23%
马骏、孙天印	针对我国沿海地区房贷违约率进行压力测试。结合巨灾模型和信贷违约模型，分别在温室气体浓度变化路径RCP6.0（约相当于3℃）和RCP8.5（约相当于4℃）的情景下，估算未来频率和强度加大的台风造成的我国沿海地区房产价值和当地居民减少对房贷违约率的影响	在4℃温升情景下，2030年和2050年房地产违约损失分别达到2100亿元和4430亿元人民币，2050年每年房地产按揭贷款的信贷损失将是基准气候情形（假设历史的台风发生频率和强度在未来保持不变）的3倍
江苏银行	针对医药化工行业（有机化学原料、化学药品原料）行业进行了环境风险压力测试。从政策风险、水资源风险、碳排放风险以及事故风险四个方面选取了八个压力因子，针对每个压力因子设定了近期、中期及远期三个压力情景，基于环境压力对企业经营成本的影响以及财务报表勾稽关系，构建了环境压力因子影响企业信用等级的传导路径模型，分析了环境和气候风险对商业银行造成的信贷风险	近期压力情景下，碳排放权配额价格暂不会对化学药品原料和有机化学原料企业造成明显影响，主要的压力来源于政策压力（清洁生产标准提升、污染物排放标准提升以及排污费提高）；中期压力情景下，企业将面临较大的碳排放压力；远期情景下，企业承受的碳排放压力相对有所缓解，但在一定期间仍将是主要的环境风险。环境压力对企业的信用风险影响显著，出现信用等级下调的客户比例分别为2%~3%（近期情景）、10%~20%（中期情景）及20%~30%（远期情景）

近年来，我国金融机构监管层对气候相关风险的重视程度也在逐步提高。2016年，七部委印发的《关于构建绿色金融体系的指导意见》中第三点第18条建议"提升机构投资者对所投资资产涉及的环境风险和碳排放的分析能力，就环境和气候因素对机构投资者（尤其是保险公

司）的影响开展压力测试"[1]。中国人民银行发布的《中国金融稳定报告（2020）》指出，未来除了"继续强化气候风险信息披露与数据收集、细化宏观情景设计、完善量化分析工具外"，还可加强以下三个方面的研究："一是深入研究气候风险对特定金融领域的差异性影响……并考虑金融体系内部传染性风险；二是统筹考虑物理风险和转型风险；三是加强应对气候风险政策研究。"（中国人民银行，2020）2021年初，中国人民银行工作会议在其工作重点中强调，"要求增强金融体系管理气候变化相关风险的能力"，人民银行未来会在一些重点省份和重点行业开展针对局部金融系统的环境与气候压力测试[2]。目前，人民银行已经组织23家全国性银行完成了第一阶段气候风险压力测试，针对火电、钢铁、水泥三个高碳行业，考察了年碳排放量在2.6万吨以上的企业在引入碳排放付费机制时，企业还款能力以及对相关信贷资产质量的影响。测试结果表明，在压力情景下，不开展低碳转型企业的还款能力将出现不同程度的下降，但参试银行贷款中火电等行业的占比不高，因此银行整体资本充足率仍能满足监管要求。

2022年2月，人民银行副行长刘桂平表示，人民银行将在下一阶段持续完善气候风险压力测试方法，进一步拓宽测试覆盖的行业范围，并探索开展气候风险宏观压力测试，从而更加系统地评估经济社会绿色低碳转型带来的结构性、交叉性影响。

尽管气候压力测试在部分金融机构已经起步，但气候风险分析在国内的应用和推广仍面临多个挑战：

一是许多金融机构仍缺乏对气候相关风险的科学认识和防控意识。由于缺乏媒体报道和公众教育、内部　缺乏专业人才等原因，许多金融机构仍未意识到气候相关风险和自身业务及发展的紧密相关性。一些金

---

① 详见《七部委印发〈关于构建绿色金融体系的指导意见〉》，http://www.scio.gov.cn/32344/32345/35889/36819/xgzc36825/Document/1555348/1555348.htm。

② 详见《2021年中国人民银行工作会议召开》，http://www.gov.cn/xinwen/2021-01/06/content_5577522.htm。

融机构的负责人还不清楚气候风险的概念。可喜的是,人民银行和银保监会已经在多个文件中对金融机构提出了开展包括压力测试和情景分析在内的环境气候风险分析的指引。

二是金融机构对气候风险分析能力的投入资源有限。气候风险分析需要特殊的人才、工具和模型。多数金融机构还没有投入经费来获取这些专业资源和能力。另外,跨学科专业人才的缺乏、数据成本和顾问支出等较高的前期投入也令部分中小金融机构望而却步。

三是相关数据可得性较低且质量不一。对气候相关风险的识别和量化需要对高碳资产、企业碳强度、企业各项业务对碳相关政策敏感的大量数据支撑,但这些数据可得性较低。原因包括:一是我国还没有对"棕色"资产的官方界定标准,使得金融机构难以对棕色资产进行有可比性的统计;二是要精准判断气候因素对不同企业的财务影响,需要了解各企业的碳强度和不同业务对碳价、碳税、边境调节税和各类产业与绿色金融政策的敏感度,这些数据的可得性十分有限或成本很高。

四是缺乏对情景假设的共识和指引。NGFS提出了六种气候压力测试的情景组合,来指导金融业的风险分析。但这些情景未必完全适用于我国(比如,NGFS情景设定的一个基本假设是2050年实现碳中和,这与我国的目标不同),但有重要的参考价值。人民银行要求部分银行试点开展的压力测试考虑了碳价格上升的情景,但尚未考虑包括高碳行业需求下降、产品价格下降、其他成本上升等国内冲击,以及欧美启动碳边境调节税等外部冲击的可能性。对适用于我国各个行业的压力测试情景,需要经济、能源、行业和金融专家共同深入研究,但目前尚未形成共识。

4.1.3　建议

针对金融机构如何进一步强化气候风险的识别和分析,提出如下几点建议:

一是提高对气候相关风险的认识水平和防控意识。提升机构内部最高决策层的认识和重视，是提高机构对气候相关风险分析的关键。因此，建议在机构的风险管理委员会设立专职负责气候风险分析的高层管理人员，建立起气候风险分析的内部体系。除此之外，还需要积极关注和追踪国家与地方碳中和要求和实施情况的进展，主动对机构内人员进行气候相关风险知识的科普等，自上而下地提高机构对气候风险的认知和意识。

二是加强对分析能力的投入和建设。大型金融机构应该投入足够的资源，招聘和培养专业的环境气候风险分析人才，在外部机构和专家的支持下，开发相关分析工具和模型，并将这些工具和模型纳入现有的风险管理系统中去。对中小金融机构来说，独立开发这些工具的成本相对较高，可以从第三方机构采购现有的分析工具和模块，或者委托外部机构进行研发和分析。

三是开发和完善专业数据库。大型金融机构应该构建与本机构业务相关的环境气候风险相关的数据库，包括高风险客户和资产的分类数据、风险敞口、企业和资产碳强度，以及各类模型所需要用到的基础数据。行业协会、研究机构和第三方数据服务机构也应该考虑构建可以为大量中小金融机构所用的专业数据库。

四是研究和完善压力测试情景。金融机构应针对本机构的主要风险敞口，专门研究重点行业的未来气候风险情景。研究初期可依据国家发改委提出的碳达峰、碳中和总体路线图，重点关注主要高碳行业的转型情景和碳价变化所带来的冲击。同时也要考虑到尚未出台、但有可能出台的一些重要政策和外部冲击，如碳税、部分绿色金融政策（如差异化资产风险权重）和边境调节税等，以及技术进步带来的对高碳产品的替代效应。在建立了一定的分析基础之后，可参考NGFS的做法，设置同时考虑转型风险与物理风险的组合情景，在分析框架中更为完整地反映气候相关风险。

4.2 转型风险分析方法：以煤电和高碳制造业为例

为了让读者对气候风险分析有更为直观的理解，本小节简要介绍三个机构所开发的分析工具和在多个行业的运用案例。这些案例覆盖了煤电、化石能源、高碳制造业等行业所面临的金融风险。

4.2.1 清华大学绿色金融发展研究中心：转型因素对中国煤电企业贷款违约率的影响分析

作者开发的气候转型风险模型分为五个模块（见图4-2）：

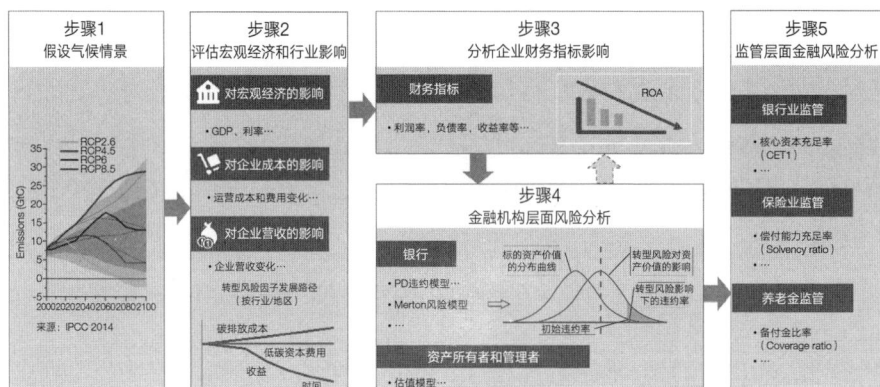

图4-2 马骏、孙天印开发的气候转型风险分析框架

（1）设置气候情景

设置气候情景包括设置基准情景和若干转型情景，本案例中针对中国煤电行业设置了以下转型场景：未来市场需求下降导致煤电企业营业收入下降；新能源价格竞争导致煤电企业被迫降价和收入减少；碳价上

涨和融资成本升高导致企业成本上升。

（2）评估对行业的影响

基于上述情景，利用综合评价模型等工具来评估在转型情景下煤电行业面临的需求变化和碳价上升幅度。

（3）分析对企业的财务影响

估算各情景下的外部冲击对企业财务指标的影响。

（4）评估对贷款和资产质量的影响

估算样本企业的财务指标发生变化之后对各类金融风险指标（包括贷款违约率和资产估值）等的影响。

（5）分析对金融机构风险监管指标的影响

根据整个金融机构对各个高碳行业的风险敞口，评估资产组合面临的风险是否会对监管风险指标产生实质影响。比如，要估算资产层面风险变化是否会影响银行核心资本充足率（CET1-ratio）、保险行业的偿付能力充足率（Solvency ratio）和养老金的备付金比率（Coverage ratio）等。

本案例中用了国内几个大型煤电企业作为研究对象。这些企业的煤电发电营业收入占各自总收入的平均比重为76%。作者以这些企业过去几年的财务报表作为基础数据，在考虑了上述可能发生的未来冲击和影响因素之后，预测企业未来10年的财务指标；再把这些受到影响的财务指标输入违约率模型，得出转型因素对未来违约率的影响。

如图4-3所示，案例研究的结论为：（1）在《巴黎协定》的2摄氏度情景所要求的能源转型轨迹下，由于需求下降、新能源发电成本持续下降带来的价格竞争加剧、碳价上升和融资成本上升会使中国样本煤电企业的年度违约概率从2020年的不到3%上升到2030年的23%左右；（2）若仅考虑新能源价格竞争和融资成本因素，这些煤电企业的违约概率将从2020年的不到3%上升到2030年的13%左右；（3）若仅考虑碳价上升和融资成本因素，这些煤电企业的违约概率将从2020年的不到3%上升到2030年的12%左右；（4）若仅考虑市场需求下降和融资成本因素，这些煤电企业的违约概率将从2020年的不到3%上升到2030年的9%左右。

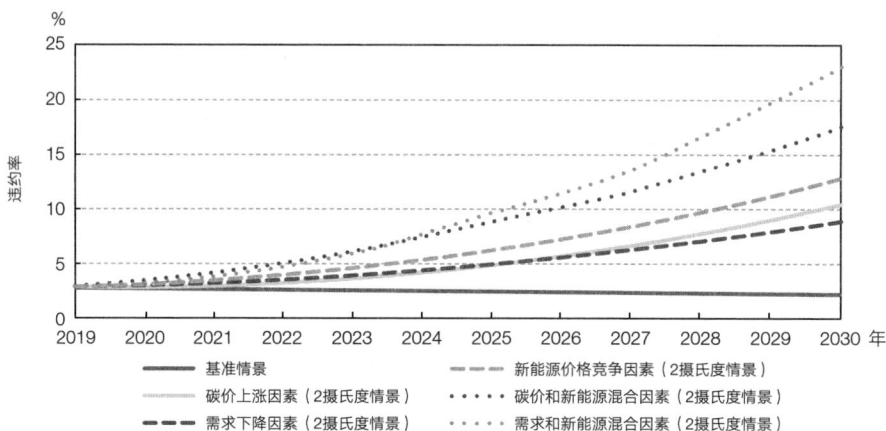

图4-3 不同情景下煤电企业贷款违约率预测

4.2.2 Vivid Economics：2摄氏度温升情景下关键行业板块估值变化方法论和分析工具

Vivid Economics是英国一家专注气候变化影响分析的研究机构。该机构开发了一套气候风险分析工具包，能够通过情景分析量化不同的气候转型政策路径下的转型风险。如图4-4所示，该分析工具包由四个关键模块组成：转型路径情景模块、经济冲击模块、资产价值流模块和财务影响模块。

模块1：转型路径情景

该模块中涉及的输入变量有：气候政策的严格程度（如碳配额方案）、政策持续时间和趋势、技术成本变化（如减排成本下降幅度）、行为因素转变、宏观经济因子。通过对IAM模型输入以上变量，可获得碳价曲线、能源供给结构、化石能源需求等输出结果。

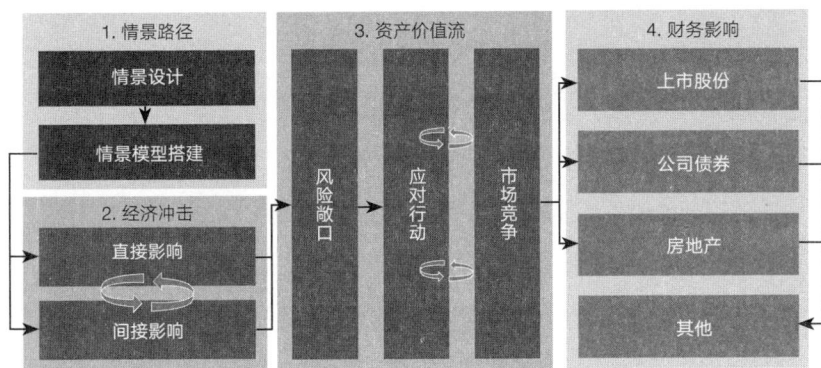

图4-4　Vivid Economics气候风险分析框架

（资料来源：NGFS (2020)，Vivid Economics）

模块2：经济冲击

将模块1的结果转换为对经济活动造成的直接影响和间接影响。直接影响包括碳价上升导致的升幅；间接影响包括相关产品的市场需求和价格的变化等。

模块3：资产价值流

该模块估算了企业面临的转型风险大小，同时模拟了企业会如何应对这些转型风险。估算转型风险大小时，可以用财务指标估算其营收面临的风险大小，同时用历史碳排放估算其面临的碳价成本；市场需求也会受转型政策影响，例如，石油需求可能减少，新能源汽车需求可能增加。面临以上转型风险时，企业会将新增成本的一部分转移给消费者，以保护自身的利益，该行为也会影响其最终的市场份额、营收、利润和碳排放水平。

模块4：财务影响

本模块利用现金流模型对转型情景下的企业资产进行估值。企业资产划分为权益、固定收益、房地产、基础设施四大类型，每一类资产类型对应着不同的估值方法。

案例结果：

本案例假设了一个2℃温升转型情景：2020年开始实施应对气候变化的转型政策，直至2050年。用于对比的基准情景为零政策情景，即没有实施任何气候转型政策的情景。分析结果显示（见图4-5），在以上情景下，煤炭板块估值平均将比基准情景下降80%，石油和天然气板块平均下降约40%，水泥企业板块估值平均下降约30%，汽车板块平均下降5%以内，而可再生能源设备企业板块估值平均上升60%以上。

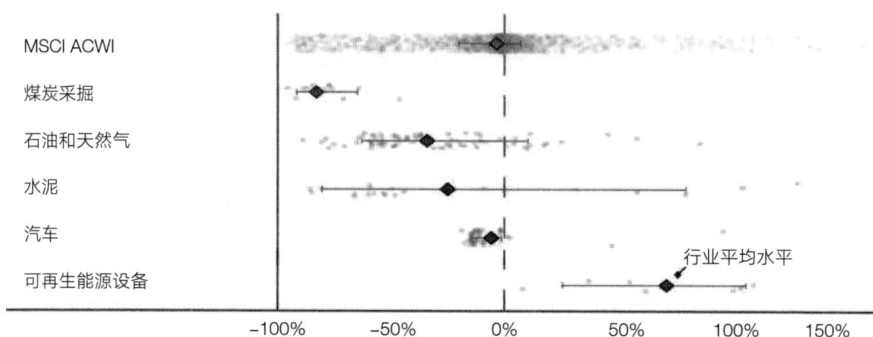

图4-5　各板块MSCI股票指数在转型情景下的变化

（资料来源：NGFS（2020），Vivid Economics）

4.2.3　2度投资研究所：关键行业在"延迟且突然"的转型情景下受到的影响[①]

2度投资研究所是一家国际性智库，致力于转型风险研究。该研究所建立了一个气候压力测试的框架，在ESRB（2016）假设的"延迟且突然"（late & sudden scenarios）的转型情景下对八个行业进行了压力测试。该分析框架包括四个模块：

[①] 该情景假设出自欧洲系统性风险委员会（European Systemic Risk Board, ESRB）2016年报告 *Too late, too sudden: Transition to a low-carbon economu and systemic risk*。在该情景下，转型政策在短期内由于政治阻力而迟迟无法出台；直到气候危机迹象显现，才倒逼政府在后期采用突然和严厉的减排措施。

模块一：识别受转型情景影响的财务指标，采集企业历史财务数据

表4-5总结了该压力测试覆盖的行业、企业类型、地理位置和关键经济指标。

表4-5　压力测试覆盖对象和关键指标

行业	目标公司	地理位置	关键指标
石油	石油上游	欧洲、北美洲、美洲南部和中部、中东、非洲、亚太地区、欧亚地区	产量、价格
煤炭	煤炭开采		
天然气	天然气上游		
电力	发电（煤、气、光能、风能）	欧洲、美国、拉丁美洲	产量、平准发电成本（LOCE）
钢铁	粗钢制造	巴西、美国、墨西哥、法国、德国、意大利	产量、价格、碳价、碳强度
水泥	水泥制造		
汽车	汽车制造	全球	产量、不同动力系统类型汽车的净利润
航空	国际航空		需求、燃油效率、燃油价格

资料来源：NGFS (2020)，2DII。

模块二：构建"延迟且突然"的转型情景

情景构建中有两个方法：一是通过定义各行业产出所受冲击的时间和持续时间，利用IAM模型输出未来的产出需求，但未考虑碳排放；二是从2℃温升目标约束下的全球碳配额政策。例如，假设在2025—2035年某个时间点实施的能满足《巴黎协定》目标的碳配额约束政策。

模块三：根据资产类型确定合适的估值方法

对于权益类资产，可以通过Dividend Discount Model等估值模型进行估值；对于债券类资产，可通过Zmijewski破产违约模型[①]来测算新的违约率，并调整未来现金流，对债券重新定价。

---

① 出自Zmijewski于1984年发表的研究：*Methodological issues related to the estimation of financial distress prediction models*，被广泛用于信用风险研究领域。

模块四：对比企业、投资组合在基准情景和"延迟且突然"的转型情景下的估值结果

表4-6　不同行业资产的估值和违约率在"延迟且突然"转型情景下相较于"基准情景"的变化

行业	权益资产估值变化（%）	违约率变化[①]
上游石油	–53%	1%→6%
煤矿开采	–57%	3%→9%
上游天然气	–30%	2%→5%
煤电	–80%	2%→9%
燃气发电	–20%	2%→4%
光伏发电	19%	2%→0%
风力发电	13%	2%→0%
核能	20%	2%→0%
钢铁	–52%	3%→6%
水泥	–27%	2%→5%
汽车	–10%	1%→2%
航空	–21%	3%→6%

资料来源：NGFS (2020)，2度投资研究所。

分析结果显示，石油、煤炭、天然气、火电、钢铁、汽车、航空等碳排放水平较高的板块中的权益资产估值会由于转型而大幅度下降，违约率则有不同程度上升。受负面影响的板块中，煤电板块估值下跌幅度最大（–80.1%），违约风险上升幅度也最高（从2%的违约率上升至9%），其次是煤矿、石油和钢铁；受益板块中，核能板块估值上升幅度最大，接近20%，变化后的内违约率低至可忽略不计，收益的其他板块包括光伏和风力发电。

---

① 第一个数字是基准情景下的违约率，第二个数字是转型情景下的违约率。

4.3　披露和管理气候相关风险

识别和量化气候风险后，金融机构还需要对其进行系统化的管理和信息披露。可比性较高的风险披露能够优化市场透明度、提高市场效率、为后续的风险管理提供基础。有效的气候风险管理可以缓释由此引发的损失风险，提升金融系统的稳定性。具体来讲，金融机构应该从信息披露和建立风险管理框架与流程等几个方面采取行动。

4.3.1　披露气候风险相关信息

4.3.1.1　主流气候风险披露标准和框架

为了向公众、投资者和监管者传递自身和气候风险相关的信息，国际上许多金融机构开始参考主流披露框架或标准进行气候信息披露。当前国际上主流的可持续和气候变化相关信息披露标准或指南有SASB、GRI、CDP、CDSB、FASB、IIRC等（见表4-7），这些机构于2020年9月发布联合声明（CDP等，2020），宣布共同支持和推广TCFD建议提倡的气候风险信息披露框架，并推动已有标准使其更加符合TCFD建议提出的要求。截至目前，已有超过2700多家组织机构支持TCFD建议，覆盖89个国家或地区[①]。全球市值超过100亿美元的公司中有42%在2019年披露了符合TCFD要求的部分信息（TCFD，2020）。

---

① Support TCFD | Task Force on Climate-Related Financial Disclosures：https://www.fsb-tcfd.org/ support-tcfd/，最后访问日期为2021年11月21日。

表4-7　主流气候信息披露框架

类型	机构名称	披露建议标准/框架	建议内容
披露标准指南	Global Reporting Initiative (GRI)	GRI可持续发展报告标准	应用最广泛的可持续发展报告标准，建议披露主体按经济、社会、环境三个系列主题标准披露其在可持续发展领域的积极贡献或消极影响
	Climate Disclosure Standards Board (CDSB)	CDSB Framework for reporting environmental and climate change information	是一套严格程度堪比会计准则的环境和气候信息披露标准，旨在通过推动调整主流报告将自然资本和金融资本进行统一
	Carbon Disclosure Project (CDP)	CDP气候问卷框架	以调查问卷的形式进行系统性的信息披露，专注推动碳减排、保护水资源和森林
	International Integrated Reporting Council (IIRC)	International Integrated Reporting Framework	制定了7个指导原则和8个内容元素，旨在建立和指导能够促进企业行为、资本配置和可持续发展目标相一致的综合报告
	Sustainability Accounting Standards Board (SASB)	Sustainability Accounting Standards	制定了69个特定行业的可持续信息披露标准，在77个国家内应用，旨在捕捉和披露对财务或决策具有重大影响的信息
披露建议框架	Task force on Climate-related Financial Disclosures (TCFD)	Recommendations of TCFD	对公司治理、战略、风险管理、指标和目标四大核心要素提出了11条信息披露建议

资料来源：CDP等(2019)。

TCFD建议由金融稳定委员会（Financial Stability Board，FSB）于2017年正式发布，指出气候相关财务信息披露的四大核心要素为治理、战略、风险管理以及指标和目标，同时从全行业和重点行业两个维度对这四个核心要素提出了11条披露建议（如表4-8所示）。TCFD的建议强调了披露内容的适用范围、披露地点、重要性水平以及应当遵循的有效披露原则。TCFD最新进展报告显示，符合TCFD要求的信息披露数量在2017年至2019年增加了6%，但是对于气候变化导致的财务风险如何作用于公司业务和战略方面，信息披露水平仍处于较低位（TCFD，2020）。

表4-8 TCFD框架建议

要素	概念	信息披露建议
治理	披露主体与气候相关风险和机遇有关的治理情况	a) 董事会对气候相关风险和机遇的监控情况； b) 管理层在评估和管理气候相关风险和机遇方面的职责
战略	气候相关风险及其风险和机遇对披露主体的业务、战略和财务规划的影响	a) 披露主体识别的短期、中期和长期气候相关风险和机遇； b) 气候相关风险和机遇对披露主体的业务、战略和财务规划等方面造成的影响； c) 不同气候相关情景下披露主体的战略适应能力
风险管理	披露主体如何识别、评估和管理气候相关风险	a) 识别和评估气候相关风险的流程； b) 管理气候相关风险的流程； c) 识别、评估和管理气候相关风险的流程如何与整体风险管理相结合
指标和目标	披露评估和管理相关气候相关风险和机遇时使用的指标和目标	a) 披露主体按照评估气候相关风险和机遇时使用的指标； b) 披露范围1、范围2和（如适用）范围3温室气体排放和相关风险； c) 披露主体在管理气候相关风险和机遇时使用的目标以及目标实现情况

资料来源：TCFD（2017）。

不少国际上的机构正在同时积极推动环境气候相关风险披露的工作。2017年起，UNEP响应TCFD建议开展了针对上百个银行、保险和投资机构的TCFD试点项目；2019年设立的英国气候金融风险论坛（Climate Financial Risk Forum，CFRF）旨在与监管和行业分享气候金融风险管理的前沿经验，推动相关能力建设和风险应对。部分金融机构建立了碳核算金融合作伙伴关系（Partnership for Carbon Accounting Financials，PCAF），目标是标准化投融资排放的核算和披露，并协助金融部门与《巴黎协定》保持一致，银行和投资机构可以使用PCAF的方法评估其投融资排放。

4.3.1.2　金融机构应该披露哪些气候风险相关信息？

不同类型的披露主体针对两种类型的气候风险可以参考不同披露内容和指标。如表4-9所示，以TCFD框架和现有的披露标准为基础，CFRF总结了资管、银行和保险三大类金融机构可参考的信息披露内容和具体指标。需要披露并及时更新的内容主要涉及气候相关风险评估的方法、假设、工具和结果等，而进一步的披露内容还可以包括这些分析结果在企业内部的使用情况。不同的金融机构由于各自的业务特性，对转型风险和物理风险的具体披露的内容和程度要求也有所不同。从表4-9可以看出，由于保险业务特性，保险机构对物理风险相关的信息披露要求更高，而资管机构和银行则需要披露更细致的转型风险相关信息，但全球范围内对物理风险的披露总体来说落后于对转型风险的披露。

表4-9　气候金融风险论坛（Climate Financial Risk Forum）披露信息或指标建议

建议指标		资产管理	银行	保险
转型风险及潜在机遇	基本指标	资产的碳排放（范围3）、加权平均碳强度	资产中和高碳模式盈利公司相关的比例、低碳投资比例、承诺碳中和国家的主权债持有比例	气候相关风险的承保活动比例、提供的低碳产品种类和价值大小
		依据标准披露的产品比例		
	扩展指标	具备气候风险应对计划的资产比例、高碳资产比例、低碳资产比例、承诺碳中和国家主权债持有比例、情景压力测试结果、资产对温升的潜在影响等	有气候风险应对计划的客户（包括贷款和证券承做）比例、高碳证券比例等	具备气候风险应对计划的承保客户比例、受高碳承保客户比例等
	高级指标	无	资产的碳排放（范围3）、加权碳强度、情景压力测试结果、投资组合对温升的潜在影响等	资产的碳排放（范围3）、情景压力测试结果

续表

建议指标		资产管理	银行	保险
物理风险及潜在机遇	基本指标	无	无	对物理风险关键指标敏感的承保比例、自然灾害和极端气候事件对金融机构各个业务造成的损失及对运营比率的影响、受险地区集中度等
	扩展指标	无	对物理风险关键指标敏感的资产比例、高碳行业信贷风险敞口	提高物理风险暴露披露的信息精细度
	高级指标	对物理风险关键指标敏感的资产比例（按地理位置或行业）、地产或设施与自然灾害相关的损失、压力测试结果等	情景压力测试结果	压力测试结果、各业务部门的气候风险相关损失预期值与实际值等

资料来源：CFRF(2020)。

近年来，国际上对气候风险披露的实践也全面展开。英国保险公司Aviva自2017年起进行TCFD披露，披露信息涉及其信贷和股权产品的平均碳强度、增温趋势及自身的运营碳排放、气候VaR指标，还披露了股东权益[①]面临的转型风险在不同情景下的压力测试结果（AVIVA，2021）。瑞银集团UBS在其可持续报告中披露了多种气候情景对其投资或信贷组合的影响，例如，根据IAMC综合评估模型的分析结果，UBS认为电力公用事业贷款因转型风险导致的损失相对有限（UBS，2020）。渣打银行在其TCFD报告中披露了其高碳行业信贷组合面临的气候风险敞口情况，覆盖了汽车、水泥、钢铁、煤炭、油气、电力、船舶和航空行业（Standard Chartered，2019）。

4.3.1.3 气候风险相关信息披露的政策趋势

在区域或机构试点案例的基础上，部分国家和地区已在积极推进强

---

① 归属股东的权益，净资产减去少数股东权益。

制化气候环境风险披露。2015年，法国通过《绿色增长能源转型法案》（*The Law on Energy Transition for Green Growth*），规定上市公司、银行和信贷机构、机构投资者应披露与气候变化影响有关的风险及采取的应对措施等[1]。2019年，香港联合交易所也对《环境、社会及管治报告指引》进行修订，将原本"不披露就解释"和"建议披露"的两种披露要求分别升级为"强制披露"和"不披露就解释"，将气候变化问题和应对行动的内容纳入了"不披露就解释"的范畴（香港交易所，2019）。2019年12月，欧洲议会和理事会在欧盟《可持续发展融资行动计划》的框架下发布了《欧盟金融服务领域可持续相关信息披露条例》；欧洲银行管理局（EBA）同月发布的《可持续金融行动计划》也明确了在气候信息披露方面的工作计划。2020年9月15日，新西兰全球首位宣布了将对满足条件的金融机构和股债发行主体实行强制化的TCFD气候风险披露要求[2]，其设置的10亿美元资产门槛使强制披露要求覆盖了新西兰超过90%的资产管理规模（AUM）。2020年11月9日，英国宣布将要求七大行业[3]在2025年之前依据TCFD建议实现气候风险披露。

近年来，我国对环境和气候信息披露的重视程度也逐渐提高。2020年10月，我国生态环境部、国家发展改革委和"一行两会"发布《关于促进应对气候变化投融资的指导意见》，指出完善气候投融资标准体系建设需要"加快制订气候投融资项目、主体和资金的信息披露标准，推动建立企业公开承诺、信息依法公示、社会广泛监督的气候信息披露制

---

[1] 第一百七十三条规定上市公司应当披露与气候变化影响有关的金融风险，以及公司采取的相应风险缓释措施；银行和信贷机构应当披露其定期实施的压力测试所识别的风险；机构投资者必须向受益人说明其投资决策过程对社会、环境和治理标准（包括气候风险）的考虑程度，以及其为促进生态和能源转型而采取的手段。（法国能源转型法案，2015）

[2] 详见《新西兰成为全球首个强制实施TCFD披露要求的国家》，https://www.cdsb.net/mandatory-reporting/1094/new-zealand-becomes-first-implement-mandatory-tcfd-reporting。

[3] 七大行业包括上市商业公司、大型UK注册公司、银行、保险、资管、人寿险和养老金。详见《英国2025年前将实现气候风险披露强制化》，https://www.lexology.com/library/detail.aspx?g=7638c908-0912-4bcb-86b5-c2178884be1a。

度"①。2020年12月，中央深改委通过了《环境信息依法披露制度改革方案》，强调了环境信息披露在企业管理制度中的重要地位，要求健全规范要求，建立协同管理机制，健全监督机制，加强法治化建设，推动环境信息强制化披露进程。人民银行易纲行长表示：要针对金融机构建立强制性环境信息披露制度②。2021年7月28日，人民银行以全国金融标准化技术委员会的名义出台了《金融机构环境信息披露指南》，建议披露环境因素对金融机构的影响，包括金融机构环境风险和机遇以及金融机构环境风险量化分析两部分。其中，第一部分建议披露短期、中期和长期的环境相关风险和机遇对机构的业务和战略产生的影响，以及机构如何应对这些影响；第二部分建议机构披露其开展情景分析或压力测试的现状和计划，以及采用的方法学、模型、工具、结论和实际应用情况等。

4.3.2 建立管理气候风险的目标和内部机制

在识别了气候相关风险之后，金融机构需要采取具体措施来防范和化解这些风险。从全球范围来看，一些地区（如英国和欧洲）和金融机构在气候风险管理方面虽然做了许多尝试，但对最佳实践尚未形成全球共识，有关国际组织（如FSB等）也刚刚开始启动对气候风险监管框架的研究③。本小节仅对目前现有的一些实践和专家建议进行初步的梳理和分析，以期为未来该领域的深入研究提供素材。我们认为，除了前几节讨论的对气候风险的度量和披露之外，金融机构的气候风险管理措施

---

① 详见《关于促进应对气候变化投融资的指导意见》，https://www.mee.gov.cn/xxgk2018/xxgk/xxgk03/202010/t20201026_804792.html。

② 详见《发展绿色金融　促进低碳发展——中国人民银行行长易纲在新加坡金融科技节上的视频演讲（2020年12月9日）》，http://www.pbc.gov.cn/goutongjiaoliu/113456/113469/4141550/index.html。

③ 详见FSB Roadmap for Addressing Climate-Related Financial Risks, 2021, https://www.fsb.org/2021/07/fsb-roadmap-for-addressing-climate-related-financial-risks/。

还可包括：将气候风险纳入公司治理、设定敞口目标和风险偏好、建立投前贷前风险评估机制、根据环境气候因素调整风险权重、建立贷款投后风险监测机制、推动高碳客户（资产）向低碳转型、使用气候风险对冲工具等方面。

4.3.2.1 建立气候风险的治理机制和管理框架

气候风险管理涉及公司治理、风险偏好、风险缓释措施等多个方面。例如，欧洲央行的《气候环境风险指南》旨在以监管层的角度指导银行对气候和环境相关风险系统地进行审慎管理和信息披露，引导银行在制定商业模式、发展战略、风险偏好、管治框架时充分考虑气候风险因素，将气候风险因素整合到风控体系中（ECB，2020）。

根据英格兰银行发起的Climate Financial Risk Forum建议（见表4-10），金融机构的气候风险管理可以分为以下几个维度：风险治理机制、管理框架、风险偏好、风险测度（CFRF，2020）。

表4-10　气候风险管理维度和措施

气候风险管理维度	措施举例
风险管治	董事会对气候风险进行管理监督及职责划分； 及时跟踪气候风险框架和政策； 对风险偏好和指标进行把关等
管理框架	在单一风险（如信用风险、操作风险、市场风险和承保风险）的基础上，将气候风险视为跨领域的风险类型； 建立和完善有效识别和评估气候风险的工具； 对风险类别的划分进行统一； 将气候风险管理信息纳入现有的风险报告中
风险偏好	若将气候风险视为单一风险，则偏好应包括对单一风险偏好声明和评估手段； 若与现有风险类别综合考虑，也要包含相应的评估指标； 成熟的风险偏好体系还应纳入情景分析和影响评估模块

续表

气候风险管理维度	措施举例
风险测度	承保风险：保险公司可以在现有的风险分析工具基础上，根据气候风险的重要程度对其进行针对性调整； 信用风险：银行应将气候变化视为一种金融风险，针对其对资产负债表、损益表、现金流量表等指标的影响进行分析，并将其纳入客户评估流程； 市场风险：资产管理公司、养老基金等机构应将气候风险对资产价值的影响纳入考虑范围； 操作风险：应将气候风险充分纳入运营风险管理周期，并关注业务活动的可持续性、运营弹性空间、客户对业务绿色方面的期望

资料来源：CFRF (2020)。

从风险治理机制（Governance）的角度，金融机构应建立自上而下的风险治理结构以明确决策和管理分工，比如在董事会设立气候风险管理委员会、明确划分管理层对气候风险管理的责任等。从风险管理框架的角度，金融机构应对气候相关风险进行分类和识别，建立和更新相应的内部政策，完善用于风险测度的方法和工具等。从风险偏好的角度，金融机构应根据气候风险评估调整自身业务的风险偏好，使其符合转型的要求，例如，调整自身业务或资产在不同领域的风险敞口，如降低高碳行业的敞口；同时，金融机构需要将这些进行过调整的风险偏好反映在内部政策和流程的制定中。从风险测度的角度，要将气候风险因素纳入信用风险、操作风险、市场风险和承保风险等指标，在此基础上采取相应的风险管理措施。（CFRF，2020；马骏，2021）

4.3.2.2　设置降低气候风险敞口的具体目标

希望在绿色和可持续发展方面展示雄心的金融机构，应该制定和公布有明确时间节点、量化的绿色投融资目标和风险防控目标。一般来说，绿色（可持续）投融资目标可以表述为在未来5年或10年内中提供多少绿色与可持续投融资，将绿色（可持续）资产占全部资产的比重提高多少个百分点等。在气候风险防控方面的目标，可以表述为在未来5

年或10年内将棕色资产占全部资产的比例降低多少，将资产（包括股权投资、贷款和债券投资）的碳强度或碳足迹降低多少，在多少年之内退出某些特定高碳能源行业（如煤电）等。在技术层面，风控部门也可以设定高碳且高风险资产的VaR值（在险价值）逐步下降的内部目标。

4.3.2.3 完善投前贷前风险评估

金融机构应建立流程化的机制，在投前贷前对气候风险进行把控。例如，在原有的尽职调查流程中增加与气候风险因素相关的审查步骤，对较高风险的客户和项目可要求有资质的第三方进行评估，提高对气候高风险客户和项目的审批主体级别。对客户和项目建立投前贷前ESG评分体系，并将该评分结果作为重要参考因素纳入贷款投资决策和定价过程中。

我国若干金融机构在对客户进行ESG风险评估方面已经取得了较好的经验。比如，湖州银行用几十个指标对客户的ESG风险进行量化评估，对"绿色信贷"实施"环保一票否决制"。江苏银行于2013年制定《江苏银行环境与社会风险管理办法》，明确部门职责及相关风险的分类和评价流程，根据评价结果对客户在贷款"三查"方面采取差别化的风险管理措施。华夏基金设立了ESG研究组，并在公司层面、组合层面和个股层面分别采取了负面信息筛查系统预警ESG风险、对投资组合进行ESG评分监测和提示、对个股ESG进行基本面研究和风险评估等管理措施（绿金委等，2020）。

4.3.2.4 根据环境气候风险调整风险权重

为了建立激励绿色活动、约束棕色活动的内部机制，一些金融机构开始探索根据资产的绿色化程度调整内部风险权重的做法，即在保持机构整体资本充足率不变的前提下，通过设定内部风险调节因子，事实上降低绿色资产的风险权重、提高棕色（高碳）资产的风险权重，使贷款或资产配置向绿色倾斜，同时约束高碳行业的敞口。在这个方面，在调整风险权重因子方面，法国外贸银行（Natixis）是首位先行者。自2019年开始，该银行根据资产的绿色程度进行七级分类，在此基础上推出了资产风险权重因子的调整方案，取得了良好的效果。该银行对"最绿"资产的风险权重因子的降幅为50%，对"最棕"（污染和高碳）资产风险权重因子的升幅为24%（Natixis，2019）。我国也有若干商业银行正在开始尝试类似的做法。

4.3.2.5　完善投后贷后的气候风险管理

除了要规避新增气候风险敞口之外，许多金融机构面临的更大挑战是如何应对高存量的高碳资产所带来的风险。欧美一些金融机构高碳风险敞口占其总资产的10%左右，我国的某些金融机构（尤其是传统能源、重工业集中地区的金融机构）的高碳风险敞口占比可能会更高。针对这些资产所带来的风险，金融机构可以通过强化贷款投后风险监测、推动存量资产向低碳转型、使用对冲工具等措施来管理风险。

（1）持续监控投后贷后资产气候风险，对捕捉到的风险点采取整改措施

对于银行和投资机构来说，应对高风险的信贷客户和被投企业建立高频风险监测体系，当监测到信贷客户或被投企业可能出现重大的环境气候风险因素且将对其生产经营活动造成显著影响时，及时采取防范和干预措施，要求其进行整改，防止其演化为重大风险事件除了监测企业层面的数据之外，金融机构还需要对可能影响资产质量的国内外政策变化（如碳税、边境调节税的开征）、行业趋势、价格波动、碳交易机制、资金成本变化等多方面因素及时进行前瞻性风险识别，在识别未来重大风险的情况下可要求企业采取防范措施、考虑出售资产、与股东沟通和采取对冲策略等。

（2）推动存量高碳客户向低碳转型

针对高碳行业的存量资产和业务，金融机构可以从以下两个方面为

相关客户进行转型赋能，在推动高碳企业加速转型的同时，也促进自身资产结构的低碳化转型：

一是为客户提供低碳转型方案、协助引入转型所需要股权投资和绿色技术。金融机构可以通过组织第三方专家资源等手段，为有意愿向低碳可持续模式转型的客户提供定制化的咨询服务，同时为企业获取转型所需要的新型技术提供协助。

二是向转型客户提供资金支持。比如，通过设立转型基金、发行转型债、发行与碳足迹挂钩的贷款等创新型的融资工具，激励和推动企业加速向低碳转型。比如，汇丰银行（中国）2020年推出"碳减排激励计划"，为其客户实现节能减排的项目提供固定资产支出类的贷款支持，并对获得贷款后实现碳减排15%以上的项目，每年根据碳减排量进行固定比例的返现。

（3）用对冲手段和工具规避高碳风险

对于短期内减持困难、转型可行性也较低的高碳资产和业务，金融机构也可以考虑通过持有更多的低碳和可持续资产，对高碳资产带来的风险进行对冲。比如，可通过持有比同业更高比例的清洁能源资产和碳资产（市场价格与碳价高度正相关的资产，如碳配额）来对冲存量火电资产的风险。也可在风险可控的前提下，持有一些金融市场的衍生品工具对高风险进行对冲。例如，世界自然基金会（WWF美国）曾使用了高盛前风险管理专家设计的"搁浅资产总收益互换"的衍生品工具，长期看跌传统化石能源。截至2019年底该产品给WWF（美国）带来了13%的年化收益率。

4.3.3　小结和建议

对国内大多数金融机构来说，气候风险还是一个较新的概念。一些机构刚刚开始关注对这些风险的识别、度量，多数机构还没有开始系统地考虑如何披露和管理这些风险。这些现象的原因有：（1）管理层对气候风险披露和管理的重要性的认识还没有到位，也没有投入足够的资源来构建披露和管理体系。（2）监管层已经开始强调气候风险的重要性，但相关披露标准的操作性指南还没有到位。（3）缺少专业人才。气候风险披露和管理需要跨专业的人才团队，多数机构内部并没有这些人才。

针对这些问题，我们提出如下建议：

一是提高金融机构管理层对气候风险的认知。监管部门可以向市场释放政策信号，提高金融机构高管对气候风险管理的重视程度，督促其在机构内部建立应对气候风险的治理、评估、披露体系和风险管控机制。行业协会可以通过专业会议等形式向投资者和资产管理人进行普及宣传，推动其认识到气候因素会影响自身经营和业绩，引导其规避气候风险，并成为金融资产向低碳转型的主导者。

二是建立强制性的气候信息披露要求和具体的操作性指南。国际上的最新共识是，将由IFRS基金会牵头，国际会计准则理事会（IASB）和国际证券委员会组织（IOSCO）参与发起"国际可持续标准委员会"（International Sustainability Standard Board, ISSB），该委员会将以TCFD为基础制定气候信息披露的国际标准。中国代表也将参与这组标准的制定。在这个背景之下，我国监管机构应在及时跟踪国际标准制定进展情况的基础上，及时制定与国际标准体系接轨的具体披露要求。同时，也需要建立完善配套的碳核算与核查体系，可以参考温室气体的核算、报告与核查体系[①]（Measurement Reporting and Verification, MRV）框架。碳核算方面，金融机构可以在GHG Protocol系列碳排放核算指南[②]的基

[①] 由巴厘岛行动计划（The Bali Action Plan）首次提出，后续OECD、IEA等机构学者陆续对其完善补充。

[②] 详见Greenhouse Gas Protocol，ghgprotocol.org。

础上，参考PCAF《金融业碳核算指南》[①]，开展资产的碳排放核算和披露。

三是加快转型金融、碳资产管理、碳金融工具方面的体系建设和产品研发。要推动高碳资产向低碳转型，商业银行必须引入"投行"思维，建立为高碳企业赋能的专业能力和内部激励。而这种赋能的主要载体是金融机构为企业提供的"转型金融"服务，同时配以转型咨询服务。另外，要对冲部分高碳资产风险，就必须创造一系列有一定流动性的、资产价格与高碳资产"负相关"的资产类别，其中包括碳配额、碳衍生工具、绿色资产证券化产品、绿色股票和债券基金等。

四是强化人才队伍和内部能力建设。金融机构要在内部建立起进行气候风险分析、披露和管理的能力，一方面可以吸收优质的跨学科专家，另一方面应对内部人员进行相关知识和技能的培训。目前UNEP、TCFD、NGFS、PCAF等国际组织或平台都已发布系列报告[②]，涵盖了气候风险分析和管理的方法论、工具、具体案例等，具有一定的参考价值。我国绿色金融领域的许多专业研究和咨询机构也在开展这些方面的能力建设工作。

---

① 详见The Global GHG Accounting and Reporting Standard for the Financial Industry，PCAF，carbonaccountingfinancials.com。

② 例如：UNEP FI 的银行TCFD试点项目（UNEP FI TCFD Banking Pilot Projects），https://www.unepfi.org/climate-change/tcfd/tcfd-for-banks/。

第五章

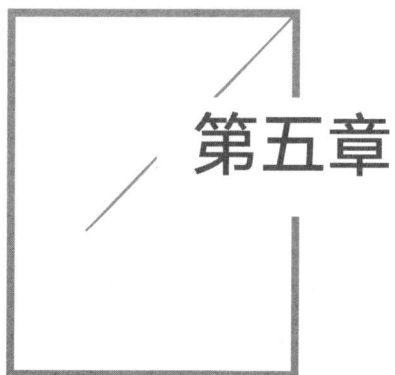

完善绿色金融
政策体系

碳中和目标给绿色金融体系提出了更高的要求，是促进其迅速发展与不断完善的推动力。如上文所述，落实碳达峰、碳中和目标，金融机构需要在公司治理、政策目标、投资决策机制、风险管控、信息披露、产品创新等方面加速推进绿色化。但同时也需要政府和监管部门在完善绿色金融标准、明确环境与气候披露要求、建立气候风险评估和管理机制、强化绿色金融激励机制等方面做出更大的努力。

本章首先简要介绍了我国近年来绿色金融政策体系的进展情况，然后分析了我国目前绿色金融体系与碳中和目标和国际最佳实践的差距。最后，我们就如何以碳中和为目标完善绿色金融体系提出了一系列政策建议。

5.1 我国绿色金融的进展情况

近年来，绿色金融在我国得到了迅速的发展。监管部门不断完善绿色金融顶层设计，深入开展绿色金融改革创新实践，在标准制定、激励机制、产品创新、地方试点和国际合作等领域取得了一系列令人瞩目的成绩。

绿色金融政策框架逐步完善。中国金融改革通过自上而下的顶层设计，使得中国成为全球首个建立了系统性绿色金融政策框架的国家。制度建设方面，2016年8月，中国人民银行联合财政部、国家发展和改革委员会、环境保护部等七部委共同出台了《关于构建绿色金融体系的指导意见》，确立了中国绿色金融体系建设的顶层架构，从界定标准、信息披露、政策激励、产品创新等角度提出了35条具体措施。2019年，中央各部门出台了近20项绿色金融相关政策和规定，规范了绿色金融业务，形成了对绿色金融创新发展的有效激励。绿色金融统计制度逐步完善，绿色信贷、绿色债券等主要统计数据质量明显提高。激励政策方面，人民银行将符合条件的绿色贷款纳入货币政策操作合格抵押品范围。率先实践金融机构绿色信贷业绩评价，有效引导金融机构增加绿色资产配置、强化风险管理，也为货币政策应对气候变化预留了空间。绿色金融债券存续期监管逐步规范，信息不对称状况得到改善。中央和地方政府以担保、贴息、产业基金等多种手段撬动社会资本参与绿色投入。

绿色金融市场和产品创新取得了积极的进展。2022年第一季度末，我国主要金融机构绿色贷款余额存量规模达18万亿元，居世界第一；绿色债券余额达到1.3万亿元，居世界第二。绿色金融资产质量整体良好，绿色贷款不良率远低于全国商业银行不良贷款率，绿色债券尚无违约案例。绿色投资和责任投资理念逐渐成为共识，绿色基金、绿色保险、绿色信托等新金融产品及业态不断涌现，环境风险压力测试方法和工具开始得到推广。

绿色金融所产生的环境效益逐步显现。截至2021年末，我国21家主要银行机构节能环保项目和服务贷款估计每年可节约标准煤超过4亿吨，减排二氧化碳当量超过7亿吨。[1]截至2020年末，中国每年绿色债券募集资金支持的项目可节约标准煤5000万吨左右，相当于减排二氧化碳1亿吨以上。[2]

绿色金融地方试点取得可复制的经验。自2017年6月设立绿色金融改革创新试验区以来，我国已设立六省九地绿色金融改革创新试验区，为全国绿色金融发展积累了丰富的实践创新经验。截至2020年末，六

---

[1] 上海证券报. 银保监会：2021年末国内21家主要银行绿色信贷余额达15.1万亿元[EB/OL]. (2022-03-23)[2022-06-09]. https://news.cnstock.com/news,bwkx-202203-4850320.htm.

[2] 国新网. 我国绿色债券成效显著　累计发行约1.2万亿元[EB/OL]. (2021-02-09)[2022-06-09]. http://www.scio.gov.cn/xwfbh/xwbfbh/wqfbh/44687/44900/zy44904/Document/1698651/1698651.htm.

省九地试验区绿色贷款余额2368.3亿元，占全部贷款余额的15.1%；绿色债券余额1350.5亿元。[①]为加强绿色金融上下联动与协同探索，保障试验区建设高质量推进，人民银行引导试验区建立绿色金融行业自律机制、绿色金融改革创新试验区联席会议机制，为申请设立试验区的地区提供支持建立辅导机制。试验区运用金融科技手段建立一体化信息平台，促进银企信息对接及气候与环保信息共享，为政策与市场决策提供信息基础。此外，试验区还建立了绿色金融环境信息跨部门互通共享机制，建立环境失信企业"黑名单"惩罚机制。

我国积极推动和参与绿色金融国际合作。2016年至2018年，在中英等方推动下，G20连续3年讨论绿色金融/可持续金融议题，推进国际社会对绿色金融的发展共识。2021年，G20重新启动可持续金融小组并更名为可持续金融工作组，中方再次担任共同主席，推动编制G20可持续金融路线图；2022年，G20可持续金融工作组开始牵头编制转型金融框架。2017年12月，由中国人民银行与法国中央银行等8家央行和监管机构共同发起央行与监管机构绿色金融网络（NGFS）成立，在气候对金融稳定的影响、环境风险分析、气候信息披露、绿色金融可得性等方面开展合作研究并形成多项国际共识。2018年11月，中国金融学会绿色金融专业委员会与伦敦金融城牵头发起《"一带一路"绿色投资原则》（GIP），推动全球投资机构在新兴市场国家开展绿色投资。目前，全球已有来自14个国家和地区的39家机构签署方承诺将在"一带一路"相关投融资活动中充分考虑环境因素，加大绿色投资力度。2019年10月，中国参与发起可持续金融国际平台（IPSF），倡导各成员国开展绿色金融标准趋同等国际合作，并于2021年11月发布中欧牵头编制的IPSF《可持续金融共同分类目录》。2022年6月，IPSF发布了共同目录的更新版，在初版的基础上增补了建筑业和制造业绿色低碳转型相关的17项经济活

[①] 中国人民银行. 国新办绿色金融有关情况吹风会文字实录[EB/OL]. (2021-02-09)[2022-06-09]. http://www.pbc.gov.cn/goutongjiaoliu/113456/113469/4191657/index.html.

动，使该目录包含的对减缓气候变化有重大贡献的经济活动扩充到72
项。此外，中国积极与国际社会分享绿色发展实践经验，比如，中国有
关机构参与制定了《可持续交易所原则》《负责任银行原则》《中国对外
投资环境风险管理倡议》等文件。

5.2　目前绿色金融体系与碳中和的差距

自2015年党中央、国务院在《生态文明体制改革总体方案》中首次
提出构建绿色金融体系以来，中国在绿色金融标准、激励机制、披露要
求、产品体系、地方试点和国际合作等方面取得了长足的进展，在部分
领域的成就已经取得了重要的国际影响力。但是，与碳中和目标的要求
相比，中国目前的绿色金融体系在几个方面仍面临一些问题和挑战。

5.2.1　当前绿色金融标准体系与碳中和目标不完全匹配

比如，虽然人民银行主持修订的新版《绿色债券支持项目目录》(征
求意见稿)已经剔除了部分化石能源相关的高碳项目，但其他绿色金融
的界定标准（包括绿色信贷标准、绿色产业目录等）还没有作相应的调
整。这些标准中的部分绿色项目尚不完全符合碳中和对净零碳排放的要
求。此外，虽然高碳企业向低碳转型的需求越来越强烈，目前仍然缺失
指导转型金融获得的界定标准。

5.2.2　环境信息披露的水平不符合碳中和的要求

企业和金融机构开展充分的环境信息披露是金融体系引导资金投向
绿色产业的重要基础。被投企业和项目的碳排放信息披露则是低碳投资

决策的重要基础。中国目前对大部分企业尚未强制要求披露碳排放和碳足迹信息，虽然部分金融机构已经开始披露绿色信贷/投资的信息，但多数还没有对棕色/高碳资产的信息进行披露。多数机构也缺乏采集、计算和评估碳排放和碳足迹信息的能力。金融机构如果不计算和披露其投资/贷款组合的环境风险敞口和碳足迹信息，就无法管理气候相关风险，不了解其支持实体经济减碳的贡献，也就无法实现碳中和目标。

5.2.3　绿色金融激励机制有待强化

在2021年11月人民银行宣布出台"碳减排支持工具"之前，金融监管部门的一些政策（包括通过再贷款支持绿色金融和通过宏观审慎评估体系（MPA）考核激励银行增加绿色信贷等）和一些地方政府对绿色项目的贴息、担保等机制在一定程度上调动了社会资本参与绿色投资的积极性，但激励的力度和覆盖范围仍然不足，对绿色项目中的低碳、零碳投资缺乏特殊的激励。这些激励机制的设计也没有以投资或资产的碳足迹作为评价标准。

5.2.4　对气候转型风险的认知和分析能力不足

我国的金融监管部门已经开始重视气候变化所带来的金融风险，但还未系统性地建立气候风险分析的能力，也没有出台对金融机构开展环境和气候风险分析的具体要求。除了几家在绿色金融方面领先的机构已经开展了环境、气候压力测试之外，我国多数金融机构尚未充分理解气候转型的相关风险及相关分析模型和方法，而多数中小金融机构还从未接触过气候风险这个概念。在对相关风险的认识和内部能力方面，我国金融机构与欧洲机构相比还有较大差距。

5.2.5　绿色金融产品还不完全适应碳中和的需要

我国在绿色信贷、绿色债券等产品方面已经取得了长足的进展，但在面向投资者提供的ESG产品以及产品的多样化和流动性方面与发达市场相比还有较大的差距。与碳足迹挂钩的绿色金融产品还很少，碳市场和碳金融产品在配置金融资源中的作用还十分有限，碳市场的对外开放度还很低。支持转型经济活动的金融工具研发也还处于探索阶段。

5.2.6 碳市场尚未充分发挥配置资源作用

除几千家被纳入碳市场的控排企业以外，碳市场的一个更加重要的功能应该是引导中国几千万家企业的行为变化，激励其更多地开展低碳的投资和其他活动。但是，我国目前的碳市场难以发挥上述功能，其主要问题在于碳市场的金融属性没有充分体系，缺乏流动性和定价效率，也缺乏引导市场预期的碳期货和其他碳衍生工具；碳汇市场尚未得到充分发展，产生碳汇的经济活动未得到有效的激励。

5.3 政策建议

我国提出了碳中和的目标之后，如果没有实质性的、大力度的改革举措，经济的低碳转型并不会自动加速，主要行业的净零排放也不会自动实现。相关数量分析表明，如果继续按现有的产业政策和地区发展规划来发展经济，未来30年内我国的碳排放将持续保持高位，不可能达到净零排放，也很难实现在2030年前碳达峰的国际承诺。

从我国金融业的现状来看，虽然已经构建了绿色金融体系的基本框架，但绿色金融标准、信息披露水平和激励机制尚未充分反映碳中和的要求，产品体系还没有充分解决低碳投资所面临的瓶颈，金融机构还没有充分意识到气候转型所带来的金融风险，也没有采取充分的措施来防范和管理这些风险。

针对这些问题，应该从两个方面加速构建落实碳达峰、碳中和目标的政策体系。一是要求各地方和有关部门加快制定"30、60"路线图，出台一系列强化低碳、零碳转型的政策，强化各部门、地方政府和金融机构之间的协调配合。尤其是，省级地方政府应该编制碳达峰、碳中和一体化的规划。二是从标准、披露、激励和产品四个维度系统性地调整相关政策，构建符合碳中和目标要求的绿色金融体系，保证社会资本充分参与低碳、零碳建设，有效防范气候相关风险。

5.3.1 地方应编制碳达峰、碳中和一体化规划

自2019年底开始，马骏、马天禄担任课题组组长的研究组开展了为时一年半的《重庆碳中和与绿色金融路线图研究》，研究建议重庆可在2028年提前达峰，在2050年前后实现近零排放，目前该书已经完成并出版。根据课题组研究成果，结合研究团队协助多个地方政府在碳中和、绿色金融领域的工作实践，我们认为地方政府开展"双碳"规划宜早不宜晚。尤为重要的是，中短期的碳达峰行动方案必须在远期碳中和愿景规划的引领下制定，才能保证愿景和行动的一致，避免走重复投资、产能过剩、资源浪费的弯路，做到一张蓝图绘到底，确保绿色低碳经济转型行稳致远。我们的具体建议包括：

一是要求省级单位制定碳达峰、碳中和一体化规划。建议中央明确要求各省级政府在制定碳达峰规划的同时，至少要有框架性的碳中和规划，明确其主要产业（包括能源、交通、建筑、工业）从峰值到净零排放的路线图，以及实现碳中和所需要付出的成本。

二是各省应成立跨部门碳达峰、碳中和领导小组，组建碳中和规划研究专班。领导小组和工作专班需要邀请各相关部门参与，领导小组应由省级主要领导牵头，成员包括来自发改、工信、能源、生环、交通、住建、农业、林业等主管部门代表；工作专班应由包括经济学、能源系

统、环境保护、交通、建筑、节能、农林、碳汇、科技创新、财政、金融以及主要企业和金融机构等各领域的专家组成。

三是明确碳中和路线图、项目库与绿色金融服务需求。省级碳中和规划至少应该包括如下内容：碳排放提前达峰和中长期实现碳中和（即净零排放）的可行性；以碳排放提前达峰和碳中和为目标，如何确定在能源、工业、建筑和交通行业的减排路线图，并估算绿色低碳投资需求、评估宏观经济影响；给定中长期绿色低碳投融资需求，如何构建绿色信贷、债券、基金、股市等渠道的融资安排，和支持这些绿色金融产品与工具发展所需要的界定标准、激励政策、披露要求、机构设立、能力建设和组织保障等措施。

四是省级碳中和规划要贯彻若干核心战略。各地方碳中和规划应该贯彻如下核心战略：能源领域构建以新能源为主的新型电力系统，严控煤炭消费增长，考虑提出高比例可再生能源发展的路线图和时间表；交通领域大力发展节能、新能源汽车，考虑确定上市新车全电动和燃油车退出时间表，发展氢能货运、绿色交通系统等；建筑领域尽快要求新建建筑采纳强制性超低能耗建筑标准，考虑实施零排放建筑标准；工业领域加速高质量发展，主要产品能耗水平对标工业强国水平；发展生态农业，继续推动植树造林和生态修复等。

5.3.2 以碳中和为目标完善绿色金融体系

金融行业应该开始规划支持碳中和目标的绿色金融路线图。本课题组估算，在未来30年内，全国的累计绿色低碳投资需求将达到487万亿元人民币。根据绿色金融发展的经验，要满足如此大规模的投资需求，90%左右的资金必须依靠金融体系来动员和组织。因此，金融管理部门和各地方都有必要牵头研究和规划以实现碳中和为目标的绿色金融发展路线图。

这个路线图的主要内容包括三个方面的内容：一是目标落实到主

要产业的中长期绿色发展规划和区域布局，编制绿色产业和重点项目投融资规划，制定一系列具体的行动方案和措施，包括发展可再生能源和绿色氢能、工业低碳化、建筑零碳化、交通电动化、煤电落后产能淘汰等。二是建立绿色产业规划与绿色金融发展规划之间的协调机制。制定一系列绿色低碳产业、产品和绿色金融标准体系，建立绿色项目与绿色融资渠道的协同机制，包括服务于绿色项目和绿色资金的对接平台。三是以碳中和为目标，完善绿色金融体系，包括修改绿色金融标准，建立强制性的环境信息披露要求，强化对绿色低碳投融资的激励机制，支持低碳投融资的金融产品创新。

关于如何以碳中和为目标完善绿色金融政策体系，我们提出以下具体建议。

5.3.2.1　以碳中和为约束条件，修订绿色金融标准

虽然人民银行牵头修订的新版《绿色债券支持项目目录》（征求意见稿）已经剔除了化石能源相关的高碳项目，但其他绿色金融的界定标准（包括绿色信贷标准、绿色产业目录等）还没有作相应的调整。未来，应该按照碳中和目标修订绿色信贷、绿色产业标准，建立绿色基金、绿色保险的界定标准，同时保证符合这些绿色标准的项目不会对其他可持续发展目标产生重大的负面影响。

根据国际社会发展可持续金融以及我国"十三五"时期构建绿色金融体系的经验，关键的绿色金融标准包括以下六类：

① 绿色经济活动的定义（含目录和技术指标）；

② 绿色金融产品的认证和标识方法；

③ 金融机构绿色金融信息披露规则（强制性）；

④ 金融资产的环境和气候风险评价；

⑤ 金融机构绿色信用评级评估方法；

⑥ 环境和气候信息数据收集、处理和应用。

在制定和修订绿色金融标准的过程中，应该更加明确地说明标准所追求环境和气候目标，明确如何落实"无重大损害原则"（即所包括的项目对任何一个可持续目标无重大损害）；尽可能对绿色金融标准或目录中列出的所有经济活动列明对应的技术指标或门槛；在未来的绿色金融标准制定中，充分考虑纳入转型金融的要素和保护生物多样性的需求。此外，应该开始着手编制《转型金融支持目录》，明确界定转型金融支持的经济活动，为引导更多的社会资本支持转型活动和防范"假转型"风险提供依据。

5.3.2.2 建议监管部门要求金融机构对高碳资产的敞口和主要资产的碳足迹进行计算和披露

建议人民银行、银保监会、证监会等金融监管部门明确提出对金融机构开展环境和气候信息披露的具体要求，其中，应该包括对金融机构持有的绿色、棕色资产的信息，也应该包括这些资产和主要资产的碳足迹。初期，可以要求金融机构披露其持有的棕色或高碳行业资产风险敞口（如对煤电、钢铁、建材、有色、造纸、化工、石化、航空等行业的贷款和投资），并计算和披露接受贷款和投资的企业碳排放和碳足迹。中期，可以要求金融机构披露主要贷款/投资（如向大中型企业提供的贷款/投资）的碳足迹。监管部门、行业协会（如绿金委）和国际合作机制（如中英环境信息披露试点工作组）应组织金融机构开展环境信息披露方面的能力建设，推广领先机构的最佳实践。

专栏六 金融机构的环境信息披露

过去监管部门要求金融机构披露环境相关的信息，主要是披露绿色信贷、企业绿色投资对于环境的贡献等，但对于碳排放等负面信息没有披露要求。未来，应当要求金融机构披露碳排放信息，包括银行贷款和股权投资的项目所产生的碳排放。只有知道碳排放和碳足迹，才有可能实现碳中和的目标。因此，未来在强化环境信息披露的过程中，应把碳相关的信息作为非常重要的内容，信息披露的要求也应该变成强制性要求。建议监管部门考虑要求银行披露全部资产（主要是借款企业的投资项目）的碳排放的信息。虽然一步到位很难，但可以从大型的企业开始做起，逐步扩展到中型和小型企业。大型、重点排放企业的碳排放信息是已经存在的。环保与金融监管的信息沟通非常重要，能够减少重复采集数据的成本。

国外一些金融机构已经初步建立起披露碳足迹的标准。比如，在中英环境信息披露试点小组内，英国英杰华集团（Aviva）就披露了2018年、2019年所持有的股权资产和债权资产的碳足迹。数据显示，其碳足迹正在逐年下降。此类案例表明，金融机构的碳足迹披露在技术上是可行的。此外，英杰华集团也披露了气候压力测试的结果，即机构面临的由于物理风险和转型风险而带来的金融风险。因此，金融机构的前瞻性压力测试或情景分析也是可行的、可披露的。此外，兴业银行等金融机构也就高碳资产的敞口进行了披露。

目前，国内监管机构只要求银行统计和部分披露绿色信贷，没有要求披露棕色或高碳资产。一些金融机构也只愿意披露绿色贷款信息，不愿意披露其在棕色领域的敞口和风险。其实，披露棕色资产信息对金融机构是好事：如果金融机构不分析、不披露其棕色资产的敞口和风险，市场会认为这些机构没有充分了解相关风险，而不了解风险就可能出危险。金融机构在计算、披露了风险后，市场将会认为它们已经准备积极应对风险，市场对其认可度将随之提高。

5.3.2.3　监管机构应该明确鼓励金融机构开展环境和气候风险分析，强化能力建设

2021年下半年，人民银行组织23家大型银行完成了气候风险压力测试试点的首次评估。之前，我国只有数家银行开展了环境和气候风险分析，多数大型金融机构开始有所认知但尚未建立分析能力，多数中小机构还未意识到气候转型可能带来的信用风险、市场风险和声誉风险。人

民银行的最新要求是对市场主体的一个重要的信号，即环境与气候风险分析将逐步成为监管部门对金融机构的强制要求。

目前23家银行正在开展的压力测试还局限在几个行业，假设的外部冲击主要是碳价上升。未来，气候压力测试应该逐步扩大到所有高碳行业，也应该考虑碳价之外的其他变量的冲击，如导致高碳产业需求下降、成本上升的许多场景，包括一系列外部与内部的政策冲击（如碳税、碳边境调节税等）。有能力的金融机构可以同时考虑转型风险和物理风险的多种情景。建议监管部门研究和借鉴央行绿色金融网络（NGFS）所提供的六种标准情景，在考虑中国情况与NGFS假设的差异（如我国设定的碳中和目标为2060年，而NGFS假设为2050年）后进行适当调整。

人民银行和金融监管部门应牵头组织宏观层面的环境和气候风险分析，研判这些风险对金融稳定的影响。央行、银保监会、证监会可基于银行业、保险业、资管业的行业特征，开展不同类型的环境风险分析，识别系统性风险，并披露研究方法和结果，以带动被监管金融机构开展相关研究。监管者在相关指导意见中应明确支持和鼓励被监管机构开展环境风险分析，加强对风险敞口的识别，针对机构特征选择适合的风险工具进行风险量化。

应鼓励行业协会（如中国金融学会绿色金融专业委员会、银行业协会、保险学会、保险资管业协会、基金业协会等）开展面向金融机构的环境风险分析能力建设和研讨交流活动，将已成为公共产品的部分环境风险分析、工具和数据库推广到金融业，共同支持关键领域（如银行、保险和资产管理业）和关键产业（如能源产业、重工业、严重依赖水供给的行业等）的环境风险分析示范性项目，为推广这些方法运用提供案例。应鼓励支持非政府机构、商业机构等搭建环境数据共享平台，满足金融机构开展环境风险分析的数据需求。

5.3.2.4　明确"碳减排支持工具"的操作指引，建立更加强有力的绿色金融激励机制

人民银行于2021年11月正式宣布启动"碳减排支持工具"，为清洁能源、工业能效等低碳项目提供低成本资金，这是人民银行在绿色金融政策领域的又一重要创新。在落实"碳减排支持工具"的过程中，建议关注以下重点工作：一是明确贷款用途的界定，包括符合投向的项目贷款、流动资金、贸易融资等贷款品种；二是出台碳减排支持工具信息披露标准，围绕碳减排贷款，明确如何测算其带来的碳减排量，指导金融机构制定可操作和可追溯的测算方法和披露流程；三是选择合格的第三方机构，实行名单制管理，供商业银行选择，或给出第三方机构需符合的标准；四是逐步扩大碳减排支持工具的发放对象范围，允许更多的银行参与这个工具的落地实施。

此外，人民银行和有关监管部门还可以考虑将较低风险的绿色资产纳入商业银行向央行借款的合格抵押品范围；将银行资产的碳足迹纳入绿色银行的考核评估机制，并将银行的碳足迹与央行货币政策工具的使用挂钩；考虑在保持银行总体资产风险权重不变的前提下，降低绿色资产风险权重，提高棕色/高碳资产风险权重。在对整个银行业推出风险权重的调整办法之前，可以支持有条件的地区和金融机构开展相关试点工作[①]。

---

① 目前，银行对企业贷款的风险权重是100%，是否可以考虑把绿色贷款的风险权重降低至75%，将棕色贷款的风险权重提高至某一水平，以保持总体风险权重不变。从宏观意义上，这种安排对银行的总体资本充足率没有影响，但可以有效发挥结构调整的功能，即通过降低绿色信贷的融资成本、提高棕色信贷的融资成本，加快投资结构和实体经济向绿色转型的步伐。其他国家由于缺少国内绿色资产、棕色资产的标准和数据，所以讨论了几年绿色、棕色资产风险权重改革的议题，也还没有实施。而中国有7年的绿色信贷数据，绿色贷款违约率只有0.5%左右，远低于总体贷款的违约率2%左右的水平。这些数据表明，提高绿色资产风险权重、降低棕色资产风险权重不但可以加速投资结构绿色化，也可能降低整个银行业面临的转型风险。这些数据方面的基础条件只在中国存在，因此中国在风险权重调整方面占据了最有利的地位，可以率先引入改革政策。

专栏七　关于调整资产风险权重的国际经验

国际清算银行（BIS）在《绿天鹅》一书中提出：气候变化导致的"绿天鹅"事件可能成为下一次系统性金融危机的原因。同时，全球范围内的央行和监管机构开始探索建立应对气候风险的工作机制。中国人民银行行长易纲多次表示：将投入更多资源跟踪分析环境气候风险对金融稳定的潜在影响，提高环境和气候风险的分析和管理能力。其中，根据资产的环境分类调整风险权重是一项重要的议题。虽然国际上目前还没有形成根据环境风险调整风险权重的正式条例，但相关的政治议程已被广泛讨论。如巴西央行早在2011年就率先要求商业银行在内部资本充足评估程序（ICAAP）中考虑环境风险，将其纳入巴塞尔第二支柱管理之中。欧洲银行联合会、法国银行联合会、意大利银行协会都已明确表示支持在资本管理中使用绿色支持因子（GSF），且该工具已在多国使用于支持小微企业。

在实践层面，法国外贸银行（Natixis）已成为全球第一家根据资产的环境分类（包括水、污染、固废和生物多样性）应用差异化风险权重的银行。该倡议最初于2017年12月在巴黎气候金融日宣布，目标为：通过将气候变化风险纳入贷款交易的整体风险评估中，使其成为跟踪银行气候战略和信贷气候轨迹的工具，加快银行向可持续金融转型，并与《巴黎协定》的目标保持一致。经过18个月的方法开发，Natixis于2019年9月成功将绿色加权因子机制（GWF）作为内部工具实施，而对监管口径的风险加权资产没有产生影响。GWF分为三个环节：一是开发专有的环境评级方法；二是确定风险加权资产调整因子；三是将这些方法嵌入到银行的信贷流程和系统。该方法已经过毕马威（KPMG）的认证。

首先，Natixis为每笔融资按环境风险暴露程度分配了7个环境等级，如图5-1所示。对于项目融资，以气候变化为核心评估指标，并结合其他重大的环境外部性因素，为8个经济部门的每项活动开发了46种不同的决策树；对于通用型融资，通过每个客户主体的碳足迹、脱碳策略以及对环境问题的重大影响给出评级。

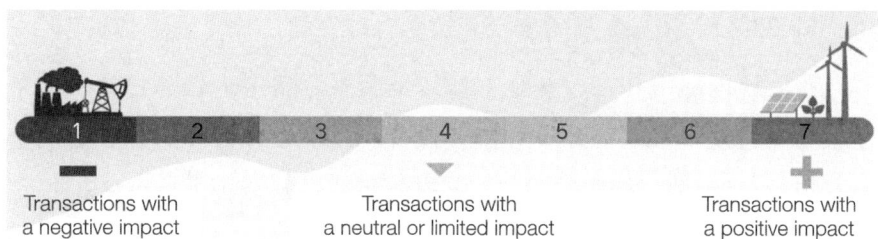

图5-1 资产环境分类等级图示

其次，通过执行内部风险模型测算、压力测试及专家判断等程序，Natixis为每个环境等级的资产赋予了一个对应风险加权资产调整因子。如等级1最高对应124%的惩罚性调整倍数，而等级7的风险加权资产最多可降低50%。2019年9月的数据显示，在该机制的作用下，Natixis投资组合中的等级5、等级6和等级7风险加权资产相较名义暴露占比降低20个百分点，等级4提高5个百分点，等级1、等级2和等级3提高13个百分点。

最后，GWF被广泛应用于信贷流程和贷款决策、压力测试、投资组合管理、产品设计、商业战略规划、客户管理及退出和信息披露等业务。最主要的是，通过融入EVA指标，对每笔融资交易的预期回报率进行调整，极大地激励了Natixis在评估具有同等信用风险的交易时对绿色融资的偏好，从而有力地推动了银行对环境和气候型资产的配置。

截至2020年末，该工具适用于Natixis资产负债表的1540亿欧元，其中70%获得颜色评级，风险加权资产占比分别为21.6%、32.6%、45.8%，其中深棕色作为气候风险暴露在银行年报中单独披露。而在2019年9月，等级5、等级6和等级7，等级4，等级1、等级2和等级3的占比分别为23%、26%、51%。可见在实施了风险权重调整机制之后，等级1、等级2和等级3资产占比明显下降。

Natixis在其绿色加权因子报告的首页引用了G20可持续金融研究小组共同主席马骏（2018）的观点："中国绿色信贷不良率大大低于总体不良率，如果将绿色信贷的风险权重降至50%，就可以将融资成本平均降低50个基点。因此建议通过降低银行持有绿色资产的风险权重，实现对绿色项目融资成本的大规模普降，使绿色金融取得新突破。"

5.3.2.5 主权基金应开展ESG投资，培育绿色投资管理机构

外汇管理部门和主权基金、社保基金可以参考央行绿色金融网络（NGFS）的建议，主动开展可持续投资，以引领私营部门和社会资金的参与。建议外汇管理部门、主权基金和社保基金按可持续/ESG投资原则建立对投资标的和基金管理人的筛选机制，建立环境和气候风险的分析能力，披露ESG信息，支持绿色债券市场的发展，积极发挥股东作用，推动被投资企业提升ESG表现。

专栏八　主权基金如何开展ESG投资

外汇局、主权基金和政府管理的养老基金作为资产所有者可以影响一大批资产管理人的行为，从而推动中国基金业的绿色化。在选择资产管理人时，外汇局、主权基金和养老基金如果提出附加条件，要求按照可持续投资原则将更多的资源配置到ESG项目，并只向达到标准和有ESG管理能力的基金管理人提供资金，这将会带动一大批资产管理公司向ESG转型，同时把这些资管企业管理的其他资金也"绿化"了。这个意义十分深远，远远超出了外汇局、主权基金和养老基金绿色投资的效益。

关于外汇局、主权基金和养老基金投资的绿色化，人民银行与监管机构绿色金融网络在《SRI投资指南》中提出的许多建议可以作为参考：一是建立对投资标的和基金管理人的筛选机制。选择管理人需要满足ESG要求，对达不到ESG管理水平的管理人不予通过遴选。二是建立主权基金或央行分析风险和气候的能力。应识别须避免的高风险领域以及应该支持的领域。三是披露外汇局、主权基金和养老基金投资的ESG信息，以带动整个行业信息透明度提升。四是专门支持某些绿色产业和绿色金融板块，如投资与绿色债券市场，以降低绿色债券的融资成本。五是参考Norges Bank，发挥股东的积极作用，通过股东参与（engagement）推动被投资企业提升ESG表现。Norges Bank管理1万多亿美元资产，在绿色主权投资方面处于国际领先地位，该银行不仅选择ESG表现良好的公司，也选择当前ESG表现一般的公司，在投资后推动被投企业提升ESG表现。Norges

Bank发挥主权投资者积极主动的作用，推动和参与了1000多家被投企业改善ESG的行动，这个经验值得借鉴。

5.3.2.6 监管部门应该强制要求金融机构在对外投资中开展环境影响评估

落实商务部、生态环境部联合印发的《对外投资合作绿色发展工作指引》，指导投资机构遵守《"一带一路"绿色投资原则》，提高金融机构在对外投资中环境气候风险管理水平。监管部门应进一步明确对外投资中所应该遵循的环境气候标准。行业协会和研究机构可协助开展对外投资环境风险管理的能力建设。

5.3.2.7 鼓励金融机构探索转型融资，包括设立转型基金和发行转型债券

要实现碳中和，不仅仅要支持纯绿的项目（如清洁能源、新建的绿色交通和绿色建筑项目等），也要支持化石能源企业向清洁能源转型、老旧建筑的绿色低碳改造、高碳工业企业的节能减排和减碳项目等。后者一般被称为转型经济活动，也需要大量融资和一定的激励机制。欧洲已经建立了一些转型基金，支持高碳企业向低碳转型，同时避免失业；也推出了一些转型债券，支持传统能源企业引入新能源项目，将废旧矿山改造为生态景区等。我国也应借鉴这些经验，在认定标准、披露要求、激励机制等方面探索建立支持转型融资的机制，支持金融机构推出转型基金、转型贷款、转型债券、转型保险等金融工具，探索债转股在支持转型活动中的作用。

5.3.2.8 改革碳市场监管机制

改革碳市场监管机制，确保碳市场有效发挥引导资源向低碳活动配置的作用。新的碳市场监管机制应该被赋予设计、筹建和统一监管碳现货市场及碳衍生品市场的责任，其监管原则转变为：通过确定合理的

碳总量控制机制，使得碳价格与碳中和的目标相一致，以引导所有企业（不仅仅是控排企业）积极减碳和进行低碳投资；构建有金融资源充分参与、有流动性的碳交易市场和衍生品市场；有效管理碳交易可能带来的潜在金融风险和其他风险；建立碳价稳定机制，防范在极端情况下碳价的大幅波动。

参 考 文 献

［1］ 北京交通大学煤控课题组."十三五"建筑领域控煤目标实施方案[R].北京：北京交通大学，2017.

［2］ Chris Bush，马骏，等.把握中国碳中和机遇[R].能源创新，2020.

［3］ 戴彦德，等.重塑能源：中国面向2050年能源消费和生产革命路线图[M].北京：中国科学技术出版社，2017.

［4］ 冯超，等.基于多因素约束下的低温余热供暖资源潜力研究[J].矿业科学学报，2020.

［5］ 甘犁.2017中国城镇住房空置率分析[R].重庆：西南财经大学中国家庭金融与调查研究中心，2018.

［6］ 龚慧明.中国交通节能减排相关数据和重点标准法规概览[R].北京：能源基金会，2018.

［7］ 国家发改委能源研究所.工业部门转型升级和低碳排放战略与途径研究[R].2020.

［8］ 国家信息中心.中国社会经济发展的中长期目标、战略和路径[R].2020.

［9］ 国务院.关于加快建立健全绿色低碳循环发展经济体系的指导意见[R].2021.

［10］ 国务院新闻办公室.新时代的中国能源发展白皮书[R].北京：国务院新闻办公室，2020.

［11］ 姬嘉琳，等.工业园区能量梯级利用节能减排效益分析及其对城市空气质量的评估[J].环境科学学报，2020.

［12］ 陈雪婉.可再生能源消纳力度要猛升　五年内风电光伏装机

须翻番[EB/OL]. (2021-02-03)[2021-03-18]. https://www.caixin.com/ 2021-02-13/101663498.html.

［13］ 能源转型委员会.中国2050：一个全面实现现代化国家的零碳图景[R].北京：落基山研究所，2019.

［14］ 刘强等.气候政策方案[R].北京：国家应对气候变化战略研究和国际合作中心，美国能源创新，2018.

［15］ 刘世锦.中国增长十年展望[M].北京：中信出版社，2020.

［16］ 任泽平.中国新能源汽车产业发展报告2020[R].恒大研究院，2020.

［17］ 商务部物流业发展司，中国物资再生协会.中国可再生资源回收行业发展报告[R]. 2019.

［18］ 清华大学建筑节能研究中心.中国建筑节能年度发展研究报告2020[R].北京：清华大学建筑节能研究中心，2020.

［19］ 王庆一.2019能源数据[R]. 2019.

［20］ 中国标准化研究院，北京大学.制冷空调产品节能减排潜力研究报告[R].北京：能源基金会，2021.

［21］ 中国环境科学研究院.非道路移动机械控制管理政策体系研究报告[R]. 2018.

［22］ 中国建筑科学研究院.近零能耗建筑规模化推广政策、市场与产业研究[R]. 2020.

［23］ 中国氢能联盟白皮书课题组.全球氢冶金发展专题报告[R]. 2020 .

［24］ 项目综合报告编写组.《中国长期低碳发展战略与转型路径研究》综合报告[J].中国人口・资源与环境，2020, 30(11): 1 – 25.

［25］ 袁家海，张浩楠.碳中和、电力系统脱碳与煤电推出[J].中国电力企业管理，2020.

［26］ 中国煤炭工业协会.2020煤炭行业发展年度报告[R]. 2021.

［27］ 能源基金会.中国碳中和综合报告2020——中国现代化的新征

程："十四五"到碳中和的新增长故事[R]. 北京：能源基金会，https://www.efchina.org/Attachments/Report/report-lceg-20201210/Full-Report_Synthesis-Report-2020-on-Chinas-Carbon-Neutrality_ZH.pdf.

［28］ 王克, 刘芳名, 尹明健, 等. 1.5℃温升目标下中国碳排放路径研究[J]. 气候变化研究进展，2021, 17 (1): 7-17.

［29］ 国家电网有限公司. 国家电网公司发布"碳达峰、碳中和"行动方案[EB/OL]. (2021-03-01)[2021-03-04]. https://www.sohu.com/a/453382983_115433.

［30］ 刘俊伶, 夏侯沁蕊, 王克, 等. 中国工业部门中长期低碳发展路径研究[J]. 中国软科学，2019(11): 31-41, 54.

［31］ 国网能源研究院有限公司. 中国能源电力发展展望2020[M]. 北京：中国电力出版社，2020.

［32］ 国网能源研究院有限公司. 中国能源电力发展展望2019[M]. 北京：中国电力出版社，2019.

［33］ 中电联行业发展与环境资源部. 中国电力行业年度发展报告2020[M]. 北京：中国建材工业出版社，2020.

［34］ 中电联电力发展研究院. 中国电气化发展报告2019[M]. 北京：中国建材工业出版，2020.

［35］ 中国汽车工程学会. 节能与新能源汽车技术路线图（2.0版）[R]. 北京：中国汽车工程学会，2020.

［36］ 谷立静, 张建国. 重塑建筑部门用能方式，实现建筑部门绿色发展[EB/OL]. (2017-04-20)[2021-04-20]. http://www.chinanecc.cn/website/News!view.shtml?id=208184.

［37］ 马骏, 安国俊, 等. 构建支持绿色技术创新的金融服务体系[M]. 北京：中国金融出版社，2020: 123-125.

［38］ 中国保险行业协会. 保险业聚焦碳达峰碳中和目标助推绿色发展蓝皮书[R]. 2021.

［39］秦二娃. 欧盟环境信息披露借鉴[J]. 中国金融，2021(12): 90-91.

［40］荷兰中央银行（DNB），Waterproof An exploration of climate-related risks for the Dutch financial sector[R/OL]. (2017-08-05)[2021-05-04]. https://www.unepfi.org/psi/wp-content/uploads/2018/08/Waterproof_An-exploration-of-climate-related-risks-for-the-Dutch-financial-sector.pdf.

［41］WEF. 2019全球风险报告[R]. 2019. https://www.weforum.org/reports/the-global-risks-report-2019.

［42］WEF. 2020年全球风险报告[R/OL]. 2020. https://www.weforum.org/reports/the-global-risks-report-2020.

［43］法国能源转型法案. Law N° 2015-992 on Energy Transition for Green Growth (Energy Transition Law)[EB/OL]. http://climatepolicydatabase.org/index.php/Law_N%C2%B0_2015-992_on_Energy_Transition_for_Green_Growth_(Energy_Transition_Law).

［44］汇丰全球研究中心, Oil & Carbon Revisited: Value at Risk from Unburnable Reserves[R/OL]. 2013. https://www.longfinance.net/media/documents/hsbc_oilcarbon_2013.pdf.

［45］绿金委，伦敦金融城，PRI，中国工商银行，UK Pact. 中英金融机构气候与环境信息披露试点2019年进展报告[R/OL]. 2020. https://www.unpri.org/download?ac=10547.

［46］马骏. 金融机构环境风险分析的意义、方法和推广[J]. 清华金融评论，2020.

［47］马骏，孙天印. 气候变化对金融稳定的影响[J]. 现代金融导刊，2020.

［48］马骏，孙天印. 气候转型风险和物理风险的分析方法和应用[J]. 清华金融评论，2020.

［49］人民银行，中国金融稳定报告2020[R/OL]. 2020. http://www.gov.cn/xinwen/2020-11/07/5558567/files/d7ba5445e5204c83b37e3f

5e07140638.pdf.

［50］ 孙天印.可持续金融和气候风险分析[J].金融纵横，2020.

［51］ 王信，杨娉，张薇薇.将气候变化相关风险纳入央行政策框架的争论和国际实践[J].清华金融评论，2020(82): 21-25.

［52］ 香港交易所.环境、社会及管治报告指引[S].中国香港，2019.

［53］ 中国工商银行与北京环境交易所联合课题组.碳交易对银行信用风险的压力测试[J].清华金融评论，2020.

［54］ 中国平安数字经济研究中心.气候风险披露：我们走到哪一步？为什么需要它？[R/OL]. 2020. http://www.pingan.com/app_upload/images/info/upload/f1b0f1ab-fc70-4776-a36c-15ce6120abad.pdf.

［55］ 王维逸，李冰婷.充分发挥绿色保险的市场化风险管理作用——绿色金融系列（四）[R].平安证券研究所，2021.

［56］ 王玉玲，傅晓亮，向飞，解子昌.绿色保险支持绿色建筑发展[J].建设科技，2019(5):29-33.

［57］ 保航，戴闻语，刘文杰.中国环境污染责任保险问题与分析[R].绿色和平，2020.

［58］ 2019保险业社会责任报告[R].中国保险行业协会，2016.

［59］ 莫争春.中国城市绿色建筑节能投融资研究[R].保尔森基金会，2020.

［60］ 李颖，李琼，邱静怡.气象巨灾保险的现状、挑战、机遇与参与对策研究[J].浙江气象，2020，41(2): 30-35, 49.

［61］ 洪睿晨.绿色保险的实务观点与研究分析[R].中央财经大学绿色金融国际研究院，2019.

［62］ 王文翰，徐晓娜.中国绿色保险发展实践与建议[R].中央财经大学绿色金融国际研究院，2019.

［63］ 施懿宸.全球视角下的创新型绿色保险产品综述[R].中央财经大学绿色金融国际研究院，2021.

［64］降彩石.绿色保险服务新发展格局[J].中国金融，2021(2).

［65］马骏，孙天印.气候变化对金融稳定的影响[J].现代金融导刊，
2020(3).

［66］王玉玲，乔渊，傅晓亮，等.国外绿色建筑保险发展情况综述[J].
建设科技，2019(5):41-49.

［67］中央财经大学绿色金融国际研究院.中国绿色金融研究报告
（2020）[R].2020.

［68］中国人保财险历年企业社会责任报告[EB/OL].https://www.picc.
com/information/shehuizeren/zrbg/.

［69］广州市人民政府网.广州市花都区持续发力绿色金融改革创新
[EB/OL].(2021-06-08).http://www.gz.gov.cn/zwgk/cssj/content/
mpost_7344060.html.

［70］深圳市生态环境局.深圳环境污染强制责任险推进走在全国前列
[EB/OL].(2018-12-28)[2021-05-04].http://meeb.sz.gov.cn/xxgk/qt/
hbyw/hjwrzrbx/content/post_2056651.html.

［71］环境污染强制责任保险政策还有哪些不足待完善？[EB/OL].
(2020-01-15)[2021-05-04].http://meeb.sz.gov.cn/xxgk/qt/hbyw/
hjwrzrbx/content/post_6743580.html.

［72］上海保交所.服务国家现代风险治理 上海保险交易所正式上线住
宅台风洪水巨灾财产损失保险[EB/OL].(2020-04-10)[2021-05-04].
https://www.shie.com.cn/art/2020/4/10/art_19_1079.html.

［73］中国证券报.2015年以来广东巨灾险累计赔付超10亿元[EB/
OL].(2021-08-18)[2021-09-20].http://www.cs.com.cn/bx/202108/
t20210818_6195077.html.

［74］Antosiewicz, M., L. E. Gonzáles Carrasco, P. Lewandowski, and
N. de la Maza Greene. Green Growth Opportunities for the
Decarbonization Goal for Chile: Report on the Macroeconomic
Effects of Implementing Climate Change Mitigation Policies in Chile

2020[R]. World Bank, 2020.

[75] De Haas, R., and A. A. Popov. Finance and Carbon Emissions[R]. 2019.

[76] de Pee, A., D. Pinner, O. Roelofsen, K. Somers, E. Speelman, and M. Witteveen. Decarbonization of Industrial Sectors: The Next Frontier[R]. *McKinsey global institute,* 2018.

[77] Edenhofer, O., C. Carraro, J.-C. Hourcade, K. Neuhoff, G. Luderer, C. Flachsland, M. Jakob, A. Popp, J. Steckel, and J. Strohschein Recipe-the Economics of Decarbonization[R]. *Synthesis report,*2009.

[78] Franck, T. Climate Change to Slow Global Economic Growth, New Study Finds[R]. 2019.

[79] Fund, I. M. Fiscal Monitor: How to Mitigate Climate Change[R]. 2019.

[80] IMF. World Economic Outlook, October 2017: Seeking Sustainable Growth: Short-Term Recovery, Long-Term Challenges[R]. 2017.

[81] Internacional, F. M. World Economic Outlook. Seeking Sustainable Growth: Short-Term Recovery, Long-Term Challenges[R]. International Monetary Fund Washington,2017.

[82] Kahn, M. E., K. Mohaddes, R. N. Ng, M. H. Pesaran, M. Raissi, and J.-C. Yang. Long-Term Macroeconomic Effects of Climate Change: A Cross-Country Analysis[R]. National Bureau of Economic Research, 2019.

[83] Mercure, J.-F., H. Pollitt, J. E. Viñuales, N. R. Edwards, P. B. Holden, U. Chewpreecha, P. Salas, I. Sognnaes, A. Lam, and F. Knobloch. Macroeconomic Impact of Stranded Fossil Fuel Assets[J]. *Nature Climate Change,* 2018(8): 588-593.

[84] Metcalf, G. E., and J. H. Stock. The Macroeconomic Impact of Europe's Carbon Taxes[R]. *NBER Working Paper,* 2020.

［85］ NGFS. A Call for Action-Climate Change as a Source of Financial Risk[R]. 2019.

［86］ OECD. Investing in Climate, Investing in Growth[R]. OECD Publishing Paris,2017.

［87］ Outlook, I. G. R. Energy Transformation 2050[R]. *IRENA: Abu Dhabi, UAE*, 2020.

［88］ Pisani-Ferry, J. (2019): PIIE.

［89］ Publishing, O. *Aligning Policies for a Low-Carbon Economy*[R]. OECD Publishing, 2015.

［90］ Sachs, J. America's Zero Carbon Action Plan[R]. *Sustainable Development Solutions Network (SDSN)*, 2020.

［91］ European Commission. A technical case study on R&D and technology spillovers of clean energy technologies —Technical Study on the Macroeconomics of Climate and Energy Policies[R]. 2017.

［92］ UNEP, U. Towards a Green Economy: Pathways to Sustainable Development and Poverty Eradication[R]. *Nairobi, Kenya: UNEP*, 2017.

［93］ Vrontisi, Z., K. Fragkiadakis, M. Kannavou, and P. Capros. Energy System Transition and Macroeconomic Impacts of a European Decarbonization Action Towards a Below 2°C Climate Stabilization[J]. *Climatic Change,* 2020(162): 1857-1875.

［94］ Yidan Chen et al. Declining Renewable Costs, Emissions Trading, and Economic Growth: China's Energy System at the Crossroads[EB/OL]. https://btjrc.lbl.gov/s/PRC_Renewable-Future-Report.pdf.

［95］ Cecilia Springer et al. Low Carbon Growth in China: The Role of Emissions Trading in a Transitioning Economy[EB/OL]. (2019-02-01) [2021-08-05]. https://doi.org/10.1016/j.apenergy.2018.11.046.

［96］ Hai Huang et al. Emissions Trading Systems and Social Equity: A

CGE Assessment for China[EB/OL]. (2019-02-01)[2021-08-05]. https://doi.org/10.1016/j.apenergy.2018.11.056.

[97] Tugcu, C. T. Disaggregate Energy Consumption and Total Factor Productivity: A Cointegration and Causality Analysis for the Turkish Economy[J]. International Journal of Energy Economics and Policy, 2013(3): 307-314.

[98] Rath, B. N., Akram, V., Bal, D. P. & Mahalik, M. K. Do Fossil Fuel and Renewable Energy Consumption Affect Total Factor Productivity Growth? Evidence From Cross-Country Data with Policy Insights[J]. Energ. Policy, 2019(127): 186-199.

[99] Yan, Z., Zou, B., Du, K. & Li, K. Do Renewable Energy Technology Innovations Promote China's Green[R]. 2020.

[100] Productivity Growth? Fresh Evidence From Partially Linear Functional-Coefficient Models. Energ[R]. Econ. 90, 2020.

[101] Paul Krugman. Scale Economies, Product Differentiation, and the Pattern of Trade[J]. American Economic Review 70, 1980(5): 950–59.

[102] Arnaud Costinot et al. The More We Die, The More We Sell? A Simple Test of the Home-Market Effect[J]. The Quarterly Journal of Economics 134, 2019, 5(2): 843–94.

[103] Reinventing Fire: China. A roadmap for China's revolution in energy consumption and production to 2050[R]. Energy Research Institute, Lawrence Berkeley National Laboratory, Rocky Mountain Institute and Energy Foundation China, 2016.

[104] Heidi Garrett-Peltier. Green Versus Brown: Comparing the Employment Impacts of Energy Efficiency, Renewable Energy, and Fossil Fuels Using an Input-Output Model[J]. Economic Modelling, 2017, 2(61): 439–47.

[105] Yanfang Zhang, Xunpeng Shi, Xiangyan Qian, Sai Chen, Rui Nie.

Macroeconomic effect of energy transition to carbon neutrality: Evidence from China's coal capacity cut policy[J]. Energy Policy, 2021.

[106] Cecilia Springer, Sam Evans, Jiang Lin, David Roland-Holst. Low carbon growth in China: The role of emissions trading in a transitioning economy[J]. Applied Energy, 2019(235): 1118-1125.

[107] Hai Huang, David Roland-Holst, Cecilia Springer, Jiang Lin, Wenjia Cai, Can Wang. Emissions trading systems and social equity: A CGE assessment for China[J]. Applied Energy, 2019(235): 1254-1265.

[108] Chris Busch, Ma Jun, Hal Harvey, Hu Min. China's carbon neutral opportunity[R]. 2021.

[109] Chris L. The Rise and Fall of Coal: 2020 Transition Trends[R]. E3G, 2021.

[110] Goldman Saches Group. Carbonomics: China Net Zero: The Clean Tech Revolution[R]. 2021.

[111] Nick Albanese. Electric Vehicle Outlook–Bloomberg New Energy Finance[R] .

[112] IIASA. What investments are needed in the global energy system in order to satisfy the NDCs and 2 and 1.5°C goals?[R]. IIASA, 2018.

[113] INTERNATIONAL ENERGY AGENCY. World Energy Outlook 2017[R]. Paris: International Energy Agency, 2018.

[114] INTERNATIONAL ENERGY AGENCY. World Energy Investment 2017[R]. 2017.

[115] INTERNATIONAL ENERGY AGENCY. World Energy Outlook 2019[R]. Paris: International Energy Agency, 2020.

[116] INTERNATIONAL ENERGY AGENCY. World Energy Investment 2019[R]. 2020.

［117］INTERNATIONAL ENERGY AGENCY. World Energy Investment Outlook Special Report[R]. Paris: International Energy Agency, 2014.

［118］A Call for Action[EB/OL].(2019-04-17)[2021-03-12]. https://www.ngfs.net/en/first-comprehensive-report-call-action.

［119］A Sustainable and Responsible Investment Guide for Central Banks' Portfolio Management [EB/OL].(2019-10-17)[2021-03-12]. https://www.ngfs.net/sites/default/files/medias/documents/ngfs-a-sustainable-and-responsible-investment-guide.pdf.

［120］Battiston, S., Jakubik, P., Monasterolo, I., Riahi, K., van Ruijven, B. Climate risk assessment of the sovereign bond portfolio of European Insurers[J]. 2019.

［121］Battiston, S., Monasterolo, I. A climate risk assessment of sovereign bonds'portfolio[R]. University of Milan Bicocca Department of Economics, Management and Statistics Working Paper, 2019.

［122］BlackRock. Getting physical: Scenario analysis for assessing climate-related risks[R]. 2019.

［123］CDP, CDSB, GRI, IIRC, SASB. Corporate Reporting Dialogue: Driving Alignment in Climate-related Reporting[R]. 2019.

［124］CDP, CDSB, GRI, IIRC, SASB. Statement of Intent to Work Together Towards Comprehensive Corporate Reporting 2020 [EB/OL]. https://29kjwb3armds2g3gi4lq2sx1-wpengine.netdna-ssl.com/wp-content/uploads/Statement-of-Intent-to-Work-Together-Towards-Comprehensive-Corporate-Reporting.pdf.

［125］CFRF. Climate Financial Risk Forum (CFRF) guide[R/OL]. (2020-05-30)[2021-06-25]. https://www.bankofengland.co.uk/climate-change/climate-financial-risk-forum.

［126］ECB, Guide on climate-related and environmental risks[R/OL]. 2020. https://www.bankingsupervision.europa.eu/ecb/pub/pdf/

ssm.202011finalguideonclimate-relatedandenvironmentalrisks~5821
3f6564.en.pdf?1f98c498cb869019ab89194a118b9db4.

[127] EIU. The cost of inaction: Recognising the value at risk from climate
change[R]. 2015.

[128] HSBC Global Asset Management, Investing in the low-carbon
transition: Exploring scenario analysis for equity valuations. HSBC
Global Asset Management[R/OL]. 2018. http://info.emfunds.us.hsbc.
com/institutional/insights/Article_Exploring_Scenario_Analysis_
for_Equity_Valuations_Oct_2018.pdf.

[129] McGlade, C., Ekins, P.J.N. The geographical distribution of fossil fuels
unused when limiting global warming to 2 C[J]. 2015. (517): 187-190.

[130] NGFS, Guide to climate scenario analysis for central banks and
supervisors[R/OL]. 2020. https://www.ngfs.net/sites/default/files/
medias/documents/ngfs_guide_scenario_analysis_final.pdf.

[131] NGFS. Occasional Paper: Case Studies of Environmental Risk
Analysis Methodologies[R/OL]. (2020-05-04)[2021-06-08]. https://
www.ngfs.net/sites/default/files/medias/documents/case_studies_of_
environmental_risk_analysis_methodologies.pdf.

[132] TCFD, Recommendations of the Task Force on Climate-related
Financial Disclosures[R/OL]. 2017. https://assets.bbhub.io/company/
sites/60/2020/10/FINAL-2017-TCFD-Report-11052018.pdf.

[133] TCFD, TCFD 2020 Status Report[R/OL]. 2020. https://www.fsb.org/
wp-content/uploads/P291020-1.pdf.

[134] UNEP FI, Part I: Extending Our Horizons[R/OL]. 2018. https://www.
unepfi.org/wordpress/wp-content/uploads/2018/04/EXTENDING-
OUR-HORIZONS.pdf.

[135] UNEP FI, Part II: Navigating A New Climate[R/OL]. 2020. https://
www.unepfi.org/publications/banking-publications/charting-a-new-

climate/.

[136] Delbeke, J. and Vis, P. Towards a Climate-Neutral Europe: Curbing the Trend. 1st edn. [EB/OL]. https://ec.europa.eu/clima/ publications_en.

[137] EU Technical Expert Group on Sustainable Finance (2020a) Taxonomy : Final report of the Technical Expert. [EB/OL]. https:// ec.europa.eu/info/files/200309-sustainable-finance-teg-final-report- taxonomy_en.

[138] EU Technical Expert Group on Sustainable Finance (2020b) Taxonomy Report: Technical Annex. [EB/OL]. https://ec.europa.eu/ info/sites/info/files/business_economy_euro/banking_and_finance/ documents/200309-sustainable-finance-teg-final-report-taxonomy- annexes_en.pdf.

[139] European Commission (2018) A Clean Planet for all A European strategic long-term vision for a prosperous, modern, competitive and climate neutral economy EN, COM (2018) 773 final COMMUNICATION [EB/OL]. https://eur-lex.europa.eu/legal- content/EN/TXT/?uri=CELEX%3A52018DC0773.

[140] European Commission (2019) The European Green Deal, COM(2019) 640 final[EB/OL]. https://eur-lex.europa.eu/legal-content/EN/TXT/? uri=COM%3A2019%3A640%3AFIN.

[141] North American Task Force.UNEP Finance Initiative.An Overview of Financial Institution Involvement in Green Buildings in North America[R].Green Buildings and the Finance Sector, 2010(2).

[142] The Vert:Insurance Options Grow for Green Buildings[R]. 2010.

附录一　全球 ESG 相关披露框架与标准 ①

1st category-Disclosure and reporting principles and frameworks used by companies and issuers

1. Task Force on Climate-related Financial Disclosures (TCFD) recommendations

2. Sustainability Accounting Standards Board (SASB) Standards

3. Climate Disclosure Standard's Board (CDSB) Climate Change Reporting Framework

4. CDSB Framework for Reporting Environmental Information

5. The Carbon Disclosure Project (CDP) Platform

6. Global Reporting Initiative (GRI) Standards

7. International Integrated Reporting Council's (IIRC) Integrated Reporting Framework

8. European Union Non-financial Reporting Directive (Directive 2014/95/EU)

9. UN Global Compact and its "Communication on Progress" Reporting Framework

10. UN Guiding Principles Reporting Framework

11. OECD Guidelines for Multinational Enterprises

12. Science Based Targets Initiative

---

① 详见Sustainable Finance and the Role of Securities Regulators and IOSCO, https://www.iosco.org/library/pubdocs/pdf/IOSCOPD652.pdf。

2nd category-Principles and frameworks applicable to asset managers

1. UN Principles for Responsible Investment (UN PRI)

2. UNEP FI Principles for Positive Impact Finance

3. CWC Guidelines for the Evaluation of Workers' Human Rights and Labour Standards

4. European SRI Transparency Code

3rd category-Green bond principles and taxonomies

1. ICMA Green Bond Principles

2. ICMA Social Bond Principles

3. ICMA Sustainability Bond Guidelines

4. CBI Climate Bond Standard & Certification Scheme

5. EU taxonomy (under development)

6. China's Green Bond Taxonomy

7. ASEAN Green Bond Standards

4th category-Coalitions and alliances related to ESG

The list below includes:

- Commitments from corporates on specific ESG matters

- Commitments from asset owners and asset investors, on areas such as engagement with the investee companies on ESG matters, including for better ESG disclosure, or responsible investments/action for climate change

Corporates or asset managers may refer to their engagement in one or several of these initiatives as part of their corporate or ESG information.

The list also refers to initiatives other than standards reviewed in

Bucket 1 aiming at improving ESG transparency and/or ESG action.

Corporates

1. We Mean Business Coalition

2. World Business Council for Sustainable Development

3. WASH Pledge (The WBCSD Pledge for Access to Safe Water, Sanitation and Hygiene at the Workplace)

4. The Alliance to End Plastic Waste

5. RE100

6. Ethical Trading Initiative (ETI)

7. 30%Club

Investors

8. UNEP FI Portfolio Decarbonization Coalition (PDC)

9. Institutional Investors Group on Climate Change (IIGCC)

10. Climate Action 100+

11. Montréal Carbon Pledge

Additional initiatives

12. The Network for Greening the Financial System (NGFS)

13. Sustainable Stock Exchange Initiative

14. Reporting exchange

15. Corporate Reporting Dialogue

16. World Benchmarking Alliance

17. Science based targets

5th category-Initiatives not captured in the other buckets

1. ISO 9001

2. ISO 14001 (environmental management)

3. ISO 14064 (quantification and reporting of greenhouse gas emissions and removals)

4. GHG Protocol

5. UN System of Environmental Economic Accounting for Water

6. ISO 45001 (health and safety management systems)

7. ISO 26000 (social responsibility)

8. ILO International Labor Standards

附录二　国外 ESG 相关立法、规定与自律组织倡议

区域	ESG立法与监管机构	方向	具体监管约束要求
美国	加利福尼亚州参议院（California State Senate）	E	2015年10月，美国加利福尼亚州参议院通过《第185号参议院法案》，要求加州公务员养老基金和加州教师养老基金在2017年7月1日前"停止对煤炭的投资，向清洁、无污染能源过渡，以支持加州经济脱碳"。2018年9月，加利福尼亚州参议院通过了《第964号参议院法案》，进一步提升对上述两大退休基金中气候变化风险的管控以及相关信息披露的强制性，同时将与气候相关的金融风险上升为"重大风险"级别。《法案》强制要求披露与气候相关的财务风险、应对措施及董事会的相关参与活动，以及与《巴黎协定》、加州气候政策目标的一致性等信息
美国	美国劳工部员工福利安全管理局（EBSA）	ESG	美国劳工部员工福利安全管理局先后于2016年12月和2018年4月出台了《解释公告（IB2016-01）》和《实操辅助公告（No.2018-01）》。这两个公告要求受托者和资产管理者其在投资政策声明中披露ESG信息，强调了ESG考量的受托者责任
英国	就业与养老金部（DWP）	ESG	2018年9月，DWP发布《投资条例》修正案，要求养老金计划在投资原则声明（SIP）中说明如何考虑ESG因子。《条例》自2019年10月起生效
英国	Financial Reporting Council(FRC)-The UK Stewardship Code	ESG	当前成员包括贝莱德、Vanguard、瑞银、JP摩根、富达等178家资产管理机构
日本	日本经济贸易和工业部（METI）	ESG	2017年5月，METI出台了《协作价值创造指南》（*Guidance for Collaborative Value Creation*），要求投资者关注公司ESG绩效与投资决策的实质性关系、强调受托者责任中的ESG考量、评估与ESG及可持续相关的风险因素

区域	ESG立法与监管机构	方向	具体监管约束要求
日本	Financial Services Agency(FRA)-Japan Stewardship Code	ESG	当前共有299家机构投资者，其中包括198名投资经理、24家保险公司、59家养老金机构
巴西	巴西养老金监管机构（CMN）	ESG	2018年5月，CMN发布了一项新的职业年金投资决策标准，要求ESG要素必须纳入养老金的常规风险评估过程

全球ESG自律组织	方向	签署机构情况
PRI (Principles for Responsible Investment)	ESG	2020年末，全球签署联合国负责任投资原则（UN PRI）的机构已达3038家，包括贝莱德、Vanguard、道富全球、安联、富达等资产管理机构，还包括挪威主权财富基金GPFG、日本养老基金GPIF、丹麦养老金ATP等580多家资产所有者，合计资产管理规模达103.4万亿美元
GSIA (Global Sustainable Investment Alliance)	ESG	当前联盟成员包括Eurosif、US Sif、Uksif、RIAA、RIA Canada、VBDO等各国可持续投资联盟
SASB (The Sustainability Accounting Standards Board)	ESG	当前全球212家机构成为联盟成员，包括贝莱德、Vanguard、道富全球、安联、富达等全球大型资管机构
UN SDGs (The Sustainable Development Goals)	ESG	2015年，由联合国193个成员国正式通过
UNEP (UN Environment Programme)	E	目前有成员国193个
TCFD (Task Force on Climate-related Financial Disclosures)	E	由金融稳定理事会（FSB）设立的工作组，负责讨论如何披露与气候相关的信息以及探讨金融机构如何采取措施，当前共有1027名支持者，包括公司、国家政府（加拿大、法国、日本、英国等）、政府各部门、中央银行、监管机构、证券交易所和信用评级机构，其中包括473家金融公司，负责管理资产规模138.8万亿美元

续表

全球ESG自律组织	方向	签署机构情况
IIGCC (The Institutional Investors Group on Climate Change)	E	超过275家大型资产管理机构加入，包括贝莱德、富达国际、瑞银集团、安联等全球头部资产管理机构
Climate Action 100+	E	"气候行动100+"是一项投资者倡议，旨在确保全球最大的企业温室气体排放者对气候变化采取必要的行动，由545个全球投资者组成，合计负责管理超过52万亿美元的资产
Net Zero Asset Owner Alliance	E	由包括安联、AMF、Zurich等在内的35个机构投资者组成，致力于到2050年实现投资组合净零排放

区域	ESG自律组织	方向	签署机构情况
欧盟	European Fund and Asset Management Association (EFAMA)-EFAMA Stewardship Code	ESG	当前成员包括贝莱德、Vanguard、瑞银、JP摩根、富达等58家资产管理机构
澳洲	RIAA (Responsible Investment Association Australasia)	ESG	RIAA是澳大利亚和新西兰最大、最活跃的ESG组织，拥有350多个成员，在全球管理着超过9万亿美元的资产，包括Vanguard Australia、Fidelity Australia在内的100多家资产管理机构
亚洲	ASrIA (Association for Sustainable & Responsible Investment in Asia)	ESG	成员包括资产所有者，投资经理，ESG研究机构，投资和专业服务提供商，企业，位于美国、欧洲、日本、大中华区、韩国和东南亚的民间社会组织
澳洲	IGCC (Investor Group on Climate Change)	E	IGCC是澳大利亚和新西兰机构投资者的合作组织，致力于气候变化对投资的影响；当前有82家机构成员
亚洲	AIGCC (Asia Investor Group on Climate Change)	E	成员包括安联、贝莱德、富达、KoSIF、Japan SIF等46家资管机构或组织

地方性	ESG自律组织	方向	签署机构情况
荷兰	VBDO (Dutch Association of Investors for Sustainable Development)	ESG	包括贝莱德、富达、BNP等75家机构
荷兰	Dutch Stewardship Code	G	最新版为2018年发布，非强制执行，发布主体为Eumedion
加拿大	RIA Canada (Responsible Investment Association Canada)	ESG	成员包括130多家资产管理机构、资产所有者、顾问和服务提供商，共同管理着超过20万亿美元的资产
加拿大	Principles for Governance Monitoring, Voting and Shareholder Engagement	G	2010年首次发布，非强制执行，发布主体为Canadian Coalition for Good Governance (CCGG)
中国香港	HKGFA (Hong Kong Green Finance Association)	ESG	当前成员包括145家机构，包括贝莱德亚洲、富达、Amundi（Hong Kong）、中投、华夏基金等资产管理机构
瑞士	Guidelines for institutional investors	G	2013年首次发布，非强制执行，发布主体为Swiss Association of Pension Fund Providers
意大利	Stewardship Principles for the Exercise Administrative and Voting Rights in Listed Companies	G	2015年首次发布，非强制执行，发布主体为Assogestioni
巴西	AMEC Stewardship Code	G	2016年首次发布，非强制执行，发布主体为Association of Capital Markets Investors（AMEC）
美国	ISG Stewardship Framework for Institutional Investors	G	2017年首次发布，非强制执行，发布主体为Investor Stewardship Group（ISG）
澳大利亚	Principles of Internal Governance and Asset Stewardship	G	最新版为2020年发布，强制执行，发布主体为Financial Services Council（FSC）
澳大利亚	Australian Asset Owner Stewardship Code	G	2018年首次发布，非强制执行，发布主体为Australian Council of Superannuation Investors

地方性	ESG第三方	方向	签署机构情况
美国	CERES (Coalition for Environmentally Responsible Economies)	ESG	包括贝莱德、富达在内的180多个机构投资者，管理着超过30万亿美元的资产
韩国	Korean Corporate Governance Service (KCGS)-KCGS Stewardship Code	ESG	2016年首次发布，非强制执行，当前成员包括154家韩国资产管理机构
南非	Code for Responsible Investing in South Africa	G	2011年首次发布，非强制执行，发布主体为Institute of Directors Southern Africa
新加坡	Singapore Stewardship Principles for Responsible Investors	G	2016年首次发布，非强制执行，发布主体为Stewardship Asia

附录三 国内 ESG 公募基金一览

（截至 2021 年 1 月 24 日）

序号	基金全称	基金规模（亿元）
1	农银汇理新能源主题灵活配置混合型证券投资基金	153.14
2	信达澳银新能源产业股票型证券投资基金	125.76
3	富国中证新能源汽车指数型证券投资基金	94.18
4	华夏中证新能源汽车交易型开放式指数证券投资基金	82.57
5	汇丰晋信低碳先锋股票型证券投资基金	74.04
6	平安低碳经济混合型证券投资基金	73.62
7	平安低碳经济混合型证券投资基金	73.62
8	富国低碳新经济混合型证券投资基金	66.16
9	富国低碳新经济混合型证券投资基金	66.16
10	景顺长城环保优势股票型证券投资基金	62.91
11	嘉实环保低碳股票型证券投资基金	59.43
12	汇添富中证新能源汽车产业指数型发起式证券投资基金（LOF）	58.82
13	汇添富中证新能源汽车产业指数型发起式证券投资基金（LOF）	58.82
14	平安中证新能源汽车产业交易型开放式指数证券投资基金	47.73
15	东方新能源汽车主题混合型证券投资基金	47.10
16	嘉实新能源新材料股票型证券投资基金	36.54
17	嘉实新能源新材料股票型证券投资基金	36.54
18	申万菱信新能源汽车主题灵活配置混合型证券投资基金	35.97
19	华安生态优先混合型证券投资基金	34.37
20	富国美丽中国混合型证券投资基金	33.94
21	工银瑞信新能源汽车主题混合型证券投资基金	33.65
22	工银瑞信新能源汽车主题混合型证券投资基金	33.65
23	汇添富环保行业股票型证券投资基金	30.72
24	兴全绿色投资混合型证券投资基金（LOF）	30.17

续表

序号	基金全称	基金规模（亿元）
25	国泰国证新能源汽车指数证券投资基金（LOF）	29.73
26	易方达环保主题灵活配置混合型证券投资基金	26.47
27	建信新能源行业股票型证券投资基金	22.93
28	广发中证环保产业交易型开放式指数证券投资基金	22.21
29	富国低碳环保混合型证券投资基金	22.08
30	工银瑞信新材料新能源行业股票型证券投资基金	21.34
31	南方中证新能源交易型开放式指数证券投资基金	20.39
32	长城环保主题灵活配置混合型证券投资基金	20.15
33	融通新能源汽车主题精选灵活配置混合型证券投资基金	18.11
34	融通新能源汽车主题精选灵活配置混合型证券投资基金	18.11
35	广发中证环保产业交易型开放式指数证券投资基金发起式联接基金	17.81
36	广发中证环保产业交易型开放式指数证券投资基金发起式联接基金	17.81
37	兴业绿色纯债一年定期开放债券型证券投资基金	16.62
38	兴业绿色纯债一年定期开放债券型证券投资基金	16.62
39	南方ESG主题股票型证券投资基金	15.71
40	南方ESG主题股票型证券投资基金	15.71
41	国泰中证新能源汽车交易型开放式指数证券投资基金	15.66
42	富国清洁能源产业灵活配置混合型证券投资基金	15.23
43	富国清洁能源产业灵活配置混合型证券投资基金	15.23
44	建信环保产业股票型证券投资基金	14.52
45	中海环保新能源主题灵活配置混合型证券投资基金	13.86
46	工银瑞信生态环境行业股票型证券投资基金	12.46
47	鹏华环保产业股票型证券投资基金	11.47
48	摩根士丹利华鑫ESG量化先行混合型证券投资基金	10.82
49	国投瑞银新能源混合型证券投资基金	8.99
50	国投瑞银新能源混合型证券投资基金	8.99
51	博时中证新能源汽车交易型开放式指数证券投资基金	6.87
52	易方达ESG责任投资股票型发起式证券投资基金	6.06

续表

序号	基金全称	基金规模（亿元）
53	华安低碳生活混合型证券投资基金	5.97
54	鹏华健康环保灵活配置混合型证券投资基金	5.66
55	融通新能源灵活配置混合型证券投资基金	5.52
56	诺安低碳经济股票型证券投资基金	5.40
57	诺安低碳经济股票型证券投资基金	5.40
58	国投瑞银美丽中国灵活配置混合型证券投资基金	4.60
59	银华新能源新材料量化优选股票型发起式证券投资基金	4.39
60	银华新能源新材料量化优选股票型发起式证券投资基金	4.39
61	华宝生态中国混合型证券投资基金	4.35
62	华夏节能环保股票型证券投资基金	4.15
63	前海开源清洁能源主题精选灵活配置混合型证券投资基金	4.08
64	前海开源清洁能源主题精选灵活配置混合型证券投资基金	4.08
65	富国新材料新能源混合型证券投资基金	4.05
66	富国绿色纯债一年定期开放债券型证券投资基金	4.00
67	国泰中证新能源汽车交易型开放式指数证券投资基金发起式联接基金	3.94
68	国泰中证新能源汽车交易型开放式指数证券投资基金发起式联接基金	3.94
69	交银施罗德国证新能源指数证券投资基金（LOF）	3.43
70	申万菱信中证环保产业指数型证券投资基金（LOF）	3.32
71	申万菱信中证环保产业指数型证券投资基金（LOF）	3.32
72	中证财通中国可持续发展100（ECPIESG）指数增强型证券投资基金	2.67
73	中证财通中国可持续发展100（ECPIESG）指数增强型证券投资基金	2.67
74	方正富邦ESG主题投资混合型证券投资基金	2.18
75	方正富邦ESG主题投资混合型证券投资基金	2.18
76	创金合信新能源汽车主题股票型发起式证券投资基金	2.18
77	创金合信新能源汽车主题股票型发起式证券投资基金	2.18
78	天治低碳经济灵活配置混合型证券投资基金	2.04

续表

序号	基金全称	基金规模（亿元）
79	长盛生态环境主题灵活配置混合型证券投资基金	1.76
80	鹏华中证环保产业指数型证券投资基金（LOF）	1.67
81	西藏东财中证新能源汽车指数型发起式证券投资基金	1.35
82	西藏东财中证新能源汽车指数型发起式证券投资基金	1.35
83	华宝绿色领先股票型证券投资基金	1.30
84	长信低碳环保行业量化股票型证券投资基金	1.09
85	新华中证环保产业指数证券投资基金	0.96
86	景顺长城低碳科技主题灵活配置混合型证券投资基金	0.90
87	中银证券新能源灵活配置混合型证券投资基金	0.82
88	中银证券新能源灵活配置混合型证券投资基金	0.82
89	创金合信新材料新能源股票型发起式证券投资基金	0.75
90	创金合信新材料新能源股票型发起式证券投资基金	0.75
91	中邮低碳经济灵活配置混合型证券投资基金	0.73
92	中银美丽中国混合型证券投资基金	0.66
93	浦银安盛环保新能源混合型证券投资基金	0.64
94	浦银安盛环保新能源混合型证券投资基金	0.64
95	华宝绿色主题混合型证券投资基金	0.59
96	华宝MSCI中国A股国际通ESG通用指数证券投资基金（LOF）	0.34
97	东海美丽中国灵活配置混合型证券投资基金	0.13
98	创金合信ESG责任投资股票型发起式证券投资基金	0.11
99	创金合信ESG责任投资股票型发起式证券投资基金	0.11
100	创金合信气候变化责任投资股票型发起式证券投资基金	0.10
101	创金合信气候变化责任投资股票型发起式证券投资基金	0.10
	总规模	2029.27

资料来源：Wind。

注：表中相同基金全称并不重复，是同一基金的A类和C类，A类和C类基金各有独立的基金代码且是单独计算净值。

附录四　美国绿色 ABS[①]

房利美的MBS产品包括绿色奖励MBS（Green Rewards MBS）和绿色建筑认证MBS（Green Building Certification MBS）两个种类。

绿色奖励MBS适用于已有建筑物的低碳节能改造，通过为业主提供低利率绿色贷款，鼓励其加大在能源效率、水资源效率和太阳能技术等方面的投资。此外，为持续监测绿色资金的使用情况及其成效，房利美还要求参与绿色奖励MBS的用户出具能源及水资源审计报告，并在贷款期限内每年向房利美报告房产的能源星级得分和能源使用强度；以及在贷款交付之前，完成该房产的高性能报告（High Performance Building Report）。

绿色建筑认证MBS则是通过为获得绿色建筑认证的房屋建造提供资金来支持可持续发展。与绿色奖励MBS一样，也是通过低利率贷款激励来促进住房与建筑领域绿色化，且只有在绿色建筑获得诸如能源之星等认证后，才能享受该低利率贷款政策。与绿色奖励MBS所不同的是，绿色建筑认证MBS不需要递交能源和水资源审计报告，但每年需向房利美报告房产的能源星级得分和能源使用强度情况。

房利美在公开信息披露系统（DUS Disclosure）上详细披露了每一只绿色MBS的相关信息、池号以及CUSIP编号，并每月定时更新。投资者可以清晰地了解到绿色MBS产品所产生的环境效益，包括：所节约的水资源等能源消耗；募集资金所投向的绿色建筑的"能源之星"得分以及能源使用强度（EUI）。

---

① 中央财经大学绿色金融国际研究院，IIGF观点 | 案例分析：房利美（Fannie Mae）独撑美国绿色债券市场半壁江山（下）[EB/OL]. (2019-03-19) [2021-05-08], http://iigf.cufe.edu.cn/info/1012/1137.htm.

附录五　海外代表性养老金机构开展绿色投资实践

一、日本年金公积金投资管理独立行政法人（GPIF）

GPIF是全球最大的年金投资机构，2020年末管理的资产规模达177.7万亿日元，其职责主要是进行雇员年金的管理和投资。

投资战略与架构：2015年，在国家减排政策的推动下，为提高日本年金基金的可持续运营以及承担更多的社会责任，GPIF签署了联合国责任投资原则（UN PRI），此后，GPIF致力于将ESG投资理念和方法应用于其管理的日本年金基金中。组织架构方面，GPIF在投资策略制定及公开市场投资下单独设立ESG部门，负责进行ESG投资。

投资体系：（1）GPIF的ESG投资形式主要分为自营投资和委外投资，其中自营投资多为被动投资，且主要采用ESG指数作为跟踪目标；委外投资则密切关注被委托投资公司的ESG投资能力，GPIF会对被委托机构的投资项目的ESG策略、投资管理过程中ESG的运用方式以及投后监督等方面进行重点考察。（2）2019年，GPIF宣布推出"指数公布系统"（IPS）——一个持续收集股票ESG指数、股票多样性指数和环境债券指数的指数信息的新框架。其中增加了新的ESG评估标准，从碳排放是否被明确、系统地纳入投资分析和投资决策的角度评估资产管理者。

投资规模与投向：（1）被动投资指数选择与规模：公司股票投资占50.6%，股票投资以被动投资为主。2017年，GPIF选择了两个关注日本股票性别多样性的综合指数和一个主题指数。2018年，随着气候变化日益严重，GPIF选择了标普/JPX碳效率指数和标普全球（除日本外）大中型市值碳效率指数，启动了跟踪这些指数的被动投资。GPIF跟踪

ESG指数的资产规模从2017年的1.5万亿日元快速上升到2019年的5.7万亿日元。（2）行业投向：2019财年GPIF全部股票投资重仓配置的行业（根据市值由高到低）为：信息技术（20.24%）、可选消费（20.03%）、金融（12.81%）、通信业务（11.96%）、工业（10.15%）、日常消费（9.84%）、医疗保健（7.37%）、公用事业（3.54%）、房地产（2.54%）和能源（1.53%）。

指数供应商：GPIF要求指数提供商公开披露其如何进行ESG评估、如何构建指数，并主动与企业接触。这有助于改善日本企业对ESG问题的反应和信息披露。

二、挪威政府全球养老基金（GPFG）

GPFG是全球最大的主权财富基金，也是挪威公共养老体系之一，截至2020年末，该主权基金的规模已经达到10.9万亿克朗。

投资理念：GPFG是最早一批参与ESG投资的养老基金，也是联合国支持的责任投资原则组织（UN PRI）的初创成员之一，其始终遵循国际化和标准化的ESG投资体系。

投资体系：GPFG已将ESG投资理念广泛应用于全部资产投资中，具体策略包括负面筛选、可持续主题投资策略，近期已加大对气候变化相关风险的关注。其中：（1）GPFG高度重视负面筛选策略，禁投名单分为两类：一类为产品限制，限制投资烟草类及燃煤收入占比过高的公司；另一类为公司行为限制，限制投资污染环境和侵犯人权的公司，并抵制腐败行为。（2）GPFG积极开展可持续主题投资，主要面向低碳能源和替代燃料、清洁能源和效率技术、自然资源管理三个领域，并且GPFG要求被投资的公司在其中一个领域必须至少有20%以上的业务。

投资规模与投向：截至2020年末，权益投资组合规模占比72.8%，以被动复制富时罗素全球全盘指数为主。GPFG全部持仓股票所属行业配置比例为：金融（23.60%）、科技（14.54%）、工业（13.38%）、消费品（11.50%）、医疗保健（11.31%）、消费服务（10.68%）、油气（5.00%）、原材料（4.44%）、通信（2.72%）、公用事业（2.84%）。

三、养老基金GPIF和GPFG的投资经验

在ESG投资理念方面，二者均较早地将ESG投资理念广泛应用于资产投资中，并成立单独的ESG策略制定与投资部门，从事相关投资研究；投资体系方面，GPIF委外投资时重点考察被委托投资公司的ESG投资能力，GPFG在投资管理过程中亦采用ESG策略考察被投资公司的业务和行为；气候风险方面，二者均增加了对气候变化相关风险的关注，GPIF还增加了具体的评估标准；产品运作方面，二者均以被动投资为主，重仓行业Top3均包含金融业。

附录六　贝莱德（BlackRock）的 ESG 投资实践

贝莱德为全球最大的资产管理公司，2020年末其资产规模高达8.7万亿美元。近年来，贝莱德在践行绿色与可持续理念方面做了许多有益的尝试，在投资理念、投资体系以及产品运行方面对不少具体的ESG实践做出了创新。

一、投资理念

在2020年致CEO的信中，贝莱德董事长兼首席执行官拉里·芬克提到，在金融市场重塑中，可持续性已成为决定公司长期价值的关键因素，认为可持续性和气候一体化的投资组合可以为投资者提供较好的、长期风险调整后的回报。此外，2021年3月，贝莱德加入了"净零排放资产管理人倡议"，承诺到2030年将实现投资组合净零排放。

二、投资体系

（1）贝莱德将气候因素纳入资本市场假设，能够更准确地预测气候变化带来的风险和投资回报。（2）剔除部分碳排放密集型企业：2020年，贝莱德管理团队深入研究了440家碳密集型企业，其碳排放量约占所投资企业整体的60%，贝莱德将其中191家公司列入观察名单，除非这些公司能够证明其在管理气候风险方面取得了进展，包括向净零经济转型的计划，否则将不会被纳入投资决策。（3）推出气候风险工具：2020年贝莱德推出了新的气候风险工具Aladdin Climate，并更新了包括碳排放在内的多项投资指标，可以帮助客户更好地评估投资组合中所有资产类别的气候风险，并根据评估对资产配置进行调整，Aladdin客户达900+，遍布68个国家和地区。

三、产品创新

（1）主动投资方面，2020年，贝莱德将大约5600个主动型投资组合与ESG（包括碳中和层面）全面整合，相关的资产规模达2.7万亿美元，占总资产规模的比重约为31.1%。此外，贝莱德旗下1.8万亿美元主动投资均已完全退出动力煤生产占其收入超过25%的上市企业，以及对具有争议性的武器生产商的投资。

（2）被动投资方面，贝莱德在全球提供1000多只iShares ETF，2020年末AUM达2.7万亿美元，占管理资产总规模的30.8%。ETF中增长最快的领域之一是可持续ETF，因为投资者寻求其长期财务目标与可持续发展目标相一致，贝莱德承诺在未来几年内将可持续ETF的数量增加一倍至150只。

（3）从ETF产品来看，2021年美国碳转型准备基金（US Carbon Transition Readiness Fund）上市，募集资金12.5亿美元，成为ESG投资领域规模最大的ETF；此前2019年5月，iShares ESG MSCI USA Leaders Fund上市，募集资金8.5亿美元。两只ETF布局在低碳转型方面表现突出的企业，根据"碳过渡准备"指标对上市公司进行评级，以显示它们对电力制造、技术、电力、废物和水治理的重视程度。

鸣　谢

本书为中国金融学会绿色金融专业委员会（绿金委）课题组所承担的"碳中和愿景下的绿色金融路线图研究"的课题成果。课题组首先感谢平安集团对本课题的大力支持。

在近一年的研究过程中，课题组召开和参与了多次研讨会，咨询了人民银行、银保监会、证监会和行业协会、政策性银行、商业银行、券商、保险机构、基金管理公司的许多领导和专家的意见。他们为本课题的思路、方法和观点的完善贡献了重要的智慧和素材。本课题组由我担任负责人并统稿，直接参加课题写作和贡献素材的专家包括（按姓氏拼音排序）：中国社科院金融研究所副研究员安国俊、兴业银行绿色金融部专业支持处产品经理别智、广州碳排放权交易所碳市场部副总经理陈浩、广州碳排放权交易所研究规划部高级经理陈立平、兴业银行绿色金融部总经理助理陈亚芹、北京绿色金融与可持续发展研究院助理研究员陈韵涵、北京绿色金融与可持续发展研究院国际合作中心主任程琳、平安集团ESG专家耿艺宸、国家金融与发展实验室研究员韩梦彬、北京大学国家发展研究院宏观与绿色金融实验室副主任何晓贝、北京绿色金融与可持续发展研究院副院长胡敏、法国巴黎银行亚太区可持续资本市场主管黄超妮、华宝基金管理有限公司总经理黄小薏、北京绿色金融协会副秘书长姜楠、清华大学绿色金融发展研究中心科研助理康瑾龙、清华大学绿色金融发展研究中心中级研究专员黎菁、平安证券研究所非银金融与金融科技行业分析师李冰婷、中国农业发展银行高级客户副经理李健、联合赤道环境评价有限公司副总裁兼绿色金融事业部总经理刘景允、中国工商银行金融市场部副研究员、北京绿色金融与可持续发展研究院研究员刘薇、华宝基金管理有限公司资产管理业务部副总经理卢毅、中诚信集团首席执行官马险峰、清华大学绿色金融发展研究中心初级研究专员沈奕、北京绿色金融与可持续发展研究院研究员宋盈琪、海通国际首席经济学家孙明春、清华大学绿色金融发展研究中心副主任孙天印、清华大学绿色金融发展研究中心高级研究专员王博璐、中证金融研究院助理研究员王骏娴、平安证券研究所非银金融与金融科技行业首席分析师王维逸、北京绿色金融与可持续发展研究院研究员吴功照、清华大学绿色金融发展研究中心中级研究专员吴琼、洛桑联邦理工学院金融学博士研究生吴越、中国人民财产保险股份有限公司机构业务部营销管理处处长向飞、广州碳排放权交易所研究规划部总经理肖斯锐、中国人民财产保险股份有限公司机构业务部营销管理处主办解子昌、华宝基金管理有限公司权益投资二部均衡风格投资总监闫旭、北京绿色金融与可持续发展研究院能源与气候变化研究中心副主任杨鹂、中国工商银行现代金融研究院副院长殷红、中国工商银行现代金融研究院分析员张静文、北京绿色金融与可持续发展研究院ESG投资研究中心研究员张芳、北京绿色金融与可持续发展研究院研究员赵珈寅、北京大学宏观与绿色金融实验室研究专员祝韵。

此外，我们要特别感谢中国金融出版社责任编辑孙柏、王强，他们为本书的出版付出了许多心血。我们还要特别提到财新资深记者王力为、证券时报主任记者江聃和21世纪经济报道记者兼研究员李德尚玉，他们也为编辑和宣传本书投入了许多心血。在此我们表示衷心的谢意。

课题组组长

中国金融学会绿色金融专业委员会主任

北京绿色金融与可持续发展研究院院长

2022年7月